安琪　著

《痛苦的民主》系列

天若有情
天亦老

謹以此書獻給堅守真理承諾本分的人們！

安琪

嚴家祺序：
歷史是不可磨滅的記憶
——重返法蘭西

　　1989年是中國和世界歷史的大轉折，六四大屠殺給中國人民帶來的災難至今沒有結束，六四也導致了蘇聯帝國的解體和20世紀兩極世界的消失。六四的許多流亡者來到了法國，這本書多篇文章記述了六四流亡者和六四後中國國內知識分子的抗爭，這也是歷史。

　　在這本書裡安琪說：「當時流亡者中的許多人，從一開始就沒打算留在法國」，「這讓法國方面非常惱火。據說，時任法國駐香港副總領事的孟飛龍，聽說我（安琪）已收到美國某大學的邀請函和某報社的工作機會，有可能去美國時，他激動地將手中的打火機扔向天花板。」我也提出去美國，幫助我們在法國定居的艾麗斯協會的一位成員對我說，我們把你們一個個都安排在法國，你們一個個都到美國去了，你不要走了。於是，我就留在法國。幾年後紐約哥倫比亞大學請我擔任訪問學者。這樣，我還是離開了法國，到了美國。

　　我經歷了三次人生大轉折，第一次是1989年六四後逃亡香港並到法國，第二次是在華盛頓一週內三次全身麻醉下的心臟手術，第

三次就是最近重返法蘭西。這三次大轉折，不是自主行為，而是被一種不可抗拒的力量驅動的。

　　人類不同於動物，在於人有高度的理性和深厚的情感。理性賦予人以想像力，使人可以認識宇宙中的規律，創造出有益於人類而自然界中沒有的物質環境和社會環境；理性也可以製造罪惡，發動戰爭，危害人類和世界。對人來說，理性計算的利益決定人如何行為，而情感決定人行為的方向和道路。

　　2023年10月31日，我與妻子高皋乘法蘭西航空公司AF55從美國回到巴黎。我一家七口，有法國人、中國人、美國人。「一家三國」，這一天終於團聚。我82年人生經歷了許多事，一件一件都沒有受到多少困難都過去了，重返法蘭西，是遇到最多困難、也得到很多幫助，最後平安實現。

　　安琪是香港《前哨》特約記者，巴黎「自由談」沙龍主持人。這本書收集了她在香港《前哨》月刊和其他報刊的多篇文章，書名來自於她十年前在香港《前哨》月刊上寫的一篇紀念法國外交家燕保羅的文章。題目是：〈天若有情天亦老──「黃雀行動」與燕保羅的人道情懷及其他〉。我也是《前哨》月刊的作者，有幾年，幾乎每期都有我的文章。十年前，我讀安琪這篇文章時，才具體地知道，經燕保羅接納安置的中國「六四」流亡者有兩百多名。燕保羅和法國外交部亞洲司司長馬騰、法國駐香港副總領事夢飛龍，為法國接納六四流亡者作出了巨大努力。回憶起1989年多次見到燕保羅的情景，感到他對我們這些來到法國的流亡者十分關懷和友好。我不知道他的父親也是「流亡者」，更沒有聯想起，從香港來到法國，我的登機證上的英文名字YIPPAUL就是燕保羅。當時我改名為「朱豐」，而不是「保羅」。由於YIP與PAUL之間沒有分開，我想不到YIP是燕字，多年中不知道YIPPAUL就是燕保羅。

讀這篇文章的當時，我給安琪回信說她這篇文章，「不是舊聞，而是新聞，是不可磨滅的記憶」。1989年，我保存了這張登機證，記錄了當時的逃亡過程。如圖：

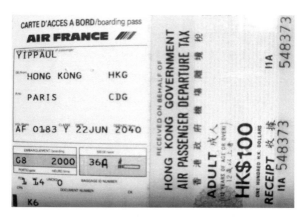

1989年6月22日嚴家其（YIPPAUL）從香港到巴黎的登機證。

　　在地球上，物理物體不能記憶。在浩瀚的宇宙中，星球、星系不能記憶。只有動物和人類能夠記憶。對動物與人類來說，許多行為沒有經過大腦，是自主神經系統（又稱「植物神經系統」）的「自律（自主）行為」，如心跳、呼吸、消化、新陳代謝。記憶是動物和人作為「個體」的自主行為的基礎和指南，但動物的記憶轉瞬即逝，只有人類的記憶可以長期保存、不可磨滅。歷史就是不可磨滅的記憶。人工智能的發展將會證明，理性只是一種「演算法」，而機器人只能按預定程序模擬人類的情感，不能「創造情感」。
　　1989年6月19日，香港友人林道群、李志華把我與妻子高皋、以及社科院的甘陽，安排快艇從廣東穿越大亞灣飛馳到香港。我

們到香港的第四天，6月22日，香港《明報》頭版頭條刊出了〈喬石李鵬覬覦總書記，楊李力主處死嚴家其〉的報導。這一天上午10時，一位中文名叫方文森的法國駐香港領事館的官員把我們三位「偷渡客」帶到港英政治處的一個機構。我們被告知，不得在香港再停留下去，因為我們是「非法入境」，必須到其他國家去，法國政府歡迎我們三人去法國。

我們沒有其他選擇，在港英政治處，當時就照他們的安排，我們三人改了姓名，我改名為「朱豐」，換上了一身他們要我們穿的衣服。港英政治處的警察將帶著我們三個「假警察」在機場「執勤」，我們每人手裡拿一個「對講機」，做四處巡視的樣子。經過一個單向轉動門、一個鐵門，就到了機場。所謂「執勤」，不過是從港英政治處去機場登機前的路上，如果有人詢問或要檢查，要求我們擺出的姿態。實際上，一路十分順利，我們並沒有扮演警察。

安琪的這部新出版的書，除了燕保羅外，還寫了二十多位大家都熟悉的人，從法國總統密特朗、中國總理趙紫陽、達賴喇嘛、趙無極、高行健、程映湘、余英時，到英國的戴安娜、緬甸的溫丁，許多內容，都會留在人們的長期記憶中。

安琪的這本書，在許多地方談到自由問題。一個人有沒有自由，不僅與他所處的社會環境有關，而且與他有沒有自主行為意向和努力有關。當一個人有強烈信仰時，他的被迫行為，就成了自主行為。宗教是一種信仰，虔誠的宗教信徒可以把信仰作為自主行為的指南。意識形態也是一種信仰，共產主義和自由主義都是意識形態信仰。作為中華文明基礎的儒家，不是宗教，可以說是一種廣義的意識形態信仰。除了宗教信仰和意識形態信仰外，世界觀也是一種信仰。人類社會中還有一種根深柢固的信仰，這就是迷信。自由出創造，為了爭取思想自由、創作自由，這本書談到吳國光、劉賓

雁、蔣彥永、高行健、章詒和、趙無極、司徒立、劉達文等人，在不同環境中，為擺脫意識形態的束縛，以各自特有的方式追尋自由的艱難歷程。

讀這本書，使我想到，人類的各種文明實際上是幾千年中形成的思想文化、行為習慣、像「印刻」一樣，只能以千百年為尺度非常緩慢地改變，而經濟制度，可以在十年、幾十年中發生改變，政治則是轉瞬即逝的行為，可以在幾月、幾年內發生重大變革。這是千年、百年、十年不同「數量級」的現象。一個國家，關心政治的人愈多，這個國家政治問題就愈大；政治愈好的國家，關心政治的人愈少。在一個國家大變革的前夕，人人都關心政治。戰爭把所有人捲入政治。政治不是行政，不是管理，而是用智慧、用妥協的方法消除戰爭和大規模暴力的國家行為。國際關係不是人際關係，全球化有助於消除全球戰爭，全球化是全球性的政治經濟變革，是21世紀、22世紀以至整個第三千紀的大趨勢。最近幾年，出現全球化的局部倒退，只是短期波折。「全球化」，就是一步一步地用幾年、幾十年時間，按照經濟發展的共同路徑，按照人類社會的普世價值，逐步改變一個一個國家的經濟結構、政治結構。為改變經濟結構，在保留各國貨幣基礎上建立全球單一貨幣或全球總帳本；在政治結構上，在保留國家的基礎上，建立全球聯邦。全球化，就是在這一經濟政治變革下的全球各種文明和平共存的偉大歷程。

嚴家祺 2023-12-15寫於巴黎

代序一
逝者如斯夫？
——人的存在與生命流的詠嘆

　　9月6日，是母親逝世三週年忌日。由於人為的原因，我沒有能夠與母親道別，留下了終生的遺憾和虧空。在失去母親的一千多個日子裡，我總是在尋找母親，感受那個堅強而活生生的生命。中西方傳統文化中都有「靈魂不滅」之說，大概這正是支持我潛意識活動的一種動力。

母親（前中）從容地面對生活。
（前排為我們當時的一家六口，六〇年代末又有了三弟和小妹。後排左起為小姨、大姨和小舅）。

記得當年一位剛失去父親的朋友在電話中說：失去了親人，你生命中的一部分就永遠地消失了。

這句話是如此貼切，如此真實地反映出我當時的痛苦和心境。是的，母親之死，似乎敲響了生命的兩極相撞的鐘聲。曾經糾纏不清，讓人牽掛或者令人煩惱的事，突然間消失得無影無蹤，生命呈現出其清晰的脈絡，再現生活的本質——樸素、簡潔、自然。就像天地萬物，世代繁衍，生生不息。如果將佛教的「輪迴」比喻成四季的更替，那麼，有生就有死，有死就有生。母親之死，預示著再生。那麼，我生命的一部分，將與母親一起「輪迴」嗎？

存在者的「禁忌」

在巴黎寓所的書櫃上擺放的母親肖像下寫著：王俶娓（1934年10月－2000年9月）。照片上的母親是去世前不久的音容，看上去仍然年輕，兩眼有神，氣質清朗、從容。一副洞察一切的樣子，使她的神情略顯疲倦，很有一種飽經磨難，一言難盡的嘲諷與坦然。

母親出生於漢水支流紅河河畔一個傳統的讀書人家庭。曾祖父一生慈善行醫，聞名鄉里。外祖父自幼飽讀詩書，三〇年代初畢業於北大，輾轉歸里，立志振興當地教育，到解放初期已見成效，被當地政府作為開明人士吸收為政協委員。不久便在毛澤東的「引蛇出洞」時，因講真話而被打成右派。在之後二十多年的艱難歲月裡，一部《莊子》成為維持他生命的精神源泉。在下放改造的日子裡，不論天寒地凍，還是颱風下雨，他每天清晨都在紅河水庫旁一邊疾走，一邊念念有詞地吟誦古經。他那雪白的長髯，飄逸肅穆的神情，在有著悠久文化傳統的樸素的鄉人中引起的敬慕是可想而知的。

外祖父的「老莊哲學」
不敵毛澤東的「鬥爭哲
學」。一介學究，終歸
難逃厄運。

在這樣的家庭中，母親雖為女子，也能入學讀書，斷文識字。也因了家庭，母親受累一生。在她所處的那個時代裡，在那些人整人的政治運動中，母親是頑強而剛烈的。她不僅承受著來自家庭的精神禁錮和生活壓力，同時，作為長女，作為人妻，作為母親，她忍辱負重，任勞任怨。面對逆境，不卑不亢，堅持原則，顯示出不屈的傲骨和大義大德。

對母親來說，她的娘家和自己的婚姻家庭是維繫她一生的精神支柱。如果說後者是一種天然要盡的義務的話，前者則是母親的事業，準確地說是義務和事業的混和體，這賦予母親生活的意義。不這樣去理解，就無法解釋母親那樣一種無怨無悔，百折不撓，死而後已的無私與無畏。

在我幼時的記憶中，母親的情感天平似乎總是偏重於她的娘家一邊。外婆長期和我們生活在一起，一段時間裡，舅姨們也來與我們同住，寬厚的父親負擔著我們一家六口和外祖父一家五口的日常生活。六〇年代末到七〇年代初，父親也被關進了「牛棚」，生活費減到最低。當時外婆已回鄉照顧外公，舅姨們也各奔東西。記得有一次，我從山村作短期勞動回來，天下著大雨，因惦著家裡，我不顧一切地抄近路，走了一條又滑又陡的山路。當我一身泥水站在母親面前時，快要生產的她正有氣無力地躺在床上。這時，我才知道家裡已經斷頓兩天了。

小妹出生後，母親在附近一家鑄造廠找到一份臨時工。母親幹的是最苦最累的裝卸工作，每天要往卡車上裝卸幾噸鑄鐵用的黑沙。一天下來，手臂腫痛，滿臉烏黑，口罩要換幾個，回到家洗臉

水都變成黑色的，要換洗幾次才見水色，呼吸道總是充滿永遠也漱洗不完的鉛沙。數年後當我在異國得知母親患了咽喉癌時，首先想到的就是當年那致命的工業汙染。

在那些「七億神州盡舜堯」的艱難歲月裡，母親是堅毅大度的。外婆的去世，對母親是一次打擊。她對娘家人的照顧更多了，也更艱難了。母親的大妹，因住在外祖父工作過的縣城，所以受連累最重。在貧困和不斷的驚恐中，大姨患了肺結核。母親千方百計地買到貴重藥品寄給大姨，之後，甚至冒著被傳染的危險，將已經肺穿孔的大姨接來與我們同住，就近照顧她，為她治病。大姨去世時，年僅36歲，留下四個孩子，最小的才兩歲。母親不堪忍受「沒娘娃兒」的情形，不顧自己的困境，將大姨的幾個孩子全部接來。其結果是可想而知的。時間不長，嚴峻的現實使得她身心俱損，不得不將孩子們送回他們的父親身邊。

不僅如此。舅舅們要結婚了，母親用國家限量的、每人每年極其有限的布票，扯來布連夜為她的弟弟們趕做新衣。外祖父最器重的小舅，初中畢業後，下鄉插隊勞動。鄉下傳來話說，因長期缺乏營養，小舅的頭髮都變紅了，有時靠賣指甲換幾分錢零用，生活十分艱苦。母親聽說後很是心酸，硬是從牙縫裡擠出幾塊錢來寄給小舅。後來，小舅被分配到甘肅省地礦局甘南藏族自治州地質勘測隊工作，途經蘭州時，母親和父親搜集起家裡僅有的一元多錢，讓我送去在汽車站轉車的小舅。我至今無法忘記，小舅接過那些皺褶舊損，有著酸腐氣味的毛票時的神情。

就這樣，母親如此全身心地奉獻。看見家人一個個遭受磨難，她心裡永遠充滿內疚，好像這些苦難都與她有關似的。但母親無力補天，當我們都已漸漸長大，父親出頭無日，母親再也無法分心，不得不全身心顧及我們時，她的內心是痛苦而矛盾的。分析母親的

心理，她的困惑不僅僅由於當時嚴酷的社會環境，還有更深的傳統文化根源。母親心比天高，但客觀上卻是「嫁出去的女，潑出去的水」。外祖父的威儀，對她來說具有不可抗拒的法力。一聲輕嘆，既是雷鳴。落難的外祖父，似乎有了一點人情味，但這又多了一個讓母親奮不顧身的理由。母親無法走出重男輕女的窠臼，她的父親也好，弟弟們也罷，都是她的「天」。但是她並不甘心被「輕」了。她用自己的全部心血，甚至超過自己所能的犧牲，想證明的就是「男女都一樣」的平等。然而，遺憾的是，1978年外祖父得到平反後不久，多年的積鬱導致他患腦溢血致半身癱瘓，至死也沒有機會解除那緊箍在母親頭上的「符咒」。

　　客觀地說，母親所做的超出她同時代的許多男子。但在這個以男性為主的社會裡，男人是不需要證明的。女人犧牲，男人霸權，似乎仍然是這個社會不變的定律。

每個人都有一條河流

　　母親18歲成婚，24歲時已經是一個擁有兩男兩女四個孩子的母親了。五〇年代末的中國，人們對「新社會」仍寄予希望，擁護和相信共產黨政權所發出的每一個號令。母親也在「男女平等」的感召下，一邊投入社會工作，一邊精心地教育子女。那時，家境較好，我們一家經常舉行週末郊遊和出入影、劇院，時不時還去當地饒有名氣的「悅賓樓」聚餐。母親酷愛聽戲，除了慣常聽的秦腔外，還有黃梅戲、越劇、京劇、豫劇，她都喜歡。她不僅常帶我們去劇院，家裡也配有那種老式唱機和唱片，那些傳統段子，至今我還能哼出來。印象最深的是，每逢寒暑假期，母親都要督促我們每天早上背誦詩書，並練習大小楷字帖，晚飯後常常在父母面前朗讀或唱歌表演。這些「小節目」，給家庭增添了很多歡樂。聽到孩子

們的琅琅讀書聲，母親笑容燦爛，充滿陽光。

那時，母親是幸福的。一方面她可以盡心盡力地孝敬父母，幫助弟妹；一方面，她有一個可獨立自主的家庭。儘管母親終於沒能走出「父權」的操控，但是，她在父親那江浙人特有的細膩而深厚的情感中，盡情地發揮了一個女性的所有才能，成為我們這個家庭的主心骨。在隨之而來的政治運動和一系列災變中，母親能夠勇敢應對，忘我犧牲，與她的獨立與自信，與她對生活的熱愛是分不開的。

其實，正是由於母親的支持和鼓勵，我們姊弟得以在經歷了文革的耽擱之後，考入重新開啟的大學之門。

我對母愛的真正感悟，是在走出國門之後。我是帶著《聖經》流亡的。基督教關於四個屬靈的原則中第一條原則為：神愛你，並且為你的生命有一奇妙的計畫。流亡途中時刻感受到的愛心，讓我領略到生命中不可多得的至善至美，領略到那些高貴的心靈所能展示的博大空間。離家是那樣輕鬆、瀟灑，頭也不回，甚至連手也沒有揮一下。而這時卻那樣執著地哼著〈黃土高坡〉，在塞納河畔，在盧浮宮（Musée du Louvre，臺灣譯名為羅浮宮）的玻璃金字塔裡……

那頂隨著八號風球飄落在香港不知名街角的紅草帽，那枚外公送給母親、母親在我30歲生日時又送給我的戒指，此時都引申出那樣多的意味。

當年極具聲勢的海外民運組織民陣成立大會的前夜，在熱鬧的酒會上，我一個人靜靜地坐在一旁，感受人群中的孤獨，寂寞而無奈。我看不慣有人將碩大的頭擠在奶牛腹下，拼命地吮吸本該屬於

牛犢的乳汁。於是就有了《痛苦的民主》的慨嘆。於是也就有了被
「諸神」放逐的滄桑。

有朋自遠方來，留下一支紫色的花環。夜巴黎美麗而憂鬱。細
雨中，一條狗從對面盛開著紫羅蘭的花壇旁走過來，四肢修長，耳
朵耷拉著，被雨水淋溼的全身，瘦弱可憐。

一隻黑貓與我對視，我們感到彼此的孤單和驚恐。

我的兒子呢？在落雪的清晨，我從哽咽的母親手裡領走又託付
朋友送回母親手裡的兒子，在他那四歲多的腦海裡，都有些什麼樣
的幻景呢？

如果沒有母親，我能出走嗎？

流亡的第一個生日也是安息日。在深度的迷茫中，我好像聽到
了母親的聲音，是她在喚我。

那一年，是我的大年。我失去了我之所重。

1990年5月，我收到了第一封家書。第一封家書是一份起訴
狀。婚姻解體的確算不了什麼，可是我的兒子——讓我夢魂牽繞在
大悲劇的跌宕中依然故我不肯自棄的兒子，在這份起訴狀的副本裡
被那些方塊字所困，切膚的割痛，分裂著一個母親的神經。

是理由嗎？就因為我有家難歸。

倚靠在巴士底廣場紀念塔冰冷的石壁上仰天而問，天幕寂寥
蒼遠。

忘不了那個分娩日，是兒子響亮的啼聲喚回了我。我從醫生的
蒼白中得知，那一刻驚心動魄。

我給兒子起名曰：昱。取日照也明，月照也明之意。注視他那
深潭般的黑眸，想到混沌世界竟有如此聖潔而真實的生命，母性的
自豪和欣慰便油然昇華為一種崇高的使命感。

兒子是一面鏡子，是透視靈魂的顯微鏡。

我承認自己是個情感中人。真的，我一直不習慣分離。那是一個憂傷的季節，從黃河岸邊到南海之濱，生活中已經沒有歌。不到四歲的兒子唱著：媽媽你大膽地往前走呀，往前走，莫回頭……支撐起我那幾被洗劫的精神軀殼。

也是這支歌，讓我坦然地走進了五月的風暴。

不該發生的都發生了。那一日，在我獲得法國簽證時，正好是兒子五週歲生日。想到前途渺茫，母子相見遙遙無期，飲彈的感覺頓時攫住了我。從此這種痛苦的煎熬日夜纏磨輾轉，直覺心被擰成麻花狀並且打成了結。

其實我早有預感。4月的一天，夢見兒子被一持槍軍人看著，我抱他逃開。

我可以盜回我的兒子嗎？

四周空寂無聲。心無，行無，只有影子在飄。我伸出手，觸到一片虛空。

感受是一種回悟，而非呼救信號。

感謝《陰陽大裂變：關於現代婚姻的痛苦思考》的作者蘇曉康。他對我說：即使在監獄裡，你也有捍衛自己做母親的權利。這話讓我心頭豁然，被愁腸堵塞的心智頓開。

在這關鍵時刻，母親挺身而出，義無反顧地承擔了我們離婚後兒子的撫育責任。

這就是母親。她為人磊落大方，重情重義，嫉惡如仇。她對家庭、對子女的大愛，從不溢於言表，而是通過細緻而實在的行為表達自己的情感。她心重如山，投入得很澈底，但流露得卻很輕很淡，好像天然如此，沒什麼可講的。

事實上，兒子自小就由母親照看。那時我們先是忙於工作，之後又到深圳創業，再後來我離國出走。真正教養兒子、給兒子情感溫暖的，是我的父母和關護他的舅姨們。

由於母親毫無保留地幫助，我得以在「缺席審判」的情況下，得到我的兒子，捍衛了自己作為母親的權利和尊嚴。

難以釋懷的情殤

2000年8月的暑期，對我來說，像是一場惡夢。剛從南洋回到巴黎，得知母親病危的消息，馬上就去中國駐法國領事館申辦簽證。開始，他們並沒有拒絕，而是答應會給的，要我在家裡等消息。當我接到去拿簽證的電話時，馬上給家裡打電話告知我快要回去了。誰知這不過是個誘餌。簽證處有關人員執行「上邊指示」，要「有條件地」給予簽證。熟悉專制統治特徵的人都知道，這個「條件」的代號就是屈從。我指出他們的「條件」是違背國際慣例和有關規則的，希望他們尊重中國的傳統倫理道德，不要利用親情的生離死別來對我進行要挾。

我的「不合作」，使他們「很遺憾」地將護照還給了我，讓我空手而歸。

這樣從申請簽證，到簽證被拒，前後白白耗去了兩個星期。在這個過程中，母親和家人全都處於等待中。

我「理直氣壯」地離開中國領事館，回到家卻心死如灰，再也沒有勇氣給家裡打電話。因為我無法向母親解釋，「異端的權力」所需要的「保護工具」，已不僅僅限於國家專政機器如軍隊、特務和警察，他們必須不斷地發明可以充當權力保護的「新工具」，以補其合法性之短缺。割斷親情，杜絕流亡者的回家之路，便是「新工具」之一。嘗試這種「新工具」的，我並不是第一人。當然，也

不會是最後一人。

　　幾天後，假期即將結束，開始準備啟程返回東南亞時，我撥通了家裡的電話。

　　電話是母親接的，當我儘量平靜地告訴她我和兒子不可以回來時，母親停頓了一下，然後艱難地說，讓我父親來聽電話。

　　這是我聽到的母親最後的聲音。那聲音遙遠、絕望，大義凜然。甚至沒有問一句：為什麼？就像我踏上流亡之路的第一次電話，當時，處於焦慮不安中的母親，一聽到我的聲音就長舒了一口氣，沒有責備，也沒有詰問，只是說：你一個人在外面，要照顧好自己，兒子在我這很好，不用操心。

　　我很愧疚。垂危中的母親期盼著與我和兒子見面，而我卻告訴她我們不能回來。具有「滅天理」之功能的「新工具」極具殺傷力，母親則是直接受害者。

　　事後，中國官方一位知情者理解地勸慰我：忠孝不能兩全。

　　但我作為一個血肉之軀，怎麼能改變我那世世代代血脈相傳，與生俱來的「質構」呢？我終究被推上了情感的火刑架。

　　一位巴黎的朋友聽說後告訴我，其實你的母親一直在等你們，不然她早走了。

　　是的，母親被病痛折磨得痛苦不堪，生不如死。但她忍受著極度的痛苦，堅持走完了她艱辛的一生。

　　聽服侍在母親左右的姊弟說，母親是清醒而從容地迎接死亡的。在確知我不能回去的消息之後，她就開始準備自己的「行程」了。她先是停止服用除了鎮痛以外的所有藥物，接著是不經意地交代「後事」。最後那天，她一早起來沐浴換洗，神清氣爽，還掙扎著要去附近理髮館理髮，力不能支，便讓姊姊幫她剪理。一切就緒

後，她幾度處於昏迷狀態。輾轉彌留之際，姊姊俯在母親耳邊問道：你是不是在想安琪和煜煜（「昱」的火字邊是母親在兒子出國後加上的）。這聲音似乎驚醒了她，她知道我們來不了。她已經等得太久。她不能再等了。母親什麼也沒有說，甚至連任何表情也沒有。片刻的沉默之後，母親閉上了眼睛。

是時，我正在新加坡。前三天安排兒子上學，去當地移民局為他辦居留延期。逛書店。見朋友和朋友的朋友。也許冥冥之中有一種感應，9月6日——農曆庚辰年八月初九，在母親去世的這一天，我得以避開塵世的煩擾，獨自一人待在坐落於中國城老街的一家歐洲旅館裡，像是在等待那個時刻的到來。

一個人獨享時間的感覺讓人沉迷。思緒馳騁不著邊際。久違的清明與遙遠的回憶，一種近乎奢侈的滄桑感連同這個過於整潔的南洋島國的溫熱海風包裹著我，隱隱地牽動著我的神經。

我是誰？我為什麼會在這裡？

在由多數華人組成的年輕國度裡，充滿中國人的氣息。帶有南方拖腔的中國普通話，中國鋪面，中國小吃，中國古玩，中國藥店，中國廟宇。有上演中國地方戲的茶館，還有中國人辦的泰式傳統按摩。這一切支撐著這個中國城縱橫有致的老式街道，以其獨具的異域風情構成一道風景，吸引著西洋人，同時也吸引著來自中國本土的中國人。

這是一道並不真實的風景。行走其間，那種顛沛流離，歷盡艱辛的感覺卻是實實在在的。

床前的電視機開著，正在上演一部美國電影《死亡列車》（*Terror Train*）。一個靦腆的醫學院大學生，喜歡同班的一個女生。而那個女生和其他同學一起安排了一個惡作劇。當這個大學生以為他要得到那個女孩的時候，擁吻的卻是一具死屍。這個受到極度驚嚇而精

神崩潰的大學生，在慶祝狂歡節的畢業生專列上，開始了他精心設計的一系列謀殺報復活動。

隨著電影緊張恐怖的情節，我尋找著自己的感覺，思緒飄浮不定。過去的歲月如潮水洶湧，無法遏止，那些銘心刻骨的人和事，伴著《死亡列車》跳躍的畫面，引起一陣陣悸動與悲愴。

這樣一個重要時刻就這樣突如其來地到來了。

我給香港朋友和家人打電話。丈夫的聲音有點怪異。

我得到的是母親的死訊。

這些天的惴惴不安，內心深處隱隱的悸動，無法遏止的對家庭的懷念，以及如潮水般泛起的感情波瀾。難道我焦慮地等待的就是這個消息？

我甚至有些許的輕鬆。

我走下樓去。流浪詩人S君正在等我。我們事先預約這個時間在酒吧喝一杯。

他說我的電話很忙。

我說：「我母親去世了。」突然淚溢滿眼眶。

他怔住了。片刻無語。

「那我們就不去酒吧了吧？」他說。

「沒有什麼。對我母親來說，這也許是一種解脫。」

我們坐在酒吧檯前，各要了一杯法國紅酒。

「讓我們祝你的母親靈魂安息」。S君舉杯與我相碰，聲音細潤虔誠。

我的喉嚨不再發緊。我開始給他講述我剛剛看過的《死亡列車》。

我不知道在我的潛意識裡，是否在不自覺地尋找某種答案，但是這個敘述和談論的過程本身，以一種形而上的哲學，詮釋個體的

存在和生命的生與死。

我感到我在重新接近我的母親。

我的精神正在與母親的精神匯合。

安息吧，母親！

母親的骨灰安放在蘇州香山太湖河畔，依山傍水，視野開闊，是一處幽靜的安身之所。蘇州既非父親的故鄉，更與母親無緣。將安葬地選在這裡，卻是母親的心願。探究其由，可謂意味深長。

母親曾不止一次地說道：空的，空的，一切都是空的──是遺憾，也是禪悟。

在翻閱母親的遺物時，那幾大本日記和她常在舊報紙上的書法習字，讓我深感母親內心深處的失落。那是一種「無意義生活之痛

逝者如斯。拜謁的隆重令人暈眩。

苦」。她一生勤勉，以大善大德待人，終了卻落個「白茫茫大地真乾淨」。無論曾被母親視為「聖壇」的娘家，還是她與父親親手創建的家園，滄桑歷盡之後，都給她一種「生活在表面」的虛無感。這大概是「意義喪失」的主要原由。

記得有一次母親看到我們在巴黎附近的鄉村照片時，驚羨地問，你們那兒那麼大的地方，沒有人，多好啊！

是的，母親一生辛勞，為塵世間的各種瑣事所困擾，身心疲憊，一心想找一個清淨之地，過一段寧靜的日子。末了，卻因疾病纏身，終成空想。感念吾弟柏春，深諳母親之思，工作之餘，虔敬地拜訪靈山秀景，讓母親能夠如願以償，遠離俗念糾纏之故土，澈底掙脫所有的桎梏，了無牽掛地回到自己。

母親一生克己為人，從來沒有為自己活過。這一次，也僅僅是這一次，母親為自己「死了一回」，從而獲得了「生命後的生命」。

母親終年66歲───一個滿載苦難的生年。

願母親安息！

2003年9月於巴黎三昧聊齋

附錄

外祖父在母親生日所作七絕四首：

詠菊七絕四首並小序

己卯九月十九日

澹壘主人

夜雨淅瀝，秋聲驚夢，就枕反覆，文思洋溢。忽念籬中白鶴，玉潔高標；福壽黃英，燦爛奪目，輒成贊菊、歎菊、儀菊、喜菊七絕四首，聊以發舒毫端之蘊秀，痛寫霜天寒夜之逸情。非敢步薛史等人之雅致，極興廣題，賦景詠物，務期賓主交錯，花人融洽，新意層出，妙語解頤，真能盡善盡美也。其詩分次排列於後：

一、贊菊〔庚韻〕

賦性孤芳天地精，

延年益壽更鄉情；

沉江屈子千秋話，

絕世逃名可餐英。

二、嘆菊〔豪韻〕

風雨幾經品自高，

東籬映月氣何豪？

霜晨對飲今誰是？

邈想淵明只痛號。

三、儗菊〔陽韻〕

逸趣幽然徒自芳，
扶疏枝葉耐嚴霜。
南翔雁字長空度，
系足家書寄故鄉。

四、喜菊〔送韻〕

大器晚成為能用，
黃英燦燦將秋送；
年年勃發傲霜枝，
惹得詩人筆常弄。

注：外祖父以澹罍主人自居，取淡泊絕世之意。母親生日為農曆九
月十九日，此詩可謂有感而發。

＊首發於《前哨》月刊。

代序二
巴黎「自由談」沙龍紀要與述評：
我們在哪裡，中國就在哪裡
——政治學者吳國光提出「亞流亡」概念及 對華人族群命運的思考

吳國光先生在巴黎「自由談」沙龍演講。2022年5月7日。

我們是誰？中國何在？——這個困擾著海外華人的靈魂之問，出自以自由主義知識分子著稱的吳國光先生。月前，本人榮幸邀請在巴黎人文科學研究院進行訪學的政治學家、行將就任美國斯坦福大學（Stanford University，臺灣譯名為史丹佛大學）中國經濟與制度研究中心高級研究員的吳國光先生蒞臨巴黎「自由談」沙龍，以此為題進行演講。他首次公開提出的「亞流亡」概念，將「我們是誰」這一哲學意義上以個體呈現的終極問題賦予現代性，從全球化的角度釋解作為現代人的整體困惑，由此展開的關於「亞流亡」華人族群命運的思考，引起大家的深度關注和共鳴。**基本思路可以理解為：解放心靈，把握自由，構建具普世價值的「亞流亡」文化圈。**

沙龍與會者合影。2022年5月7日。

吳國光，生於1957年，山東臨沂人。1977年恢復高考後進入北大中文系，1982年考入中國社會科學院研究生院新聞系，主攻政治評論專業。曾任《人民日報》評論部主任編輯、中共中央政治體制改革研討小組辦公室工作人員，參與政治體制改革政策設計及中共十三大政治報告起草，中共前總書記趙紫陽的智囊團成員等等。對此，吳國光自己並不喜歡「被標籤」。他插過隊，下過工廠，在勞動中覺醒，用「思想」來面對現實，克服困難。1980年代初發表的「學術自由自由談」，是他作為獨立知識分子、學者去思想和反思的第一篇文章。

　　1989年2月，吳國光作為美國哈佛大學尼曼研究員（Nieman Fellow）赴美訪問，期間中國發生六四屠殺，他有國難歸，成為流亡者。正是基於自由主義知識分子的個體定位，他避開了所有的誘惑和熱鬧，帶著上個世紀八〇年代中國的政治轉型何以會失敗，六四何以會發生的追問與深思，走上了學術研究之路。

　　身為「被流亡」的知識分子，吳國光在自身的體驗中感悟到，「流亡，是中國文化本來就有的、保存文化精義的一種方式；中國的存在是以文化傳承為特點的。」1990年代在普林斯頓大學讀博士期間，余英時先生的立言行文、為人處事都對他產生了很大的影響。去年（2021）8月1日余英時先生逝世，吳國光悲嘆「這意味著中國文化的完結」。幾乎與此同時，他開始思考海外華人的身分認同和定位，「亞流亡」概念可看作是他這一階段的思想結晶。

　　吳國光指出：所謂「亞流亡」，指非政治原因而被迫離開故土移居他國的同胞，基本特徵是，享有所在國的權利和自由，可以自由往返故國，但與故國的問題發生關聯時，自由就會受到限制或被剝奪。在這個意義上說，所有的海外華人，都處於這樣一種「亞流亡」狀態。

怎樣走出海外華人精神文化的認同困境，構建具普世價值的華人精神文化共同體？吳國光先生通過他的研究思考，與沙龍朋友交流碰撞，並受與會者在自家花園種菜的啟發，提出了一個新課題：「在遠離故國的地方，重新發現土地，親近土地，在土地上培植新的生命——也就是說，海外華人群體，應該可以在不依賴中國政權的情況下，動員我們自己的文化資源，在自由的環境中，建設我們自由華人的精神家園。」

　　這裡，蘊含著倫理承擔和後全球化時代的價值關懷，「我們是誰？中國何在？」在此得到恰如其分的解讀。

「亞流亡」狀態及其困境

　　為什麼發明了「亞流亡」這樣一個詞呢？

　　吳國光開宗明義地說：「今天在海外的華人，其中大多數人可能都不是因為政治的原因離開了中國，也沒有說離開中國以後就完全不能回到中國。但是由於中國故土的那樣一種狀態，每當你和故國發生關聯的時候，你的自由就會受到限制、受到侵蝕、受到剝奪。你在海外，比如在法國，你對法國的問題可以自由地發表看法，但是你不可以對中國的問題自由地發表看法，如果你發表了，那你在回故國的過程當中，就會遇到很多的麻煩，故國可以隨時懲罰你——這樣一種雖然來到了自由的土地上，也不能完全享受自由，特別是在和故國的問題相關聯的時候，不能充分享受自由，我把這樣一種狀態定義為亞流亡狀態。應該說，所有的海外華人，包括在臺灣這樣一個仍然有主權的土地上，包括在海外已經不再是中華人民共和國公民或居民的華人，所有人都處於一種亞流亡狀態。」

　　自古以來，中國人的家國情懷一直非常濃厚，背井離鄉被視

為一種刻骨銘心的人生磨難。近代中國所經歷的內憂外患、顛沛流離，更讓這種情懷極具悲情，在早期移民者中表現尤甚。比如1919年以後公費或自費的留學生，他們出洋與學成歸國，大都懷著一顆報國之心。1949年9月底，毛澤東在中國第一屆政協會議上的一句「占人類總數四分之一的中國人從此站立起來了」，令多少國人、特別是海外華人心潮澎湃、熱淚盈眶。隨之的海歸潮（1950年代初），既有「新中國」的召喚，也有抗戰和內戰期間滯留在外的遊子返鄉。但是，之後便是長達近三十年的各種政治運動和與之相伴的閉關鎖國。1980年代以來的出海、海歸、再出海的循環往復，客觀上驗證了中國改革開放的起起落落，例如1990年代初美國總統老布希（George H. W. Bush）簽署的《1992年中國學生保護法案》（Chinese Student Protection Act of 1992，簡稱CSPA），給予近十萬名留美中國學子發放「六四綠卡」，以及中國經濟崛起後大部分持「六四綠卡」者的回歸。再如香港自2020年6月底實施《國安法》後掀起的移民潮（高達32萬人），以及上海封城引發的「潤學」（即移民海外）現象。總體來看，這個過程，是中國人走向世界的過程，包括為數眾多的國人「找生活」以求安居樂業，及「找自由」以安放精神的過程。

問題在於，正如吳國光所指出的那樣，不論華族移民來源如何，他們都有一個共性，即：關注最多的往往是關於中國的問題，即使在海外生活工作多年的人，一旦討論中國問題，思維模式很容易就轉向那套我們自小被打磨、被教育的邏輯思維裡，「我們很大程度上的生活，在文化層面、精神層面，乃至於在價值層面，和中國都非常密切地聯繫在一起。」（本文引號內未注出處的，均為吳國光此次演講語；下同。）

世界上任何移民族群，都與自己的母國有著緊密的聯繫，為什

麼華裔族群與當下中國的這種聯繫會形成一種困境呢？

「這種困境基本上是精神文化和認同方面的困境。」吳國光一語中的。他說：「對我們來講，我這裡有個家，我中國還有一個家；我是法國人（或加拿大人、美國人……），我同時也是中國人。當我們生活在自由的土地上的時候，我們的文化、我們的精神、我們的靈魂，有一半是和這裡相聯繫的，但也還有也許不止一半是和那邊相聯繫的。在這個家，我們是自由的；但那個家，不讓我們自由；那個家的不自由，還會反過來影響到我在這個家的自由度。」

從文化認同的角度來講，吳國光以史為鑑指出：「中國文化如果作為中國人認同的核心的話，也不斷地被侵蝕，被損壞，乃至於被毀滅。」同時，「由於中國的文化認同往往是以政權為中心的，所以海外華人的很多思路還是跟著中國政權的那樣一個思路在走，很多價值，很容易被過去的設定和現在的中國政權不斷地重新設定，包括對中國國際關係的看法，包括對歷史的看法，包括對很多基本價值層面的觀念的看法。」

歐洲人是這樣評價旅歐華人族群的：華人自成一體，要鬥也是「窩裡鬥」，從不給所在國添亂，但他們大多是一種「過客」心態，有著典型的雙重人格。比如，享受所在國的社會福利，但人在心不在，許多人做生意，能逃稅就逃稅，一方面勒緊褲帶辦理親友出國謀生，一方面寄錢給家鄉修路建橋，常常一擲千金，從不計較。中國太遠，那麼中國駐外使館就是他們的向心力所在，口碑好的中國大使常常被老一代華人視為「父母官」。在相當長的歷史時期裡，海外華人傾全力支援中國建設，援助中國災區，出錢出力，慷慨大方，舉世聞名。而當中國經濟崛起了，許多僑胞反而有很深的失落感。追究個中原因，首先難以接受多年受惠的一方在一夜暴

富後財大氣粗的傲慢，其次在於自身不知情歸何處的迷惘。

　　曾上春晚（1984年）的香港歌手張明敏的一首〈我的中國心〉，將百年屈辱、民族主義、家國情懷在這裡得到了盡情宣洩而家喻戶曉。但正是由於「中國的文化認同，往往是以政權為中心的」，在一黨天下的中國，報效祖國不可避免地變成了報效黨國，這種尷尬，總是讓人難以釋懷。

　　從這個意義上說，家國情懷是海外華人的軟肋。

我們的文化內核到底是什麼？

　　針對海外華人對中國的幻想，吳國光直言不諱地說，「很多的海外華人，總以為中國強大對我們一定如何如何有利。實際上我們看到，祖國的強大，不僅對我們個人沒有利、會更多地干涉你的自由；而且對中國文化的維繫和發展，對中國民族的未來，也都形成一個很大的威脅；現在甚至對全球的自由都形成一個很大的侵蝕的力量。我們如果認識到這一點，就知道我們不一定要和故國發生緊密的聯繫，海外華人應該在這樣一個自由的環境中，承擔起把中國文化和全球文化相融合，形成一種新的中國文化的精神體系、文化體系、價值觀念、生活習慣、民族認同這樣一套東西，這樣的中華文化，能夠得到歷史的新生。」

　　那麼，海外到底有多少華人？吳國光介紹：「現在有個說法，不包括臺灣和港澳，最高數字的估計是有六千七百萬華人。如果加上臺灣兩千三百萬，香港七、八百萬，澳門幾十萬，這就差不多是一億華人不在中國共產黨政權的直接統治下。一億中國人，如果能夠形成一個精神文化的共同體，這個共同體是不依賴於中國政權存在的，它在中國本土吸收我們傳統文化的營養，同時利用海外的自由環境，建設我們共同的認同，共同的精神、文化體系，我覺得這

是一個非常了不起的、非常大的族群。六千七百萬，就相當於一個法國。法國是世界文化大國，我們海外的六千七百萬華人，也可以建設成一個世界文化的大民族，大共同體。」

吳國光以猶太人做比較，通過分析猶太歷史及與中國人在宗教信仰等方面的差別後指出：「為什麼猶太人能在長期的流亡當中維繫他們自己的文化傳統和族群認同，千年不墜，不僅他們自己有這樣一個文化的延續，而且對全人類的精神、文化、思想、科學、經濟做出了重大的貢獻呢？那麼，我們華人能不能哪怕就從現在開始起步呢？」

他進而問道：「中國人和中國人遇到一起，精神層面的東西、文化傳統的東西很容易就交流到一起了。那麼，我們在一起的文化內核到底是什麼？這個內核當中能夠和西方、或者和普世的東西相融合的是什麼？我們不可能完全被它融合掉，我們需要自己保留的東西又是什麼？在中國那塊土地上，現在很難去思考這樣的問題，我們海外的華人、特別是華人知識群——實際上海外華人基本上都是知識群、至少知識群的比例占得很大，我們應該去思考這樣的問題。」

吳國光的叩問直擊心靈。

有一種現象值得深思，因歷史沉積，中國人經常以第三世界心態看世界，西方人也習慣以第三世界眼光看中國人。囿於「第三世界心態」的中國人，是時候將家國情懷轉換為文化情懷了。如是，才能讓靈魂與肉身合而為一，做自己，做自由人應該做的事情。不論在國內還是國外，果斷擯棄軟肋，做一名堂堂正正的中國人——不受黨文化汙染的、具普世價值和文化精神的世界公民。

吳國光的希冀是：「我們可能沒有能力去改變在遠東的那塊我們祖祖輩輩生活的土地，在我們有生之年可能沒有希望，沒有能

力去把它改變成一個適合我們將來子子孫孫生存下去的、自由民主多元和法治的這樣一塊土地，但是既然我們流亡在外，那麼我們可能在海外建設一個精神上的、有自由獨立具普世價值的一個精神家園。過去講『禮失求諸野』，現在講中國文化可以重新在海外找到。就像大家在自家的菜園裡種菜一樣，在這裡找到新的土地，找到新的生態更適宜的環境，在這裡撒下種子，扎下根，收穫這樣一些東西。」

我們在哪裡，中國就在哪裡

其實，早在十年前，吳國光就開始著眼於全球化研究，做的學問，看似和中國的關聯不太大，但實際上其全球化視角，反而更加充實、深化了他的研究。

長期以來，吳國光將中國政治制度及民主化轉型的研究，放在全球化、資本主義基本制度的大框架下進行系統梳理解剖，其中包括政治合法性、政治傳播與大眾媒體、中國對外關係等議題，出版中英文著作近三十種，一些著作並被譯為法、日、韓等多種文字。這是對上個世紀八〇年代在中國被中斷的政治制度研究的延續，也是他數十年的深思熟慮在思想領域裡做出的貢獻。

基於這樣一種積累，吳國光認為：我們需要重新提出一個以海外華人為群體，能夠建設成一種「我們在哪裡，中國就在哪裡」——就是說我們融入西方文化，融入全球這樣一個普世價值為主導的文化，同時保留我們自己的文化根基和傳統的華人精神文化共同體。

吳國光舉例說，「余英時先生作為兩代流亡者的象徵，在海外、在流亡當中為文化中國建造了一個精神中心。余英時先生講『我在哪裡，中國就在哪裡』，這是一個非常讓人感動的宣示。對

於像余先生這樣一個以中國歷史、思想為主要學業的、傑出的學人來講，他既有這個底氣來宣布『我在哪裡，中國就在哪裡』，他也有深厚的內涵來充實這一點。對於傑出的知識分子來講，可以有這種堅守；但是對於廣泛的群體來講，很難設想每個人都像余英時那樣，有這樣的底氣和堅守。余英時治學也好，對公共事務的介入也好，在他腳下，是一個自主的中國，是一個有獨立自由多元精神的中國。」

如果說，在疫情前人們對自身所處的狀態還比較模糊的話，那麼，近三年肆虐全球的新冠防疫，讓海內外中國人深切體驗到一種「在家出家」或有家難回的窘迫感。無論身在何處，無論你人在國內還是國外，回鄉之路都「難於上青天」。中國人經歷了一場前所未有的、荒蠻無助的身心浩劫，哲學層面的「逃亡自我」直逼眼前，同時承載著肉身和靈魂的雙重痛苦。國內同胞深陷疫情恐懼和「清零」困擾，海外華人寢食難安，許多人一邊不無內疚地享受所在國的自由，一邊日夜牽掛著在國內的親友家人，從最初的「千里投毒」的譏諷造成的心理失落，到昂貴的機票和回國後繁複冗長的核酸檢測與隔離，令很多人不得不望而卻步，舉目四顧，不知鄉關何處。

或許正是此時，許多人開始反思自己的身分認同，體會到自己與所在國居民的區別，在於是否享有公民權利。一部分人更深地意識到一黨中國的經濟崛起，由於價值觀的缺失，並沒有帶給國人與之相匹配的尊嚴。

巴爾札克（Honoré de Balzac, 1799-1850）曾說：英國人不管到哪裡都會覺得比在自己的國家舒適自在，法國人則不然。法國人無論到了哪裡，對祖國的眷戀都非常深厚——那是令人著迷的文化的、詞語的細微之處帶給人的不可或缺的精神滋養。

中國人呢？不論在哪裡相遇，談的最多的是錢權、房子等物質層面的東西。中國在國際社會的話語權，也多停留在經濟層面，文化精神價值層面，則沒有什麼建樹，甚至是負資產。而各種禁忌造成的詞語混亂，張口就來的粗鄙語言，更是戾氣沖天，讓中國這個文明古國的聲譽在全球範圍內下滑。

我們的詞語在哪裡？我們的文化又在哪裡？

仍以法國僑民為例，與中國僑胞的「過客」心態不同，居住在海外的法國人對所在國採取的是授之以漁的方式，他們所經之地，大都留下了傳世的法國文化精神和生活的奧祕。甚至在前法國殖民地越南首都河內和胡志明市，至今仍在很大程度上靠法國遺產搞活經濟，吸引遊客。緬甸貧困偏遠地區設立的小診所和培訓護士、福利學校，都是法國有識之士和專家義務捐資、日復一日、一點一滴做成的，對他們來說，故土是他們得以奉獻人類文明的資源，而非其他，這是他們的文化自信。

我們有這種文化自信嗎？

吳國光對此是比較樂觀的。他說：「我們在海外的華人，相比在國內的華人，你就發現你在環境方面的意識，你在反歧視方面的意識，都和他們差別很大。包括日常語言的使用方面，他們很容易使用一些暴力色彩很濃的語言，我們一般都不會使用那種語言。實際上海外華人在這些方面不管他的政治觀念如何，大體上已經形成了一種可以相當清晰地區別於在大陸生活的華人之間的價值上、觀念上的一些特點。我們是不是有意識地去想，哦，這個區別在哪裡，哪些東西是需要我們去有意發揚的？」

實際上轉機已經開始。近年一些華僑開始重視其與權利相依的義務，其中有的人曾被拒多次的所在國國籍，隨著納稅記錄的改善而得以解決，傳遞出自我意識和公民意識覺醒的訊息。

那麼，對於中國本土，我們能做什麼呢？吳國光說，「這也是我們為未來中國能夠發生政治轉型做準備，如果中國終於能夠出現像1989年和1990年代蘇歐各國出現的那種情況的話，以中國今天社會因素被破壞到如此殘破的這樣一個程度，直白地講，即使共產黨垮臺，這個國家的前途也不那麼光明。我認為，如果我們能在海外建立起一套自由的精神體系、文化價值這樣一種架構，一旦中國不再像今天這樣完全被專制、被嚴密控制，這套東西就可以反哺我們的祖國（從過去的一百年的歷史來看，這個精神價值文化體系都是從海外進去的）。對中國未來的健康轉型,整個中華民族在政治、文化、社會層面上和全球的主流文明接軌，會有非常重要的意義。」

　　每一代人有每一代人的擔當和責任，至此我們或許有理由說，余英時時代已經過去了，吳國光「亞流亡」概念的提出，可以看作是後全球化文化精神轉型過程中的接力和延續，是悲觀中的理想與希望。

　　行文至此，不得不提及海外中國政治流亡者。在後全球化時代的今天，世界發生了翻天覆地的變化，海外流亡者也面臨著新的轉折和挑戰，亟待重新定位自己的角色，走出傳統流亡者的老路，發揮更為可行有效的作用。吳國光的「亞流亡」概念，也為中國流亡者提供了一種可行性參照。

結語：問題與展望

　　本期沙龍在坐落於法國盧瓦河畔的古道且閑莊舉行。是日春光明媚，湛藍的天空一望無際，與會者年齡自50後到80後，包括學人、學者、藝術家、媒體人、作家、出版者等十多人出席。有感於吳國光先生這種坦蕩的理想主義情懷，以及在座者自身經歷的滄桑

感，有的甚至曾目睹人性的黑洞、親歷了腳下土地崩塌的過程和再生的過程，此時此刻，都有一種莊嚴感和發自內心的愉悅。大家暢所欲言，直抒胸臆，深感構建海外華人的精神家園，是鼓舞，也是挑戰。當然，也有人比較悲觀，擔心海外華人很難承擔起這樣一種文化使命。有人覺得搞一個整體的東西是不大可能的，還要靠個人的成就，如余英時、哈金這樣的一些學者、作家等等。更有人振奮地說：「這絕對是一個結構性的一種反思，類似於一條線，或者一盞指路燈」……。

沙龍討論熱烈深入，甚至引申到政治、民主文化的建立和思考。討論還具體涉及到海外華人子女的教育問題、藝術家群體的生態問題、以及操作層面的運作等等。

綜上討論，吳國光重申：海外華人的精神文化共同體，是一個虛的共同體。他說：「我要講的是，悲觀主義和理想主義的因素同時都存在，我們既可以有悲觀主義的對現實的清醒的認識，也可以有理想主義的對我們要堅守的理念的追求。」

吳國光根據平日的觀察強調指出：「其實很多人都在做這樣的事情，有大的，有小的，有相當成功的。這種共同體的意識、這種共鳴和契合，這種實踐實際上是普遍存在的。但是這裡要說的是，我們要更有意識地去推動它，更有意識地反省我們自己，哪些可能做了，哪些可以做得更好，我覺得這些事情急需要做。」他舉例說：「比如海外這麼多華文學校，他們用什麼樣的教材，我們可不可以自己編一套和中國大陸所使用的那些識字課本不一樣的、既有中國文化的東西融入其中，又能夠把普世的價值觀念灌輸到其中。再比如中國歷史。一般來說文化認同和歷史是密切關聯的，因為有共同的經歷，就有共同的認同，共同的文化。但是中國的歷史呢，歷朝歷代以來，都是為政權所控制的，特別是到了近代，無論是國

民黨政權還是共產黨政權，歷史都被弄得一塌糊塗。那我們能不能在海外自己做一套中國史，完全以新的眼光來取代呢？如上所說，如果我們真的要做這樣一個自由的中國精神的文化體系的話，就得把整個傳統都去反思一遍，在中國大陸鮮少做這個事情的人，許多反思經常是站在共產黨的立場上去反思。」

吳國光表示自己的餘生要致力於做這件事情。他說：「推動海外華人去做這些事情，可能比海外民運對中國的政治影響力要大得多，文化影響力要大得多，甚至可能由於這樣的培養，海外華人的子子孫孫，一代一代，將來有可能比猶太人對世界的貢獻還要大。」

這是吳國光的思考和堅守，也是他一以貫之的行為方式。

這裡的基本共識是：虛的共同體，實的（落實到個體的）精神文化，由一個個獨立的個體形成的具普世文化精神的華族群體，不是（也不可能是）通常意義上的所謂「整合」，而是有一個標杆，一個精神文化的理想，形成一種無功利色彩的凝聚力。無論國內政權是否更替，即使將來中國走上民主化轉型，海外華人群體也應該是獨立於政權之外的、具普世的多元文化精神的（虛）共同體。

本期沙龍的特邀嘉賓，是陪同吳國光先生訪問的廖曉英女士。

作為1990年代的巴黎索邦大學新聞學博士，廖曉英曾任中國社會科學院新聞研究所助理研究員，並先後在香港浸會大學、香港中文大學和加拿大維多利亞大學亞太研究系任教，發表中文和法文論文數十篇，譯著多種。近年出版的少兒教育三部曲：《小學還能這樣上——中國媽媽眼中的加拿大小學教育》（2011）；《中學還能這樣上：加拿大教育的精神與細節》（2015）；《共情養育——和青春期的孩子一起成長》（2021），獲得知識界和讀者的高度讚

廖曉英女士在沙龍討論中發言。2022年5月7日。

賞。評論說：廖博士用母親的細緻、學者的敏銳、文人的筆法為我
們講了一個關於小孩教育的故事，一個父母、老師和教育工作者可
讀、必讀的故事。

　　廖曉英和她的作為，也是個體行為的力量顯現，為沙龍論題增
添了一個重要的佐證。

　　可以說，吳國光先生提出的「亞流亡」概念，是一種創造性
思維！在法國這個「本來就是中國現代史上思想文化變遷和政治變
遷與中國的關連最緊密的地方」，在巴黎「自由談」沙龍這個用母
語交流、追尋自由精神安放之處的場所，吳國光公開「亞流亡」概
念，可看作是海外華人族群的一件大事，為海外華人的身分認同和
構建普世價值的精神文化共同體，提供了難能可貴的思想契機。

這是巴黎「自由談」沙龍進入第26週年的首次活動。一幫「亞流亡」者，在法國腹地盧瓦爾河（La Loire，另譯羅亞爾）畔，嚴肅認真地討論自己的精神文化認同和命運，這樣一種「無用」之事，竟如此讓人動容，如此引人沉思，實為罕有。

　　感謝吳國光先生為我們帶來這樣一個「流動的精神文化盛筵」！

　　感謝數十、數百里專程趕來的沙龍朋友，感謝大家一如既往的參與和支持！

＊本期沙龍於2022年5月7日舉辦，2022年9月中旬成文於巴黎三昧聊齋。沙龍攝影：田德熙、安琪。

目 次 contents

第一編
思辨篇

要民主主義，還是共產主義？
──前中共總書記趙紫陽悲劇啟示錄

2005年1月17日，中共前總書記趙紫陽因病在北京逝世，享年85歲。

記得15年前，當胡耀邦抑鬱而逝時，人們的第一反應就是「共產黨總書記都沒有好下場」。較胡而言，趙紫陽能夠以85歲高齡問心無愧地「平靜地走了」（趙紫陽之女王雁南語），這實在是共產黨歷史上的一個奇蹟。15年前趙紫陽雙手沒有沾染鮮血。15年間，他沒有違心地「認錯」；15年後他壽終正寢。一個在極權專制的權力中心摸爬滾打，歷經殘酷鬥爭、無情打擊的「戰鬥洗禮」，從地方到中央，直到擔任共產黨的最高職務總書記──如此驚險如走鋼絲般的政治生涯，趙紫陽能有此「善終」，在我看來，無論於他個人或他的家人，或是他的戰友、同僚，或是許許多多尊重和愛戴他的人們，都是一件值得欣慰的事情。

然而，諸多海外媒體和國內外自由派知識分子以及黨內開明人士的表達，仍然是悲情大於理性，情緒大於思考，並因由中共當局的嚴控，幾乎整體陷入另一種「輿論一律」的誤區。在這種情緒渲染下，加上經由各自不同心理或政治需要的誇張修辭，真實性已經

不重要了。展示在「自由媒體」上的趙紫陽，成了一個名副其實的民主主義者。似乎趙的逝世讓人們幡然醒悟：「只有趙紫陽，才能救中國。」趙既去，國無望矣。於是叩首慟哭，悲乎哀哉！

令人警醒的是，這樣一種輿論誤區，減輕和舒緩了中共當局的壓力。當局按「既定方針」的程序處理趙的後事，而不必擔心被追究發生趙紫陽悲劇的制度之弊端。據觀察，本來就微乎其微的要求改制的聲音，在這個過程中完全被悲情淹沒了。有人甚至在趙的葬禮待遇上向中共當局「叫板」，讓趙紫陽這個「平靜」離去的人，「不平靜」地安葬。這是否有違逝者的本意，當由其家人定斷。但從大多數人的訴求來說，無論主觀願望如何，都產生一種寄希望於中共的客觀效果，也就是說指望被視為「極權專制」的中共領導者，對一個受其排斥、迫害的「黨魁」平反。

這種情形正如法國諾貝爾生理醫學獎得主安德烈‧洛夫（Andre Lwoff, 1902-1994）所說的那樣，「理性被驅逐了，誰也不能搞清楚哪裡有真實了！因為已經沒有真實了，所以，誰也不知道正義在何處了。當權者提出的無論什麼樣的方案和行為都加以接受，制度被擬人化了，於是就開始條件反射地進行表示崇拜的祈禱。」〔班達（Julien Benda, 1867-1956）《知識分子的背叛》（*La Trahison des Clercs*）序〕這不僅顯示出現實政治功利主導下的短視和理念不清，而且暴露出目前活躍在前臺的某些民運領袖和民主派發言人，極其缺乏其角色應該具備的基本政治素質和思想水平。

那麼，要民主主義還是共產主義？這個本來應該再清楚不過的問題，在這樣一種混雜的「大合唱」中，深沉地突顯了出來。值此，梳理並澄清這個問題，成為捍衛普世價值觀的良知者必要面對的至關重要的問題。

不自由的體制，窒息「自由」的總書記

趙紫陽的逝世所揭示的層面是豐富而深刻的。

作為中共高層領導人，趙紫陽不像胡耀邦那樣富於近乎浪漫的理想主義激情。胡耀邦從「紅小鬼」時就培養起來的「黨的事業高於一切」和對組織的絕對服從，與他的人道主義的悲憫情懷是相互矛盾的，這也造成了胡的人格矛盾和內心痛苦。在與黨內極左派的較量中，胡之所以往往敗居下風，關鍵問題不在於人事上的矛盾，而在於對方慣於掌握和操縱共產專制所能給予的銳利武器，即鄧小平掌權後重彈的老調「黨的四項基本原則」。在這樣一個「法寶」鎮懾下，習慣顧全大局，以「黨的事業為重」的胡耀邦，最終只能是以人格服從「黨格」，捨身成（黨）仁。身為黨的總書記，卻無奈而違心地承認錯誤，大包大攬，甚至將鄧小平說過後否認的話也包攬到自己身上，以安撫「天顏」。這樣一種傳統的「殉道」精神，充滿悲情和對威權的期待。這種色彩幾乎構成了在他去世後所引發的悼念活動和整個八九民運的基調。

在這個過程中，當趙紫陽作為一匹共產極權專制中的「黑馬」躍出前臺，想要「擁兵（菁英）自重」，以一種「新權威」的態勢，行使其「黨的總書記」之職所賦予的權力時，他的悲劇結局便注定了。

趙紫陽與鄧小平一樣，都是實用主義者，他們的個性也很相近。但與當年鄧小平在毛澤東權威下三起三落不同，趙紫陽與鄧小平之間的年齡差別（趙小於鄧15歲）和改革開放的現代意識，以及趙紫陽主持經濟領域的改革所取得的成就，使他不可能在其位（黨的總書記）而不事其職。但他忽略了一個最重要的因素，即「政治掛帥」。在中共體制下，政治和政治方向永遠是第一位的。而掌

握政治方向的舵手歷來都是中共實際上的政治強人，而非最高職務者。毛澤東時代是如此，鄧小平時代也不例外。況且，鄧小平退而不休，垂簾聽政，並非從鄧小平始，而是中國歷史上由來已久的政治傳統，是封建專制中根深柢固的一種政治文化。所以當「自由的總書記」趙紫陽打出「民主與法制」這張現代牌時，鄧小平便決斷地行使其軍委主席之職，用獨裁專制的「槍桿子」來「指揮黨」。

這裡，筆者感興趣的不是黨內鬥爭的勝負和權威的強弱，沒興趣、也沒有資格評點「體制內」高層人物的是與非。這裡我想強調指出的是在這種共產體制下，絕對權力導致絕對獨裁的必然性。出乎所有人意料的六四屠殺，就是一例。這樣一個與人類文明進步相悖的野蠻行徑，正是專制獨裁者為所欲為，將手中權力濫用到極限的結果。除此，恐怕連當事者自己也難以找到合乎邏輯的解釋。無數事實證明，這是一個禍國殃民的制度，也是一個害人害己的制度。在這個制度下，受害者有可能變成害人者，害人者也可能成為受害者。可以說，胡耀邦之死，深刻揭示了這一制度的本質。而趙紫陽悲劇，則昭示著這個制度最終服膺於絕對獨裁之野蠻性。

在諸多悼念趙紫陽的文字中，都涉及到趙紫陽遺產這一話題。那麼，究竟什麼是趙紫陽遺產呢？

我認為，作為共產黨總書記的趙紫陽，被軟禁至死，本身就是一筆可供人們研究的政治遺產。客觀地說，正如人們所反覆提到的，趙紫陽對經濟改革做出的貢獻，「胡趙聯盟」時對清除精神汙染、反對資產階級自由化的抵制，以及成立「體改所」（政治體制改革研究所），探求政治改革之路等努力，是在當時「十年浩劫」之後，以鄧小平為首的新的權力中心為穩固其權力的合法性，挽救民心盡失的共產黨及其賴以生存的意識形態，所做出的集體努力。沒有鄧小平「跟著感覺走，摸著石頭過河」的實用主義對「毛主

義」的政治解構，經濟改革是搞不起來的。沒有胡耀邦在政策允許範圍內的鳴鑼開道和與趙紫陽的相互配合，交替進行的改革開放和「反自由化」的「拉鋸戰」也不會貫穿整個八〇年代。

同樣，作為共產黨的總書記，趙紫陽在最後關頭，能夠以行動「自由表達」自己的反對意見，主張「在民主與法制的軌道上解決問題」，反對動用軍隊——這一點，他就與極權專制有了根本的不同，就與他所投身並有所建樹的「黨」在大事大非——是人民的軍隊還是「軍隊的人民」問題上劃清了界限。從而走出了共產極權「同舟共濟」、「顧全大局」的陷阱，開啟了共產黨權力核心中「人性」戰勝「黨性」的範例。這種開啟本身就是一種人道的張揚，就是對他所棲身和所維護的那個「舊制度」的顛覆性背叛。正因為此，他曾經「領導」過的那個執政黨，將他軟禁至死。這種結局，客觀上「突破了中共的政治傳統，昇華了趙先生的政治人格」，「重塑了自己的政治生命」（陳奎德〈趙紫陽的遺產〉）。

至此，我們可以說，趙紫陽死得其所。是共產黨「完成了」他，讓他得以無愧無悔地「平靜」地離去，「終於獲得了自由」（王雁南語）。

不自由的體制，第一次出現了一個「自由的總書記」，個中提供的思想資源和行動空間是非常豐富、十分寶貴的。

從歷史的眼光看，這應該是趙紫陽留下的最大遺產。

從專制機器的「馬達」到鬆動的「螺絲釘」

趙紫陽集共產黨總書記和六四受害者的角色於一身，無疑是對他所躋身的那個制度的極大嘲諷。回顧趙紫陽的一生，套用一句共產黨術語，可以說是「革命的一生，戰鬥的一生」。

趙紫陽是「三八式」中共黨員，長期擔任中共地方黨的領導工

作。他從地方到中央，「一步一個臺階」地走上來，期間先後受陶鑄、葉劍英、周恩來等中央重要領導人的重用和賞識。鄧小平掌權後，看上了他在農村工作的經驗和實幹精神，又正趕上文革後「百廢待興」的「好時候」。「人和」加上「天時、地利」，趙紫陽得以「一躍」而進入中央政治核心，主管經濟改革，成為中共專制機器中一個至關重要的「馬達」。

既然是「馬達」，就要發揮「馬達」的功能。可以說，八〇年代初，趙紫陽主持下的經濟改革，是在共產黨幾十年一貫制的計畫經濟和市場經濟之間的選擇和平衡。趙紫陽面對的不僅僅是來自黨內以陳雲為代表的極左保守派勢力的干擾，還要面對整個中國社會長期被共產黨意識形態所毒化的「舊觀念」的束縛，其中甚至包括整個知識階層對經濟體制改革將要觸及到的打破「大鍋飯」的惶恐，更有「重文輕商」的深層傳統文化對人們的影響。翻開當年的報刊，人們對經濟改革的名詞是陌生的，他們不無輕蔑地嘻笑剛剛出現在電視屏幕上的廣告，感到一點兒也不習慣。甚至1987年，筆者在經濟改革的「陽光地帶」深圳，還聽到「腦體倒掛」（指腦力勞動者不如個體戶「吃香」）的嘆惜。「下海」這個比喻經商的詞彙，在當時很有一種「豁出去」闖蕩一翻的意味，也有一種「無可奈何花落去」的迷茫。在這種情況下，趙紫陽經濟改革的步子，與上面所說的八〇年代「逢雙改革開放，逢單反自由化」的步子基本上是一致的。「改革開放年」，社會的思想文化氣氛就比較活躍。「反自由化年」，經濟改革滯步不前，思想文化界一片沉寂，報刊整頓接踵而來。在我所工作過的幾家報刊中，除一家省級黨報《甘肅日報》外，其他兩家嘗試改革、倡導新聞自由的報刊《西部晨報》和《青年晚報》，就是在這個過程中的「反自由化」運動中被封殺的。極富新聞張力和改革銳氣的《蛇口通訊報》，在八九六四

後也遭取締。當時圈內朋友經常用調侃式的比喻說，中國的改革開放，猶如小腳老太婆，亦步亦趨，裹足不前。在此背景下，「胡趙聯盟」成為必然。應當看到，當時以陳雲為首的、代表「正統」的左派勢力是強大的。從資歷上講，胡趙都是「小字輩」，但因他們都是鄧小平提拔的人，所以有時陳雲也不得不買帳。胡趙的改革，猶如戴著鐐銬跳舞，既要面對左的干擾，又要仰仗鄧小平撐腰，關鍵時刻還得「削足適履」（如胡耀邦1985年2月在〈關於黨的新聞工作〉的講話中重申新聞工作的「喉舌」意識等）。當鄧小平成為平衡改革派和保守派之間矛盾的唯一權威的時候，胡趙便成了當然的受害者。這是極權專制的本質所決定的。因為被犧牲的不可能是他們所認同的那個「主義」的「原教旨」者，必然是那些試圖革新的人。

有可能認為，大概正是從這個時候起，鄧小平——這個利用「民主牆」剷除政敵，粉碎「四人幫」，撥亂反正，用實用主義的「商業化」代替毛澤東時代的「政治化」的「中國經濟改革的總設計師」，開始走上了他曾經深受其害的毛式「政治強人」的獨裁者老路。正如後來所發生的那樣，當趙紫陽以「一黨之尊」向黨的「太上皇」表達不同意見的時候，他就從本質上澈底背離了那個黨並且被永遠剝奪了權力和權利。這個雄心勃勃，想要利用「馬達」的功能，在改革中大展身手的總書記，成了一顆被遺漏的鬆動的螺絲釘。

「小平您好」的精神誤區

令人困惑的是，很長一段時間，即便發生了震驚世界的六四屠殺，許多善良的中國人仍然不願意相信這是鄧小平幹的，不相信是鄧小平下令軍隊進城並向學生開槍的。

為什麼會有這種現象呢？稍作分析，就會發現，這與鄧小平

在獲得最高權力之前所作出的對「民主牆」的支持姿態不無關係。鄧小平在文革中的遭遇和家人、特別是其子鄧樸方受他的連累致殘的事實，使他在民間獲得普遍同情，成為他這個時期的民意基礎。為權力替換而準備的否定「兩個凡是」和「真理標準」的討論，與「民主牆」的基本訴求一致，使他具有了較高的令國人振奮的政治基礎，進而有了1979年在共產黨歷史上具有里程碑意義的十一屆三中全會。在1984年國慶35週年大典上，北大學生打出的「小平您好」的橫幅，應該看作是鄧小平執政的巔峰時期。之後他便開始無所顧忌地以「黨家長」自居，公然實行專權獨裁了。

我們看到，七〇年代末和整個八〇年代中國社會和思想文化界發生了很大的變化。持續不斷的「文化熱」和對文革的反思；一大批有理想的新聞工作者，不懈地探求新聞自由之路等等，無不與「民主牆」的出現和為人所知有關。「民主牆」這個詞語，猶如一道閃電，照亮了人們被共產黨意識形態引導下的傳統思路的迷津。其中的許多民刊和言論，如《四五論壇》、《啟蒙》、《火神交響詩》、《探索》等都是振聾發聵的。例如當時發表在《沃土》上的〈論言論自由〉（胡平著）不僅成為「民主牆」時代的文獻，其所展示的思想觀點和人文價值，使它成為一部經久不衰的自由主義思想者的經典之作。之後在全國各地蓬勃發展起來的各種理論刊物，如甘肅的《當代文藝思潮》（謝昌余主編）、上海的《思想家》（陳奎德主編）、武漢的《青年論壇》（李明華主編），包括在胡耀邦的鼓舞下活躍非常的共青團工作和遍及各地的青年報刊，甚至包括《人民日報》的「評報欄」，都是完全不同於毛時代的「新生事物」，給整個社會帶來了活力和希望，形成了一種勢不可擋的發展潮流。

八〇年代改革開放和反自由化交替進行的結果，是自由化思想

呈「螺旋式」上升的趨勢。在每一次反自由化之後的「改革年」，被壓抑的自由化精神和思想就蓬勃開放一年，同時積累了反自由化時的經驗，表現出理論上開始探索，對共產黨主流意識形態開始提出質疑和反思。也正是在這個過程中，對「自由化」緊追不捨地進行打壓的「正統」派，日漸圖窮匕見，變成了孤立的「保守派」——這在整個共產黨執政期，都是少見的。鄧小平左右搖擺，在改革派和保守派之間搞平衡，一則是他所倡導的經濟改革的需要，一則也是他自己所堅守的那個政治「教義」與保守派是一致的。到了最後，他們只好拿出「殺手鐧」——黨的四項基本原則來壓陣。

　　同時，既然鄧小平用過「民主牆」，那麼「民主」這一詞彙就不再像以前那樣諱忌如深了。無論以什麼藉口或方式，黨內開明派可以用，社會民主派可以用，媒體間接地也可以用。當人們對這個「詞語」不再陌生的時候，它就跳出了毛澤東思想對「民主」的詮釋和侷限，逐漸回到它應有的涵義上來了。是否可以將八〇年代看作民主的啟蒙期，可以進一步討論，但是這樣一種對「民主」的重述，的確有「解放思想」的意味，把人們從多年在各種政治運動中被窒息、被禁錮的頭腦中「解放」出來了，反思和否定文革，破除對毛澤東的個人迷信，就是一次思想的飛躍。

　　由此可見，八九民運全民性的覺醒和參與，就是十年積累的結果。而且鄧小平既然借用了「民主牆」，那麼他的收穫也是雙向的，一方面使他贏得了民意，另一方面，當他反其道而行之的時候，就必然要付出代價。1989年，當「坐穩了」的鄧小平，拋出「四・二六」社論的時候，情況與毛澤東時代的「中共中央文件」、「最高指示」的結果就截然不同。人們不再因聽話或恐懼而盲目地服從，而是激起了更為強大的抗議示威活動。讓鄧小平這個以「民主」的名義清理毛澤東遺產，獲得最高權力的「改革者」，

最後卻以六四屠殺為結局，落得一個「反人類」（安琪語。1997年筆者在西安被當地公安無理搜查並驅逐出境時，對他們所提出的六四問題的直接回答）的罪名。

「為尊者諱」孳生絕對獨裁

另有一種較為普遍的看法，認為鄧小平釀成六四大禍，是因為聽信了李鵬、陳希同之流的讒言，是「意氣用事」。坦白地說，這種看法是中國傳統文化「為尊者諱」的翻版。找「替罪羊」就是這種封建文化中極殘忍（對「替罪」之「羊」）和極諂媚（對「尊者」）的奴性化的所謂「中庸之道」。

從深層意義上說，鄧小平鑄成六四大罪，他是害人者，但又何嘗不是被害者呢？回想鄧小平之初的朝氣，對比毛澤東宣布「中國人民站起來了」的氣概，為何中國的這兩個政治強人，最後都走向了他們自己的反面，甚至鄧小平竟然動用軍隊坦克了呢？

這裡暴露出極權專制的全部真相，即至高無上者的絕對獨裁。而獨裁者的「個人意氣」，必然走向反動，必然無所顧忌地動用武力。

與中世紀的神權一樣。法國神學家、16世紀西歐宗教改革舉足輕重的人物加爾文（Jean Calvin, 1506-1564），早期因宣揚新教教義而被迫流亡日內瓦。他在奠定其新教權威的著作《基督教原理》（*Institutio Christianae religionis*, 1536；另譯《基督教要義》）中寫道：「把異端處死是罪惡的。用火和劍結束他們的生命是反對人道的所有原則的。」但正是這同一個人，「一旦他攫取了至高無上的權力，就迫不及待地在他的書中刪去了人道的要求。」「改變了當他還是受迫害者一員時所唱的調子」〔茨威格（Stefan Zweig, 1881-1942；另譯史蒂芬・褚威格）《異端的權利》（*The Right to Heresy:*

Castellio against Calvin）〕。在加爾文所進行的長達15年之久的一系列神學論爭中，唯他所倡導的「新教信仰綱要」為尊，對所有反對或質疑其教義的人，進行了有預謀的殘酷迫害。西班牙神學家塞爾維特（Michael Servetus, 1511-1553）曾著書抨擊基督教的中心教義聖父、聖子、聖靈三位一體說，並於1553年將充實和修改後的著作《恢復基督教義的本來面目》（*Christianismi Restitutio*）祕密印發一千份。事發後他逃脫了異端裁判所，但卻在日內瓦被神權政治權威加爾文以異端罪名判處火刑，於當年10月27日被活活燒死（這一事件引起了宗教改革內部就應否處死異端分子問題的爭論，在一定程度上改變和加速了宗教改革的歷史進程）。

專制獨裁者是多麼驚人地相似！鄧小平不是第一個，也不會是最後一個。其實如果我們不是那麼愚昧而盲目地服從，如果我們不習慣讓一個「腦袋」思考，在鄧小平執掌大權之初，就已經暴露出了許多獨裁者的特徵。

第一個始作俑者是「民主牆」鬥士魏京生。當時包括恢復高考制度後進入大學的大學生在內，聽到魏京生因「洩露國家機密」而被判重刑，幾乎沒有人問：為什麼？那時，毛澤東時代已經結束，國家就要走上改革致富的道路，像魏京生這樣的「反革命」，是孤獨的「極少數」，執政者必將置其於死地。而那些活躍的黨內外開明人士和知識分子，對其也是漠然置之。由是，鄧小平利用完「民主牆」就拿魏京生開祭這樣一個最初的信號，由於各種主客觀原因，甚至那些代表「良知話語權」的「善良」的人們也不願意把鄧小平「往壞處想」，因此沒有任何「不同聲音」。也沒有任何微弱的「異議」。即使有些「民主牆」人士以散發手冊的方式為魏京生辯護而被捕入獄，也沒有引起人們的警惕。

另一個明顯的信號，是在被稱作中國改革里程碑的共產黨十一

屆三中全會中，鄧小平強調並保留了「黨的四項基本原則」這一條「鐵律」。當時國際輿論對此已有警覺，但國內思想知識界人士大多以鄧小平「不得不如此」來為其開脫。「與黨中央保持一致」像一道符咒，牢牢地控制著人們的思想和心靈。

應該承認，中共三十多年的「洗腦」，成功地消解了人們的思考功能。對威權的恐懼，即便在文革後的鄧小平之初，人們仍然習慣讓一個聲音說話，希望讓一個腦袋思考。希特勒（Adolf Hitler, 1889-1945）對猶太人的集體大屠殺，是一個腦袋思考的結果。毛澤東發動的轟轟烈烈的文化大革命，同樣是一個腦袋思考的結果。儘管鄧小平權威不如毛澤東權威，但在他執政過程中，被平反的「黨的知識分子」，高考入學的大學生，第一批嘗到甜頭的個體戶，開始將注意力從敏感的政治說教轉向經濟生活的普通老百姓，大家對鄧小平都有一種感恩戴德的情感，逐漸地讓鄧有了「至高無上」的「感覺」。喜歡「跟著感覺走」的鄧小平，在「小平您好」的擁戴中，更有了一種虛幻的崇高感和自豪感。須知，此時的「小平您好」與文革時的「毛主席萬歲」的擁戴是有所不同的，毛的萬歲有狂熱的崇拜色彩，「小平您好」則表達著直接的認同和感激。前者在「天庭」，後者在人間。就像趙紫陽主持四川工作時，民諺「要吃糧，找紫陽」一樣——筆者對此深感悲哀。執政共產黨讓人們吃盡苦頭，到了連飯都吃不飽的地步了，有了那麼一個正常主事保證讓人們吃飽飯的官員，大家就千恩萬謝的。要知道，老百姓並沒有伸手向「黨國」討要，而是這個「黨國」或者不讓百姓勞有所獲，或者將他們盤剝殆盡，不讓他們有基本的安居樂業的權利，讓他們沒有尊嚴地生活在恐懼中，何謝之有？如果當時中國知識階層的有識之士，能夠適時地提出制度方面的建設性思路，而不是再「捧」出一個神，「敬」出一、兩個「包公」，不是在「體制內」按面譜

區分好人壞人，那麼，講求實用的鄧小平也未必聽不進去。問題是，毛澤東時代過來的人們，身上帶有很深的對威權的恐懼和崇拜的烙印，鄧小平反而成為某種意義上的「黨前衛」了，他的話有時也會是「空谷足音」，以致讓他產生某種幻覺，最終釀成不可饒恕的六四大禍。

趙紫陽不是「民主教父」

紫陽走了，極權仍在。這是誰都清楚的事實。

一般來說，外界媒體對趙的評價很高，但可以比肩者都是前共產國家的領導人。同時特別強調，趙紫陽因反對八九六四鎮壓，而被解除職務，在北京的家中遭軟禁達15年之久。這種報導是理性而客觀的。

事實上，趙紫陽還不能與民主社會領導人相比。評價趙紫陽，如果以共產黨掌握執政大權為期限，要區分趙紫陽的前40年和以八九六四為限的後15年。前40年的趙紫陽與鄧小平以及其他中共高層領導人沒有任何兩樣，只有這後15年，他才值得我們尊重和紀念。筆者認為，紀念趙紫陽，就要走出「為尊者諱」的傳統誤圈，還趙紫陽以歷史的本來面貌，從人的意義上，而不是完全從「黨」的意義上評價趙紫陽。與趙紫陽同齡的中共黨史研究專家司馬璐先生在紐約公祭趙紫陽時語重心長地說：「我不願說他太偉大，做過共產黨的人都是有罪的，我們不犯罪就爬不上去，這是歷史的事實。」（引自仲維光〈趙紫陽先生祭〉。）我認為，每個對歷史負責任的人，都應該破除迷信，不搞個人崇拜，不尊神，不敬鬼，以一個現代人的思維和歷史眼光，來探討趙紫陽和他所依附所建樹並最終被其所毀的共產制度。

實際上，儘管外界多有溢美之辭，但趙紫陽的改革，多為行

政改革而遠非政治制度改革。深諳黨的教義和錯綜複雜的人事組織結構的趙紫陽，對此應該是有自知之明的。例如，在他逝世前不久，曾對探訪他的朋友說，搞政治體制改革，「我沒有實力」。（無名士：〈叩訪富強胡同六號〉，《北京之春》2005年3月號。下同。）趙紫陽的失勢，似乎不能排除與「代溝」相關的實力因素。首先，趙紫陽之於鄧小平，就沒有鄧小平之於毛澤東那樣「幸運」。鄧小平之所以在毛澤東的家長獨裁下，能夠三起三落，是毛澤東對他手下留情，因為毛知道鄧小平與他在本質上是一致的。儘管比毛小11歲的年齡之差，但他們之間沒有「代溝」。從資歷上講，鄧小平顯然不會成為毛的對手。鄧的問題對毛來說個性的成分更大一些，所以他沒有真的對鄧小平下手，採用的是「胡蘿蔔加大棒」式的家長作風，僅僅讓他嘗嘗「家長」的威嚴，使鄧小平有「翻案」的機會。不像對待毛自己所虛擬過的「三天不學習，趕不上劉少奇」的劉少奇那樣，因顧忌劉可能威脅到自己的權力，便毫不留情地一下子就將對方「剷除」了。

　　趙紫陽之於鄧小平，就不是那麼回事了。雖然趙紫陽小於鄧小平15歲，資歷無法與鄧相提並論。但作為中共的政治強人，鄧小平遠沒有毛澤東的威懾力，加上他日益膨脹的家長作風，在保守派和開明派之間搞平衡的特殊地位，一方是以陳雲為首的同輩正統領導人，一方是由他一手提拔起來的「小字輩」，關鍵時刻，孰重孰輕，是很明顯的。而且鄧小平與毛澤東一樣，對其權力的「至高無上」看得比什麼都重要。他一方面放手讓胡趙打頭陣，從事他所「設計」的經濟改革大業，一方面對他們也是有戒心的。當時的趙紫陽呢，一邊群策群力，充分發揮「智囊」的作用，成立各種調查研究機構，做具體的改革工作，同時也不置可否地默認其「智囊」中的一些人對他搞個人崇拜。有個「胡趙聯盟」，已經讓鄧小平開

始著惱了，再加上趙紫陽「智囊」，而且這個「智囊」及其主人，無論在個人經歷、知識結構，或者思想理論上來講，都代表著一種比鄧小平更為先進和廣泛的社會改革力量，在國際上也開始有「人氣」。趙紫陽「功高蓋主」，在傳統封建社會中是不容的，在極權專制的共產黨統治下也是大忌，在獨裁者鄧小平眼中更是威脅其權位的大逆不道者。

可以分析，當年鄧小平罷免胡耀邦，是為了削弱趙紫陽的勢力。無論之後怎樣解釋，趙紫陽在胡耀邦問題上的沉默，都使他在之後的一系列事件中，付出了昂貴的代價。

其實，橋牌和高爾夫球，本來就不是一個層面上的事。橋牌有橋牌的謀算，高爾夫球有高爾夫球的運籌。趙紫陽是否操之過急，在眾「智囊」的推崇下走得太遠了？這是值得商榷的。例如在與戈爾巴喬夫（Mikhail Sergeyevich Gorbachyov, 1931-2022；臺灣譯名為戈巴契夫）會面時，出乎意料地「透露」鄧小平是中共實際上的最高領導人。熟悉中共官場運作的人都瞭解這句話所能產生的效果。依照共產黨的「鐵律」，即使是「公開的祕密」，如果涉及「國家機密」，也是不能向外「透露」的。更不用說黨的總書記。他是否認為鄧小平已經「不中用」了，是該借此機會在國際媒體前「攤牌」了？持這種看法者，不乏其人。趙紫陽生前密友、現旅居美國的中共前新華社香港分社社長許家屯認為：趙紫陽太過自信，還體現在他接替胡耀邦擔任中共總書記時，支持李鵬接任他的總理職務，而鄧小平當時是屬意萬里的（中央社：2005年5月20日）。從中不難看出久經磨礪的趙紫陽的權術與謀略。

第二，趙紫陽在5月19日戒嚴日的第三天，前往廣場看望絕食學生。一方面顯示出他的人道立場，另一方面也表現出他的無奈和內心的焦慮（夾雜著失勢的情緒）。這一幕，幾乎是他日後15年的

寫照。「受制」的黨總書記，不能明確地表達自己的思想，更不能左右政治局面——大概正是這個時候，趙紫陽才真正明白極權專制的殘酷本質。才真正明白他的地位之幼稚與無助。

英國19世紀自由主義思想的代表人物密爾（John Stuart Mill, 1806-1873；另譯彌爾）在其代表作《論自由》（On Liberty）中，敘述壟斷一切的官僚制度時指出：「這個組織自身愈是完善，它從群體各等級中為自己吸收並訓練最能幹的人員愈是成功，那麼它對包括這官僚機構的成員在內的一切人們的束縛也就愈加完整。因為管治者自己也成為他們的組織和紀律的奴隸，正不亞於被管治者之成為管治者的奴隸。中國的一個大官和一個最卑下的農夫一樣，同是一種專制政體的工具和僕役。」密爾的斷言不幸卻仍然是一百多年後趙紫陽所面臨的情形。

趙紫陽不是葉爾欽（Boris Nikolayevich Yeltsin, 1931-2007），他沒有站在坦克上振臂高呼的氣概（當然不能排除中國不具備相同的社會基礎）。他的方式是無奈的和痛心的。當他在廣場流著淚勸告絕食學生時，他的姿態和「黨總書記」的身分在學生中產生的影響想必是事與願違。這一幕曾有多人著墨，其中有一種遺憾，認為學生當時沒有聽懂趙紫陽的話，導致了事態的擴大。這未免略嫌書生氣了。學生絕食抗議的是包括趙紫陽在內的那個執政當局及其制度，誰也沒有可能和資格事先與趙紫陽達成某種默契，甚至沒有可能完全認同那些支持趙紫陽的「體制內」人士和知識分子，怎麼能聽懂趙紫陽的「話外音」？而且，如果年輕的大學生竟如此成熟，如此有「政治頭腦」，那麼他們就不會長時間地占領天安門廣場。就不會絕食自傷，不「見好就收」（胡平語）。就不會用身體阻擋坦克。當然，也就不會聽不懂趙紫陽的話。如此一來，八九民運的歷史可能就是另外一種寫法了。

歷史當然是不能假設的。

何況趙紫陽遠不是黨的「異端」。只不過「在錯誤的時間和錯誤的地點，趙紫陽做出了正確的事情」（吳國光語）。他堅守了首先作為一個人而非作為一個黨員的本分，拒絕用全副武裝的軍隊對待平民。毛澤東前祕書李銳在他的〈做人與做黨員〉一文中痛心地說道：「做人與做黨員應當是統一的，響噹噹做人，響噹噹做黨員。可是卻發生了矛盾。」一向馴服的趙紫陽，一旦他作為人的一面占了上風，黨性的殘酷就暴露了。

但是，應該指出，趙紫陽絕不是「民主教父」。嚴格意義上說，他是一個忠實的共產主義者，而不是一個民主主義者。他的政治體制改革的思路，是回到中共執政前（或者更遠一點，共產黨的「立黨之本」上）毛澤東所倡導並有短期實踐的〈新民主主義論〉（1940年）和〈論十大關係〉（1956年）上。如「搞開明政治」，「讓民主黨派發展」，「讓黨外人士、民主黨派人士當部長、當副總理」等等。

實事求是地說，趙紫陽屬於毛鄧之後的「技術官僚」一代。他和胡耀邦所做的努力，客觀上促成了毛式「傳統共產黨」向「新共產黨」的轉型，即從傳統政治向技術官僚的轉型。之後的江澤民、朱鎔基都是在同一條戰線上的繼續。「他們既沒有傳統共產黨嚴密的思想體系，又缺乏早期共產黨矢志不渝的理念。嚴格意義上說，他們是中國共產黨歷年政治運動和改革開放的『混血兒』——知識結構及思想的開放程度，均超越其前身，少數人還有一定的民主色彩或理念，但行為方式和思維習慣仍然滯留在傳統共產黨文化的舊巢中，依然是『大一統』意識，黨性仍然強於人民性，黨的利益還是高於一切，沒有真正的突破」（拙作：〈「鄧後時代已然來臨，「新共產黨」占主流〉，1996年）。到了胡溫一代，共產黨已經完

成了自己的政治轉型。也就是說，中共整個機構更新，專制機器更新，所有與之相配套的「硬件」均全部程序化了。可謂「與時俱進」。當下新的政治官僚集團，與新生「資本家」和「智能」（而非「知識分子菁英」）階層結合而形成了中共新的上層建築。在這個頂尖上的權力中心，有著嚴格有效的後極權特徵——即「右翼專制」（陳奎德語。參見胡平〈左派獨裁、右翼專制、極權與後極權〉）。

　　如果我們不是割斷歷史地看問題，就不會忽略趙紫陽在這個轉型過程中所起的作用。實際上無論如何，趙紫陽仍然「姓共」，信仰共產主義，並將自己的一生貢獻給了「黨的事業」。即使在八九民運期間，他堅持在民主與法制的軌道上處理問題，反對軍隊戒嚴，也首先是站在共產黨的立場上，以黨的總書記的名義表態的。他被解除職務，軟禁在家，但並沒有對這個黨完全失去信心。在這一點上，他與胡耀邦一樣，相信中共自我完善、走向開明的可能性。他們自身也是這樣努力去做的。甚至在他彌留之際，還請人「如實」轉話給「上面」。他說：「我已經被軟禁十幾年了，這種狀況要繼續下去，就是終身軟禁。這是要寫進歷史的！這對共產黨的影響將是很壞的！」如此赤膽忠心，恐怕後無來者。可以說，趙紫陽與胡耀邦同屬「黨內有好人」（劉賓雁語）中的「好人」。今天中國的政治轉型，趙紫陽功不可沒，他和胡耀邦都是當之無愧的「新共產黨」的奠基人。在這一點上，相信不僅黨內外開明人士有共識，而且中共現領導人也是心知肚明的。

　　當然，趙紫陽也不是傳統意義上的胡耀邦第二。九〇年代中，江澤民任期曾親往江西共青城拜謁胡耀邦墓地，表明執政黨對胡耀邦「引咎辭職」的「義舉」和「顧全大局」是領情的。對趙則不然。趙紫陽功成名未就，證明趙紫陽的叛逆是觸及到「黨的靈魂」

在胡耀邦逝世20週年（1989-2009）之際，我專程前往江西共青城胡耀邦陵園獻花拜謁。

20株素雅的百合花，寓高風亮節之意。獻辭為：

黑暗年代的光明使者，
赤子之心，江山可以作見證！

20株綻開的白玫瑰，表達我們和新一代人對耀邦先生的崇敬與熱愛。獻辭為：

您的憂患，是國民的福音。
二十年山河巨變，
不朽的，仍然是人性的力量！

——安琪於江西共青城，2009年11月23日

的。趙紫陽的悲劇，是制度的悲劇。它揭示了在極權專制下，其制度危機到黨的最高領導人，同時也顯示了黨性原則是一支雙刃劍，傷人也傷己。

15年過去了，鄧小平也已經作古七年之久，為什麼趙紫陽的事不能提？六四的事不能提。這當然不是現任領導人可以隨意定奪的，這是那個制度早已定了調的。「天不變，道亦不變」，講的大概就是這個道理。

政改與換人，誰指望誰？

各界人士對趙紫陽的推崇，有許多值得深思的地方。

坦白地說，近年來國內外自由民主派人士和獨立知識分子日見活躍，有一種群體崛起之勢，在思想文化界顯示出一種有別於八〇年代的自由精神和人文色彩。但是，這種精神在趙紫陽逝世後卻被悲情淹沒了。一些近乎「表態」的悼念文章，大量篇幅不惜製造「趙紫陽神話」，讓八九民運以前的趙紫陽成為一個先知先覺的民主主義者，可謂以其之矛，攻其之盾。這種情形讓人產生幻覺，似乎如果趙紫陽身在其位，中國的民主化可能早就實現了。這種「錯覺」，省略了極權下政治異議的過程，讓所有政治反對派（假如仍然存在的話）的努力都失去了意義。這裡的另一個悖論公式是：擁趙等於反共。那麼，反共就要擁趙。

多麼幼稚和自欺欺人的邏輯。真是一不小心就掉進了自設的圈套。

回顧歷史，我們曾經多次痛暢地為「偉人」的逝世而流淚。

28年前，十里長安街送一代「聖儒」周恩來，舉國上下，哭聲震天。以致當年在中國的西方人士，今天還對那部懷念周總理的影片《生活的顫音》記憶猶新。

毛澤東去世了，也是哭聲遍地。粉碎「四人幫」，多少使這些哭者少了一分尷尬。

宋慶齡死了，輿論一律的電視畫面上幼兒園的孩子們哭喊著：宋奶奶、宋奶奶……，令那些沒有這種整齊劃一的「哭文化」的國民感到莫名驚詫。

胡耀邦逝世，哭聲中似乎多了一層反抗。人們以追悼會的形式表示自己對尊者的哀悼和對現實的不滿。成千上萬被胡耀邦平反的知識分子，站出來向這位共產黨高層的「好人」致意。

八九民運跪遞請願書的學生，其悲情惹得臺上臺下都是淚。

趙紫陽去廣場看望絕食學生，也是淚流滿面，讓現場學生和電視前的觀眾泣不成聲。

今天，趙紫陽的死，又是一派淚雨嚎啕，有的人甚至在他的靈堂前跪拜叩首，其情何堪，其景可憫。

問題在於，都是淚，都是情。從周恩來到趙紫陽，中國人，你到底在為誰哭泣？在這些哭泣的年代，哪一種眼淚是真情流露？哪一種眼淚是盲從？哪一種眼淚是恐懼與絕望？哪一種眼淚是含有雜質的？又有哪一種眼淚是關乎中國的民主與自由的？

是憂國憂民的哭，還是「憂黨（憂）國」的哭？

我們看到，正是上述這些包含了崇高、是非、正義、恐懼、自憐、無意識和功利色彩的「混合型」眼淚，一次又一次地模糊了人們的雙眼，喪失了人們的理智。真理被扭曲，讓思想者成為笑柄。終了，獨裁者在竊笑中出場，以穩定為名，在人們驚愕和疑懼的淚光中，或施以屠刀，或施以「德政」。由是，中央極權得以加強和鞏固。宣洩過眼淚的人們，只能疲憊無奈地積蓄「下一輪」眼淚，盡一個有「良知」的「老百姓」的「本分」。

中國人，難道真是一個「多汁」而濫情的民族？

筆者以為，黨內外空前一致哭趙的聲音，充分暴露出這樣幾個問題：

首先，中國所謂知識分子仍處於政治幼稚期。其中有的常常貌似「局外人」的身分，不無功利地津津樂道於在執政黨的權力高層分面譜論是非，而不是站在自由民主的立場上評判這個制度的弊端，盡一個知識分子應有的本分和職責。

其次，顯示出八九民運自身的侷限。值得指出的是，海外民運的成員中大多為前中共黨員，也是共產主義的忠實追隨者。這樣一種內在的關聯，使得民運與「體制內」開明派無論在思維邏輯上還是在行為方式上，總是有許多的「暗和」或一致，在很大程度上成為共產黨內的開明派在海外的延續，所以總是容易陷入共產黨的思維邏輯和語言陷阱。當年「民主牆」主將之一任畹町在對外國媒體所發的悼念趙紫陽的〈紀要〉（2005年1月15日）中，甚至用「人民的偉大造就了『開明共產人格』的偉大」這樣令人瞠目的語言。如果不是反諷，似乎難以從正常邏輯上去理解。

第三，各派力量均指望中共，突顯黨的「偉光正」。以支持八九學運創始的港支聯（香港市民支援愛國民主運動聯合會）為例，這個始終以民主理念「打頭陣」的組織，隨著香港回歸和時間的推移，似乎也陷入共產黨文化的迷津。該組織1月21日晚發起的頗具規模的「哀悼紫陽，平反六四」燭光晚會，據報導約有萬餘人參加。從訴求邏輯來看，悼念趙紫陽，是為了平反六四。誰來平反六四呢？當然是執政當局共產黨。這裡至少暗含兩個前提：承認共產黨政權是合法的。這個殺人的政權有資格為被其所殺的人平反。得出的結論自然是：希望黨為民（習慣被奴役的人們）作主。

世界上還有什麼比這一幕更荒誕呢？對皇權威權的頂禮膜拜莫過於此！

如果我們從當時的歷史背景下整體地看問題，就不會自相矛盾地從一個極端跳到另一個極端。就像很多特別是包括當年的學生領袖在內的民運人士在表達對趙紫陽的悼念之情時，忘記了八九民運「反官倒、反腐敗」的口號，也是衝著包括趙紫陽在內的中國經濟改革中所遇到的一系列問題，及官員子女的特權而來的。至於其中某些民運人士援引中國知恩圖報的傳統，指望現居高位的原趙紫陽的老部下溫家寶等人應該對趙有所表示云云。這至少不應該是具有現代意識的民主人士的思路。按照這個思路，共產黨政權首先應該向在各個艱難時期為「黨的事業」無私奉獻、甚至不幸犧牲自己生命的億萬人民感恩謝罪，而不是「幾十年如一日」地視人民如草芥，濫殺無辜，對人民實行無產階級專政。退一步講，鄧小平一手提拔並重用趙紫陽，理所當然是趙紫陽的「恩師」。趙紫陽1989年4月向戈爾巴喬夫透露鄧小平「垂簾聽政」，五月「淚眼逼宮」，似難避背義之嫌。那麼大義呢？人性呢？如此，我們不是又回到封建社會君為臣綱，父為子綱的所謂正統的老路上了嗎？

　　當然，我們可以理解這種說法所包含的溫情。遺憾的是，這種溫情似拘囿個人情緒，降低和掩蓋了事件本身應有的高度和真實。須知，幕僚有幕僚的思考和行為，改革派有改革派的思考和行為，民主派有民主派的思考和行為，知識分子當然應該有知識分子的獨立思考和表達。這幾者本身是有區別的，絕不能混合為一種「大合唱」。事實上，除了幕僚一類如鮑彤、陳一諮、嚴家祺和原趙紫陽的舊部們，以及代表政治改革派者如曹思源等人的表述比較符合其角色外，其他各種表達都是相互混淆的。從其言行中無法判斷他到底想表述什麼。不清楚是政治家、民主派還是知識分子。好像什麼都是，又什麼都不是。這樣一種角色混亂的局面，恰好可以說明中國人容易喪失原則的思想情緒及其特色。問題在於，一個沒有建樹

自己語言的組織或個人，是難言獨立、也是沒有號召力的。這種現象正如安德烈・洛夫所指出的那樣：「大部分極權主義國家中異常的言論與行動在領袖與大眾之間徘徊，這樣的言行漸漸地越來越激烈，最後真正的精神病流行起來。……這樣的症狀都是要以不得不實現實行極權主義、建立秩序、行使權力等意志為代價的。」（《知識分子的背叛》序〈知識分子還在背叛嗎？〉）。

至此，我們不禁要發問：我們所不懈追求的究竟是民運乎？還是「黨運」乎？抑或如人們所不自覺表達的「黨運」即民運乎？

從共產黨誕生，到掌握國家大權而成為唯一的執政黨，由於過分的指望和依賴，讓這個黨一直「黨運亨通」，成為當今世界上最有效的「全能殺手」。

指望毛澤東這個以「民主」的名義起家的「大救星」，結果是讓整個中國變成了一個共產極權的「瘋人院」和「集中營」，讓數億人在恐懼和絕望中機械地活著。從遺傳學角度分析，說毛殘害了幾代人是毫不過分的。

指望鄧小平的結果，便有了獨裁者的六四屠殺。

胡耀邦呢？可以說，胡耀邦最輝煌的時代，就是平反冤假錯案，落實知識分子政策，以及推動「實踐是檢驗真埋的標準」的討論。他能成功地完成這一功績，首先是順應了當時中國的歷史潮流，是大勢所趨。中國歷史上所有的改朝換代，都是先從平反冤假錯案開始的，這一次也沒能例外。實際上也是「一朝天子一朝臣」的模式，只不過不同的時代使用了不同的語言而已。應當看到，「胡耀邦在做這件事的時候，更多地是抱著糾正共產黨的錯誤，維護共產黨的名譽和事業的決心，而並沒有自覺的現代意識。他說：『再不能通過我們的手去製造冤假錯案』（戴煌《胡耀邦與平反冤假錯案》），卻沒有提出怎樣才能避免『通過我們的手去製造冤假

錯案」，沒有藉此機會進一步從制度上提出並思考這個問題」（拙作：〈舊制度與轉型期的中國媒體〉）。在反自由化運動中，胡耀邦提出區分正確與錯誤要「二八開」（即二分錯誤，八分成績），對許多人來說，已經（也僅僅是）從毛澤東的「三七開」放寬了一步。

相較而言，趙紫陽是走得比較遠的。但由於趙紫陽自身的侷限，如行政方面的技術改革而難以觸及根本性的政治制度改革，他要實現的是洗刷自己（黨）的恥辱，建設一個「新共產黨」。其結果，他的反對意見到最後關頭只能是孤掌難鳴，沒有起任何作用。而他作為黨總書記的「蓋頭」，也被「鄧家長」掀去了。

茨威格的話意味深長，他說：「恢復一個已死者的名譽，有什麼用呢？不，現在最根本的是保護活著的人。給不人道的行為打上恥辱的烙印，這樣才有可能防止無數同樣的行為。」（《異端的權利》。）這裡提出了一個關鍵性問題，即制度問題。歷史經驗告訴我們，任何個人都是靠不住的。不改革制度，就不能最終杜絕絕對的獨裁及其禍患。文革、六四以及趙紫陽式的悲劇就不會停演。在中國，數十年來「黨禍」和「人禍」交替進行，根本原因就在與黨性原則高於一切，獨裁者凌駕於黨之上。一個人說了算，一黨獨霸天下。在21世紀的今天，這種情況能繼續在中國大地橫行，實在是中國人莫大的恥辱！

「黨的知識分子」與「朱鎔基的棺材」及其他

何以界定「黨的知識分子」？我認為在時間上似應以文革後「落實黨的知識分子政策」為劃分期。在此之前的中國知識分子雖然也「為黨所用」，但其中尚含個人選擇的主動性。例如共產黨執政前和「解放」初期，許多學有所成的知識分子，自覺自願地投身

共產黨，為黨所倡導的「民主事業」貢獻自己的力量。現居美國的資深馬克思主義（Marxism）研究學者蘇紹智，著名記者劉賓雁，延安時代的「紅色少女」、原北京《新觀察》主編戈揚，中共黨史研究專家司馬璐等，以及當年許多越洋返回報效祖國的專家學者和文學藝術家等等均屬此例。這些前輩均年逾八旬，其中有的已不在人世。這一代人身上有很深的「國家興亡，匹夫有責」的讀書人的童真和信仰，精神世界仍然是純粹的，都有很深的憂患意識。另一些年齡在七、八十之間的知識分子，共產黨執政時尚處於青少年時期，他們中的許多人也是懷著對共產主義事業的憧憬而投入「黨的事業」的。如雜文家牧惠（已故）、邵燕祥，原《科技日報》總編孫長江等。他們中的許多人，具有相當程度上「士」的傳統道德和底線，尚存有「不為五斗米折腰」的獨立精神。可以與之相提並論的還有一些年齡在60歲左右的知識分子，他們中的大多數都是上個世紀八〇年代的改革開放和「文化熱」中的中堅分子，如現飄流國外的嚴家祺、陳奎德、胡平以及在國內繼續堅守的同人等。但是再往下分，那些「生在新社會，長在紅旗下」的知識分子，成分就比較複雜。除個別「異數」外，一般來說，在他們身上，較少老一輩知識分子那種不可或缺的深厚文化底蘊，所受教育是斷裂的「黨的教育」，其中一些人深信「鬥爭的哲學」及其所產生的「奇蹟」——在這方面看，他們應該是最大、最澈底的受害者。舉例來說，大部分老一輩知識分子在晚年，都以各自不同的方式，對自己的一生有很深的懺悔或反思，儘管他們在共產黨一黨專制下不同程度地都遭受過殘酷迫害。如韋君宜的《思痛錄》就是一個特例。「第四代」則不然。在他們身上常常不自覺地流露出那種根深柢固的「文革遺風」。例如大批判式的語言模式，總是有理的「造反派」態勢。有的人即使反省也是抱怨式的，牢騷滿腹，矛頭都是「他指」

的，自己則是清白無辜者，缺少基本的懺悔意識，無法達到一定的深度。至於「第五代」或之後的知識分子，情形又有不同，恕不贅述。

如前所述，毛澤東對中國人的殘害，尤以知識分子為重。毛澤東的罪惡之一，就是將知識分子的「斯文掃地」，踐踏侮辱知識分子的尊嚴，將他們排列在社會最底層，並以「臭」冠之。致使許多身心備受虐待的「臭老九」，自覺不自覺地到了一種自毀自殘的地步。

鄧小平時代給知識分子平反，被平反的知識分子自覺或不自覺地成了「黨的知識分子」。而知識分子的整體「歸順」，似乎應該以1976年的「四五」運動為轉折。

眾所周知，平反「四五」，意味著為鄧小平平反。正是在這一點上，黨內外人士有了一個認同點。這個認同點同時也正是中國知識分子的倒退點。

客觀情形是，當時中國正面臨百廢待舉，文革十年浩劫造成的文化思想界的大混亂，有待清理，黨內以反對「兩個凡是」為主線的開明派，於1978年推出〈實踐是檢驗真理的唯一標準〉一文，第一次將一個普通的道理通過共產黨的報刊表達了出來，意在說明，毛澤東的話並不是句句都是真理，任何人包括毛澤東在內，也會說錯話，做錯事。這篇文章引發了「真理標準討論」，在當時解放思想，破除現代迷信方面，產生了十分重要的影響。

11月間，「民主牆」出現的大字報浪潮，引發了自發性的群眾集會。「十一・二五」民主集會發生後的第二天，鄧小平在接見日本民社黨委員長佐佐木良作時說：「寫大字報是我國憲法允許的。我們沒有權利否定或批判群眾發揚民主，貼大字報，群眾有氣要讓他們出氣」〔華達（Claude Widor）編：《中國民辦刊物彙

編》〕。鄧小平的話對「民主牆」人士來說，無疑是一個很大的支持和鼓勵。真正具有民主意識的民刊逐漸在大字報的基礎上誕生了。但同時，鄧小平這一句話，迷惑和顛覆了整整一代人──極權專制下的特殊現象。中國知識分子知性的不完整和脆弱由此可見一斑。

不僅如此，「渴望過正常生活的人們，此時沉浸在大變革的喜悅中，他們激動而緊張地忙碌著，很多人特別是中國知識分子甚至對鄧小平有一種『感恩』心理。一方面，他們像對待一個作惡多端的『回頭浪子』一樣，毫無理性地寵慣著鄧小平和他所代表的共產黨，將『毛神話』轉移到『鄧神話』上來……這種毫無現代意識的狀態，使他們錯失了改革政治制度的良機，最終導致了另外一種『浩劫』──經濟掛帥下全民道德價值的整體喪失和『八九六四』屠殺。」（拙作：〈中國知識分子應該懺悔〉。）

為什麼中國知識分子在不同時期都如此亦步亦趨地緊隨權威呼應唱和呢？

這恐怕與中國人深受傳統封建文化浸淫的心理結構有關。長期以來，中國人深受雙重禁錮。一種是中央極權的專制對思想的禁錮，另一是那種無形的、缺乏普遍性的「感性良心價值觀」的禁錮。而中國知識分子的迷津，恰在於道德價值觀的混亂。由此樹立的社會「良心」及其話語權利，所產生的社會效果（不僅僅限於八〇年代）不總是良性的，有時甚至是相反的。

在民主社會生活的經驗告訴我們，當整個社會指望一兩個「良心」的時候，其禁錮和愚昧造成的民心萎頓可想而知。人們更樂意推崇某個良心，而不去考慮自己應該擔當的社會責任。這樣一種「民意」推舉出來的所謂「良心」是否真的具有普遍意義，值得質疑。另外，正如密爾所特別指出的那樣；「若是哪個國度裡有著一

個占優勢的階級，那麼一國的道德必是大部分發自那個階級的階級利益和階級優越感。」在這一前提下，當專制獨裁者用道德說教來束縛人們的精神自由的時候，「良心」與「道德」的對話就像在同一個酒席上行酒令，有一定的規則和「套數」，旁觀者聽起來很熱鬧，實際上都是「套中人」的「政治術語」。因為，「現代統治者要與大眾對話，所以，才不得不顯示自己是道德家、把自己的行為與道德、形而上學、神話聯繫起來。」（班達語。下同。）

舉例來說，當年初任總理的朱鎔基豪言帶100口棺材去闖地雷陣，99口給貪官，最後一口留給自己。此舉不由分說地激起了人們的感情波瀾，沒有誰能夠冷靜理性地去思考這種情形所能產生的後果及其本身的意義。即使朱鎔基的生死委實「重如泰山」，亦不過一泰山而已，豈能壓過九州民生？一國總理的大任，豈可呈匹夫之勇、是幾具棺材就可以擔負的？取悅民意的最好辦法，是改變不合理的制度，而不是以突顯個人道德的特殊性來惑眾，這種做法只能進一步愚昧百姓。奇怪的是，這樣一種封建遺留的傳統土方炮製的「軍令狀」，竟如一張民意通行證，在朱鎔基任期，無論他政績如何，都不會影響他的正面形象。在「棺材」面前，朱鎔基永遠是高大的，致使可以發言的知識分子的心理狀態處於弱勢，並「陷入道德的荒蕪之中。」以「英雄之媚」馴服人民，這也是一種在極權國家仍然行之有效卻經不起推敲的「權術」。

我們說，一個真正意義上的知識分子，他的「良心」不是僅存於自身本源的，而是有其歷史淵源和終極價值觀作為標準和底線的。一般來說，自發的所謂「良心」，其衡量標準不是來自於客觀的「善」，而是來自於與「惡」的比較。更準確地說，是來自於那個「極惡」的刺激。「良心」在這種情況下，會發出某種呼聲，但是在承認那個「極惡」存在的前提下要求其降低「惡」的程度的聲

音，而不是從根本上棄絕那個「惡」的正義的聲音。

法國思想家班達在陳述知識分子的職責時強調：「知識分子忠實於自己的話，能夠選擇的唯一的政治制度是民主主義。那正是因為由個人自由、正義、至高無上的價值導出的民主主義不是實際的。」他同時指出：「涉足於政治的知識分子的職責，是向人們訴說正義和真實」。遺憾的是，涉足現實政治的中國知識分子，目前還遠沒有達到超越形形色色的「朱鎔基的棺材」或「趙紫陽的眼淚」的境界。事實證明，「在精神奴役的氛圍裡」（密爾語。下同），辨識一個獨裁者易，不為任何權威所惑，理性地向人們訴說正義和真實難。因此，中國知識分子的「常態」往往與其職責相悖，不無蹩腳地充當著「不是濫調的應聲蟲，就是真理的應時貨」的角色。

然而，在這種氣氛中，「從來沒有而且也永不會有一種智力活躍的人民」──這不能不令人痛心疾首。

2005年5月於巴黎三昧聊齋

＊原載《北京之春》2005年8、9月號。

主要參考資料

- 《中國民辦刊物彙編──1978-1980》（華達編，法國社會科學高等研究院、香港《觀察家》出版社，1984年聯合出版）
- 〈悼念趙紫陽專輯〉（《北京之春》，2005年3月號）
- 《論自由》（密爾著，商務印書館，1996年，北京）
- 《異端的權利》（茨威格著，生活・讀書・新知三聯書店，1986年12月）

- 《知識分子的背叛》（班達著，吉林人民出版社。2004年1月）
- 陳奎德文集（「觀察」、「新世紀」網站）
- 胡平文集（「新世紀」網站）
- 安琪文集（「新世紀」、「博訊」網站）

極權中國的良心符號──劉賓雁

在沒有英雄的年代，
他捧出自己的良心。

作者題記

劉賓雁、高行健相聚在巴黎。安琪攝於1989年10月1日。

今年農曆正月十五，是中國著名記者劉賓雁先生的80壽辰。作為上個世紀八〇年代在中國新聞領域以「春秋筆法」闖新聞禁區，獨領共產黨治下公開揭露黑暗面、批判黨內不公與腐敗之政治風氣的劉賓雁——這個對祖國、對同胞懷著滿腔熱忱的「漢人」，這個用良心思考與寫作的激情記者，竟是在身患絕症，有家難歸，「失去了土地」的天空下度過他的80高齡，聞者無不扼腕慨嘆。

80歲的劉賓雁，體驗和見證了中共專制統治的全過程。劉賓雁19歲時懷著對共產主義理想的憧憬，加入中國共產黨。1957年作為《中國青年報》記者，因先後發表紀實報告文學〈在橋梁的工地上〉和〈本報內部消息〉，真誠地批評黨內問題，被毛澤東指為「想把中國搞亂」而被打成極右派，下放到農村長達22年之久。1979年獲「改正」。期間劉賓雁以《人民日報》記者的身分干預現實生活，寫出了中國當代新聞的震撼之作《人妖之間》、《第二種忠誠》等報告文學，在中國社會，特別在文革後高考入學的大學生中產生了極大的影響。他的作品一經發表即遭禁止，但劉賓雁這個名字卻在民間爭相傳閱的其作品中，成為當時的大學生和新聞從業者心目中的偶像。

「劉賓雁效應」持續到1987年，在隔年一度〔即1980年代規律性的「逢雙（年）改革開放，逢單（年）反自由化」〕的反自由化運動中，他終於沒能「過關」，與首當其衝的中共黨總書記胡耀邦同時遭到整肅。胡耀邦被迫辭去黨的總書記職務，沒有官銜的劉賓雁則被開除黨籍（假如也沒有「黨銜」，恐怕只有「引頸試刀」了。可以設想，在歷次政治運動中，都有許多爭取入黨的積極分子，其中應該不乏「保險投資」者——筆者注）。隨後，劉賓雁應美國哈佛大學邀請出國訪問，期間發生震驚世界的六四屠殺。劉賓雁和許多持不同政見者一樣，對中共暴行進行無情鞭撻和批判。他

那強烈的愛憎和激情，他對共產主義理想的追求與幻滅，他對馬克思主義信仰的反思，以及對祖國的深厚感情和對那片土地上日益增長的社會不公的痛心疾首，都使他寢食難安，猶如一位當代屈原，發出良心的追問和控訴。

兩篇文章＝22年苦役。幾篇報告文學＝17年流放。這是一條多麼難以理解的數學公式啊。一個人前後近四十年人生最重要的階段，就這樣灰飛煙滅了。真是「把酒問蒼天，不知天上人間，生命值幾何？」

「中國特色」的良心悖論

劉賓雁是作家，更是一位名副其實的記者。無論從五〇年代在《中國青年報》，或是七〇年代末乃至幾乎貫穿整個八〇年代在《人民日報》，劉賓雁只要身在其位，就「未敢忘憂國」。他持著新聞記者的「輿論之劍」，針對專制制度下的各種「重點題材」，以一顆赤誠之心，行使自己寫陰暗面和干預生活的權利。

筆者在「中國的良心」這一「通稱」中加了限定詞「極權」和「符號」，在於說明「這一個良心」的特殊性。劉賓雁是在「極權專制中國」的特殊歷史背景下出現的。在那樣一種萬馬齊瘖，「黨指揮槍」，「槍口」瞄準一切「筆桿子」的「無產階級專政條件下」，他那無畏的獻身精神，無異於飛蛾投火，具有悲壯而宏偉的美學意義。

這裡的「良心」，是拒絕承認專制壓迫下的謊言。是說出「皇帝的新衣」的客觀真相。在中國社會結構和政治語境發生很大變化的今天，我們仍能強烈感受到劉賓雁「良心」的道德力量。因為他在「黨的喉舌」的絕對控制下，指明了一個平凡的和基本的常識，即：**真理的存在**。

劉賓雁曾援引德國著名心理學家、哲學家埃里克‧弗洛姆（Erich Fromm, 1900-1980；另譯埃里希‧佛洛姆）在《為自己的人》（*Man for Himself: An Inquiry into the Psychology of Ethics*，臺灣版譯名為《自我的追尋：倫理學的心理學探究》）一書中的話說：「人的內心裡同時有兩種良心，一個是權威主義的良心，一個是人本來的良心。權威——家長、國家或任何其他權威，可以把它的聲音輸入到人的內心，使外在權威內在化」（劉賓雁〈走出幻想〉，下同）。

對此，劉賓雁的內心體驗是痛苦的和深刻的。他說：「你以為你自己的思想在指導你的行動，你自己的良心在判斷善惡是非，作出取捨，其實，那原本是代表中國共產黨或毛澤東之需要的那些思想、意志和是非判斷標準在起作用，而你卻認為是你本人的，並且常常以這種聲音壓倒你作為人的那個真正的良心。」

這裡道出了一個關鍵的真實——**良心的真偽**。從心理學角度分析，這樣一種「外在權威內在化」，不可避免地混同或者模糊了「作為人的那個真正的良心」。在這種難以覺察的、受到內在不自覺迎合的「外在權威」影響下所展示出來的那個良心，就會有真有偽，真偽難辨。它的表現形式為：或真中有偽，或偽中有真，或真偽參半。其結果，個人難免陷入他所執著的那個「良心誤圈」，並常常會因為事與願違而感到內心痛苦和困惑。

這似乎是專制極權統治下具有人格理念的中國知識分子的普遍體驗。這也是筆者稱之為「極權中國的良心符號」的第二層含義。

古往今來，在中國的政治環境裡，那個「內在化」的「外在權威」的資源是相當貧乏的。除了當政者所推崇和規定的「基本教義」外，沒有任何其他參照系。因此它一經「內在化」，就會自動地對那個「真正的良心」起支配性作用，並試圖改造那個「真正的

良心」。

　　從這個意義上說，良心也是脆弱的和不可靠的。與法國人常說的HONNETE（誠實，正直，公正，善良）不同，中國人常把良心掛在嘴邊，動輒「憑良心講」，「憑良心做人」。事實上這裡的「良心」是誇張後的泛指，接近HONNETE的意思，與知性價值層面的「良心」無關。誠實，正直，公正，善良是一個有教養的人的基本素質。但有上述品質的人，不一定要上升到「良心」層面去理解。中國有句俗話叫做：「放下屠刀，立地成佛。」這裡的突變，有「良心發現」的意思。「良心」具有更深層的含義。

　　從某種程度上說，作為「中國的良心」，前提首先是符合「權威——家長、國家或者其他權威」的良心。這一點基本上在「外在權威內在化」的「自律」過程中完成了。之後所剩無幾的作為人的「真正的良心」，在表達中不可避免地是帶有「權威」痕跡的，並因此得以在極權專制的絕對統治下（獲得某種權勢的同情或被默許）傳播或推廣。

　　法國20世紀上半葉提倡普遍價值的傑出思想家朱里安・班達，在他頗具盛名的著作《知識分子的背叛》中指出：「價值的頂峰是正義。」

　　在上述近乎「死角」的「良心悖論」中，個人怎樣才能敘述正義呢？

　　這個問題只能在中國特定的歷史背景裡才能得到較為準確的解答。也就是說，「良心」要用「中國特色」做注腳，才能最終說明「這一個良心」。才能真正瞭解「中國的良心」所包涵的意義指向和價值。因為我們不能迴避一個明顯而敏感的事實——人們所賴以生存的社會環境本身人文精神的缺失，和現實功利政治（包括來自外在的和內在的誘惑或恐懼）對良心構成的侷限。

「臣死諫」模式的傳統知識分子

劉賓雁說：**只有在大陸，才是我真正的活動場地。**

事實上，大陸既是他「活動的場地」，也是他受難的場地。這兩者似乎難以分開而論。歷數中國青史留名的人物，似乎無一例外。就文人來說，或因言獲罪，因罪（冤案平反）留名；或以「帶罪之身」，恪守其節，竭盡君臣之道；或以死進諫，昭示「王道」。古人「文王拘而演《周易》，仲尼厄而作《春秋》」，似乎成為幾千年來中國知識分子不變的「職責模式」。「不以成敗論英雄」，不幸成為永遠處於「敗勢」的中國知識分子的悲情豪語。

劉賓雁是一個富有人道關懷和悲憫情感的人。他的文人氣質和記者的敏銳，他的激情和童真，他的謙虛好學、孜孜不倦以及對他人的關愛和常人之心，構成了他的人格魅力。

劉賓雁又是一個理想主義者。與同時代的許多進步知識分子一樣，在目睹了國破家亡和國民黨統治末期的腐敗、墮落和社會不公後，劉賓雁懷著對未來的憧憬，追求共產主義理想，並信仰馬克思主義學說。1950年代中期他在《中國青年報》發表的兩篇報告文學〈在橋梁的工地上〉和〈本報內部消息〉，引起強烈的社會反響，讓這個熱忱理想的青年一夜成名。「這樣我就和這個黨比過去任何時候都靠得更近了。我對中國的前途充滿信心。這在很大程度上也是由於我的自我和我的創造力在這一年初次有了表現機會。」

中國知識分子的侷限正在於此。你要想有所作為，就得先認同那個由統治者規定的「道」。之後你便不由自主地被納入了那個所謂「道」編織的各種「套子」。與過去走「仕途之道」不同，「五四」以來的中國知識分子大多走的是「入黨（組織）之道」（似有悖於傳統仕人「君子群而不黨」的古訓）。國民黨敗落以後，參加

共產黨，就成了「在『道』（即在組織）」的唯一的和基本的條件。成為「黨」的一員後，無一例外地被「黨組織」視忠誠（第一要素）與特長或才能，或據其第一要素，重點定向培養，並分別融入各自的「套數」。雖然「套數」有別，但「條條『套數』通『黨綱』」，每一種專業或職能，都是為「黨綱」而作用的。這有點像西遊記裡的孫悟空，怎樣也逃不出如來佛的手心。而注重現實的中國知識分子，一經「入道」，便只有「聽黨由命」（陳伯達語）。不管你願意不願意，事實上已經成了「為黨所用」的「黨的知識分子」。其中有被管的因素，也有很大程度的「自律」因素。

劉賓雁的童真和行為是一致的。正是這樣一種高貴的品質，在「為黨所用」的過程中卻讓他為「套子」所縛，深陷痛苦與困惑之中。

與許多相同命運的「黨的知識分子」一樣，劉賓雁對不同時期自己與黨「保持一致」（包括在懷疑不解和遭受不公平待遇中）有很深的思考和剖析，當他偶爾成為「既得利益集團」中的一員時，他「心安理得」地「同那個階層認同了」。直到1984年他才從《人民日報》一位老記者那裡聽到，大躍進和人民公社造成的大饑荒中，約有三千萬人死於非命。

於是，劉賓雁想要「從內部改造它」。

至今仍具爭議的報告文學《第二種忠誠》，「側重點與其說是他們的苦難，還不如說是他們的力量。目的是鼓勵人去戰鬥，而不僅僅是喚起讀者對受難者的同情」（劉賓雁語）。

在那些轟動性的「大題材」中，劉賓雁同時關注普通民眾的疾苦。那些被姦汙的女工，被侮辱與被迫害的人們，都讓他難以成眠。1980年代中期，在他採訪期間，當黑龍江一個工人因與他交談過便被當地公安抓走後，他心急如焚，怕這位工人遭遇不測，想方

設法進行搭救。他在當天的日記中寫道：「今天是我有生以來最黑暗的一天」（《劉賓雁自傳》）。

這無疑是一種卓越的人道關懷，但不幸卻被貼上了共產主義標籤，而陷入了由唯一的「黨」所掌控的共產主義話語權所設計的「套子」。

細究起來，「從內部改造它」本身就是過於實際（或太不實際）的想法。法國作家愛迪安勃爾（René Étiemble, 1909-2002）引述班達的話說，那種「『為了取得他們的信任，而且為了使敵人投降，表示出對他們的價值觀給予某種評價』的方法，只能說是世俗的聖職者的方法，經常是很危險的。因為歷史『證明了事實往往不是知識分子啟蒙世俗的人們，而是世俗的人們把知識分子世俗化了』」（《知識分子的背叛》序，1958年）。按照知識分子的定義，這種方法常常會被視為與當政者合作的一種託辭，難避功利之嫌，但這卻是中國知識分子的「常態」，而且並不矛盾地在許多人身上顯示出某種具有高尚理想主義獻身精神的無私與無畏。正是基於這種理念，劉賓雁幾乎是一廂情願地以一個「當家做主人」的主人公站立者的姿勢、而非一個被奴役的屈尊者的姿勢來敘述自己的理想和人道關懷的。這充分體現在占據他60年寫作生涯中不及十分之一的記者活動中。筆者和1980年代的許多新聞從業者一樣，首先都是在劉賓雁這個名字的鼓舞下，滿懷理想地投身於中國的新聞事業，並在爭取新聞自由的過程中，進行了力所能及的努力。可以說，劉賓雁是啟動中共治下新聞自由的里程碑式的人物。他影響了整整一代人。

也正是在這個意義上說，在那個沒有英雄的時代，他捧出自己的良心。

不可「移植」的「良心」

　　然而，每一個誠實的知識分子都不能迴避的現實是，「這一個良心」，實際上並不是真正獨立的。這就傳達出另一個信息：「中國的良心」是不能「移植」的。首先它不具普世性。離開了中國，離開了「中國特色」，特別是在一個更為廣闊的、有人文傳統和自由民主精神的文明社會，那個為突破專制政治中的各種「禁忌」而甘願捨身的「良心」便無用武之地了。因為在自由的土地上，惟其自由，良心作為一種終極價值觀，被放置在一個超越各種現實政治的知性世界的高度。這個良心，它對正義的張揚不僅僅是現世的。它也不為熱鬧或曰主流所左右。它是悲憫的、惻隱的、有歷史感的，也是超越世俗政治的。一句話，這個良心是獨立於任何黨派和族群的。它只接受真理，反對邪惡。它如鏡子一般明朗、清晰，絕無絲毫的曖昧或含糊。

　　而「中國的良心」，一旦離開了自己的土地，便失去了那個「特色良心」存在的機遇。

　　西方聖哲說「誠信即是智慧」。作為同樣有幸可以自由地思考和表達的人，我認為應該直接探討這個令人尷尬卻客觀存在的事實。非如此，就稱不上基本意義上的知識分子。套用笛卡爾（René Descartes, 1596-1650；另譯笛卡兒）的語言模式：**我在，故我辯。我辯，故（真）理昭。**

　　反思整個八〇年代，劉賓雁對自己的批評是嚴厲的和客觀的。比如他對鄧小平的幻想，甚至當鄧小平提出「堅持四項基本原則」時，他仍然天真地認為鄧小平是「不得已而為之」——可以說，這幾乎是當時中國大多數知識分子的想法。劉賓雁坦承這一點，這讓他有別於那些「常有理」者和永遠擁有「話語權」的大言不慚者。

劉賓雁不無苦澀地說：「你活著，是為了對社會的進步發生一些作用。但為了發生作用，你又不能不限制自己，同環境作某種妥協。」

寄希望於一個「開明君主」，對「君主」的錯失，用「不得已而為之」來設身處地為其開脫。對個人則是「不能不限制自己」，以保證自己發揮有限的作用。這是多麼現實而又結實有效的「套子」啊。幾千年來中國知識分子就是這樣主動、自覺、加上幾分無奈地讓自己適合於那個「套子」的，所謂「克己復禮」者是也。這似乎也可以理解「中國的良心」之所以能夠在那樣一塊土地上存在的理由或者偶然性。其中包括對權威的認同，以及參與受威權主導的現實政治。悲劇在於，那些由黨的教義所編織的「套子」越來越緊，「套數」越來越多，而且越來越變化無常，讓身陷其中的知識分子難以適應，許多人不得不付出「有時甚至要犧牲自己的良心」（韋君宜《思痛錄》）的昂貴代價。到了20世紀末，就有了「開明」獨裁者鄧小平和因平反而一度感恩戴德的「黨的知識分子」的相互融合。殊不知，新的「套子」已經準備就緒，八九六四鄧小平一翻臉，即「請君入套」。

劉賓雁說：「正是在我要同心同德為這個黨的事業主動地、多少有點創造性地獻出我的力量時，我卻開始成為它的最危險的敵人」。其實，共產黨的同路人成為其「最危險的敵人」，原因遠不是海外媒體和某些西方學者所想像的，所謂自由思想者或曰民主派的反叛抑或是政見不同（共產黨從沒有給任何個人議政的權利和機會），也不是所謂知識分子的堅守與知性批判，而僅僅在於他們「還能表現出一些良知」〔奧古斯丁（Saint Augustine of Hippo, 354-430）《懺悔錄》（Confessiones）〕。

這裡讓我們思考一個問題：知識分子怎樣才能關注或參與生

活，同時又有超越的信仰。

　　班達認為：「知識分子的規則是，當全世界在統治者面前屈服的時候，也應該正氣凜然地站立在那裡，對於這種邪惡用**人類的良知**與其對峙。」

　　用這個標準審視中國知識分子，惟有林昭當之無愧。1958年被打成右派的北大女生林昭，在牢獄中度過九年後刑期未滿就被這個政權非法地祕密槍決了。因為她不僅指出「皇帝的新衣」，而且拒絕與這種在光天化日下赤裸裸的野蠻人為伍。在這個強權暴政下，林昭這樣的人就不容許存在。她的名字被長期淹沒在世紀的塵埃裡，在她身後近50年都不能提──甚至遇羅克、張志新等名字都可以提了。因為說到底，後者的反抗終究沒有走出「恨其不爭」的侷限。執政者可以找到諸如「四人幫」類的替罪羊來開脫。隨著中央領導人的更新換代，開脫就越來越容易。相信到執政者認為「合適」的時候，六四屠殺也會找到一個替罪羊的。那時，執政者會與耿耿於平反的人們一起找到一個「平衡點」，來一個「含淚帶喜」的「大團圓」結局，將這一頁「歷史性」地翻過去。

　　林昭則不然。林昭「絕不容許自己墮落到甘為暴政奴才的地步」（胡傑：紀錄片《林昭》）。這樣一種「常識」的展示，對甘於奴役的傳統文人來說，是振聾發聵的。她標出了一個知識分子的基本底線和高度。當年55萬知識分子被打成右派，「所有的右派都檢討了」（同上），這種情景正如茨威格所說：「人道主義者雖然知道真理，卻不敢為真理鬥爭」（《異端的權利》。下同）。林昭個人（五十五萬分之一）以「常識」對暴政的反抗顯然是「蚍蜉撼大樹」，最終成為一位「沒有抵抗力量、被優勝者暴力壓倒（消滅）」的人。但是，林昭為精神上的自由，為捍衛正義和真理而獻身。這樣一種**良心反抗奴役**的鬥爭，「超越了它所發生的那個時代

時空的限制」，在中國歷史上，前無古人。林昭是「我們人類真正的英雄」。

　　相比之下，認為，「黨內有好人」，「客觀上存在的那個共產黨和我們心中的那一個，兩者之間的差距絕不更小」（劉賓雁語）。這種思路並沒有走出共產黨文化的思維定勢，沿著這個思路，所有的批評終難逃出毛澤東時代就一再提倡，卻一再壓制和打擊的「批評與自我批評」的「黨的生活會」的窠臼。道理很清楚，「知識分子只有在對人們宣稱自己的王國不屬於世俗的現世的時候才是強有力的」（班達語）。知識分子的職責是站在一個歷史的高度和普世的立場上，伸張正義和真理，而不是陷入現實政治中，在黨派族群之間去判斷是非好壞，並扮演一個好共產黨員的角色。這顯示出中國知識分子資源的匱乏，注定了「黨的知識分子」的侷限和悲劇。正如劉賓雁自己所表白的那樣：「同世界上所有的罪人相反，我們寧願不替自己辯護，無言地走上絞刑架。那個『聽從黨的處置』的意念是那樣強烈，我甚至很少去想一想，在這種態度裡，對於『抗拒從嚴』的恐懼，亦即企圖使自己的妻子兒女在這場無法逃脫的大難中少受一點痛苦的心理究竟占了多大比重」。

　　「國家都是腐敗的」──正因為如此，包括西方民主社會在內的知識分子便有了自己存在的理由。值得一提的是，法國存在主義哲學家薩特（Jean-Paul Sartre, 1905-1980；臺灣譯名為沙特）狂熱地宣揚知識分子對現實政治的參與。但這種參與應該具有某種內在的理性邏輯和超越性。左拉（Émile Zola, 1840-1902）為了德雷福（Alfred Dreyfus, 1859-1935）而鬥爭，發出了〈我控訴〉這樣的良知的聲音，具有超越時空的永恆價值。而法國當代知識分子對政治的現實主義投入的直接結果，則是當知識分子的理念與執政黨的理念發生某種偶然巧合時，便導致了法國當代知識分子的缺席。

中國知識分子執著於「想要從內部改造它」，以致在發生了六四大屠殺後的整個九〇年代至今，仍有大量知識分子樂此不疲地躋身「體制內」，並以某種代言人的身分出現。我們看到，知識分子被「世俗化」的結果，不僅難以發出那種具有超越信仰的真實的聲音，甚至也沒有超越劉賓雁時代的良知層次。另有一些人則令人瞠目地淪為「守護金庫的走狗」，更是不值一提。

為政治寫作的犧牲者

輿論報導劉賓雁80壽辰暨他作家生涯60年紀念。一個甲子年的寫作生涯，對任何一位作家來說，都應該是漫長而輝煌的。但由作家推及作品，不由讓人黯然。客觀地說，以劉賓雁的才華、氣質與人道關懷，我們有理由相信他有可能成為中國的羅曼‧羅蘭（Romain Rolland, 1866-1944）。但他沒有這個機遇。這不能不再次回到那個頑固不變的理由──中國國情和中國特色等作家賴以生存的社會歷史背景。

同樣，涉及中國當代文學，這也是一個令人振振有辭但卻難以啟齒的話題。當代中國作家，的確可以不厭其煩地陳述現實主義政治文學或商業寫作的理由，但是一經談到作品，這些畢竟讀過或見識過中國現代和現代以前的文學大作，對西方文學巨匠及其作品也並不陌生的人們，還是不免有幾分羞澀的。遠的不說，相鄰的日本文學，通過對戰爭文學的整理，以及獨立的新老文學家的內省和思考，走出了戰爭文學的頹唐與絕望，從而獲得了構築精神自由的文學契機，產生了大量具有優秀文學品格的作品，彌合了因由戰爭而造成的文學裂痕，使得日本文學繼川端康成後有了一個合乎文學規律的現代性歷史傳承。

相比之下，中國當代文學仍然處於滿目蒼涼的廢墟之中。在長

期的極權專制，繼而市場專制的雙重壓迫下，中國作家幾乎沒有喘息之機就被捲入了世俗社會的各種狂潮。

毛澤東〈在延安文藝座談會上的講話〉，引導文學為政治服務。文學澈底地淪為政治學，「講話」自有其「符咒」的作用，但是，作家和藝術家的熱情響應或參與，也是不可忽視的因素。茨威格在談到如何確定自由和權力間的界標時指出：「在人的本性裡深埋著一種渴望被社會吸收的神祕感情。」在這樣一種「神祕感情」驅使下作家的現實主義投入，在極權專制社會中，幾乎無可避免地經歷「被用」、「被辱」或「被廢」的遭遇。

老舍、郭沫若、曹禺這三位在中國現代文學中分別以小說、詩歌和戲劇各領風騷的文學大家，在共產黨執掌大權後的一黨專制下，老舍不堪受辱，投身太平湖，留下了一介文人以身殉魂的悲壯感嘆。郭沫若和曹禺身不由己地「為黨所用」，前者從一個自由浪漫的「詩聖」，被改造異化為發不出真實聲音的「啞聖」；後者經歷過最粗暴的人格侮辱和極度恐懼後，才華盡失，再也寫不出那種他所崇尚的真正的文學作品了。

在這個過程中出現的大量「奉命文學」，成為這一時期中國文人永遠的內傷和恥辱。這樣一種來自外部壓力和內心恐懼、抑或一種盲目服從的文人勞作，表現在作品中便是對文學本質的全面背叛。其直接惡果，是導致中國當代文學患了嚴重的「集體譫妄症」，陷入迷亂虛擬的「真實」中，至今難以治癒。

一個令人深思的現象是，在這一時期成長起來的中國作家（指「新中國」成立前後出生的作家），經過「講話」和文革的澈底「洗禮」，無論這些作家所持的立場若何，在他們的諸多作品中，從人性到文學性首先都滲透著「革命性」和「黨（文化）性」。拋開「商業文學」不論，那些自詡為「大題材」的嚴肅作品，例如自

1980年代以來充斥中國當代文壇的「傷痕」文學，或「問題文學」等現實寫作，緊貼生活，緊貼政治，一直沒有走出毛澤東〈在延安文藝座談會上的講話〉的「規定性」，缺少基本的文學品格。作家寫作如複印機一樣，把生活表層發生的事情搬上了書面，卻排斥了文學自身所具有的超越現實的屬性，也沒有敘述文學自身所包涵的知性世界，好像這個時代的作家都成了魯迅筆下的「祥林嫂」，因受傷而萎縮的文學細胞力所能及的，只是用文字絮叨著定格在記憶中的一場惡夢。這似乎可以看作那個沒有藝術家的鬼魅年代的文化特徵。把文學殿堂變成嘈雜的茅草屋，便是同時代文學「譫妄症」患者們的集大成。

值得一提的是，讓中國讀者最具懸念的諾貝爾文學獎獲得者高行健和被迫放逐的詩人黃翔，雖然各自經歷迥然不同，但他們都以獨立精神和自由意志，不僅從時空上、更重要的是從精神上擺脫了那些「譫妄症群體」的傳染和追殺，得以在人類文學的殿堂裡，各以自己的極致敘述文學的本質。

至於某些「譫妄症」發展到不可救藥程度的作家，喜好關起門來自己排座次，也未嘗不可。排出個成百上千甚或上萬的名次，大家互相捧捧場，高興熱鬧一番，倒也聊以自慰。前提是千萬要蒙上眼睛。不要左顧右盼，也不要瞻前顧後。也就是說，不要跟中國現代和現代以前的作家比，也不要跟任何時代的外國文學作家比，同時要注明自己是**受傷致殘的、第三世界的弱勢作家群體**──如此而已。

這不是說中國沒有名作家，但名作家不一定有代表作，這也是中國社會的一大特徵。這並不是說大陸沒有好作品，但多為「當下之作」，缺乏普世價值，沒有跨入文學自身所包涵的「時間」這一歷史長河（崛起於八〇年代，九〇年代獲得長足發展並日益興盛的

雜文和雜文家不在此例）。同時，一些很有天賦的作家，因為生不逢時，只能悲壯地犧牲自己文學性的一面，讓文學為政治服務，最終成為現實政治的犧牲者。

劉賓雁不幸也是這樣一位為政治寫作的犧牲者。

儘管劉賓雁的敘述包含著一種普羅米修斯式的英雄氣概和為信仰奉獻的精神，但是他的信仰中自覺流露的某種世俗的東西，嚴重妨礙或影響了他作為作家的創造性。劉賓雁認為「文學不能迴避其戰鬥的使命」（《劉賓雁言論集》）。他的寫作，因而也是一種內譴式的「使命」寫作。這在他極為有限的寫作時期及其作品中都有充分體現。其中值得稱道的還是他在海外完成的《劉賓雁自傳》（香港新光出版社，1990年）。其他多篇報告文學，與其說是作家的作品，倒不如說是記者的寫作更為恰如其分。

劉賓雁說：「明知寫報告文學更苦，更慢，還得為每一篇料理後事費大功夫，傷很多神經細胞，但良心上卻輕鬆一些。如果與此同時，它還能喚醒人民尚未泯滅的天良，加深一點人民對社會現象的認識，增強一點人們對未來的信心，就使作者分外滿足了。對於作者本人，有時也是一種鎮痛劑，是良心上的自我安慰：我總算做了一點這個時代有這個條件的中國人不能不做的事。」

這樣一種使命感、現實感及明確的目的性，不能不說是有悖於文學本質的，因為「思想家與黨委委員相比，更為重要和有力；也就是自由思想比重複口號更具創造性」（愛迪安勃爾語）。但這又不幸是中國當代良心作家的寫照。這種情況正如班達指出的那樣：「應該把儘量客觀地描寫人的靈魂活動及其衝突作為自己職責的那種知識分子。比如莎士比亞（William Shakespeare, 1564-1616）、莫里哀（Molière, 1622-1673）、巴爾札克，他們證明了這種職責能夠獲得我們所認為的那種完全純粹的東西。但是，這種職責因為屈從了

政治目的而被歪曲了……這倒也不是因為他們在故事的中間撒滿了具有傾向性的思想，卻是因為不給予故事的主人翁以公正的和自然觀察相應的感情與行動，而以作家自己政治熱情的要求來描述主人翁的種種。」

劉賓雁的遺憾不僅於此，還在於那樣一種根深柢固的文學意識，幾乎妨礙或侷限了作家思想的自由和寫作的自由。自由主義者往往逃避自由，也似乎是當代中國知識分子的精神誤區。從中可以分析，為什麼離開了那個「為政治寫作」的社會環境，沒有了那個狂熱歡呼的群眾場面，劉賓雁和劉賓雁們便陷入了「自由僵化」的另一種困境。

其實，依照劉賓雁對自己的期待，海外這17年，他完全有可能寫出更多真正的優秀文學作品，但他先是以他一貫的奉獻精神到各個大學演講，不斷接受媒體採訪，並主持中國學社和辦刊，以至「連讀書的時間都沒有了」。之後，正當他可以靜下來思考與寫作

劉賓雁在「民陣」二大上發表講話說：「每個人的心裡都有一個小毛澤東。」安琪攝於1990年9月22日。

的時候，卻不慎陷入海外民運內部的是非紛爭，發出「每個人的心裡都有一個小毛澤東」的慨嘆。面對形形色色的「小毛澤東」，這樣一個意氣風發的「漢子」，竟一度陷入一種難以敘說的苦衷裡。再後來，就是病魔纏身……

行文至此，我想說，儘管劉賓雁的一生充滿矛盾和困惑，但他本身提供給我們的思想資源卻是豐富的。

與劉賓雁同時代的著名詩人、雜文家邵燕祥在他那《懺悔錄》式的私人卷宗《找靈魂》一書中，以一位知性思想家的深刻反省，為自己那過去的30年（1945-1976）刻下了這樣的墓誌銘：

政治上無名的殉難者
文學上無謂的犧牲者

邵燕祥這樣一種理性而冷峻的自我審視，拒絕了所有可以苟且並讓人們心安理得的冠冕堂皇的理由，顯示出詩人超越的信仰，令人肅然並心懷敬意。

概括劉賓雁的政治寫作生涯，與邵燕祥所刻的銘文又有何異呢？

在紀念劉賓雁80壽辰的日子，寫下這樣的文字，似乎有點違背筆者的初衷，也有點不合時宜。但我同時認為，包括個人的、政治的、國家的或民族的任何實際理由，都應該讓位於知性理由——假如我們智慧尚存。

2005年4月6日於巴黎古道且閑莊

＊原載香港《前哨》月刊2005年6月。

主要參考資料

- 《劉賓雁自傳》（香港新光出版社，1990年）
- 《劉賓雁言論集》（香港香江出版公司，1988年2月）
- 〈走出幻想〉（劉賓雁《北京之春》1993年12月號－1994年3月號連載）
- 《知識分子的背叛》（班達著，吉林人民出版社，2004年1月）
- 《找靈魂──邵燕祥私人卷宗：1945-1976》（邵燕祥著，廣西師範大學出版社，2004年5月）
- 《痛苦的民主》（安琪著，藝苑出版社，1989-1994年卷）

衝破思想牢籠，走出六四悲情
——也談蔣彥永上書的思想內涵

　　近日來，中國退休軍醫蔣彥永上書「兩會」，建議為八九六四學生愛國運動正名的做法，引起了海內外媒體和各界人士的關注，一時聲援蔣彥永，要求平反六四的呼聲，成了八九民運以來最熱烈的一次話題。在許多「跟進」蔣彥永的發言中，我注意到，似乎很多人都將「平反」和「正名」混為一談而沒有加以區分。而這樣一種混淆，恰恰是對六四問題的混淆，客觀上降低了蔣彥永上書的意義，需要明確澄清。

　　我個人認為，蔣彥永上書的關鍵，在於他在提法上的突破。這裡他用了「正名」二字，而沒有用大家慣常用的「平反」。我覺得這個詞語的差別，非同尋常，非常重要。它標誌著一種獨立的精神，甚至標誌著一種思想的解放。

　　長期以來，中國人總是習慣屈服於皇權或極權，特別是那些有資格活躍在公共領域裡的知識分子。傳統的依附性，使得一些人總是在權力中心所規定的範圍內找理論依據。「他們經常會由於某政權有用或者能為非作歹而屈服在一個不合法的或有爭議的、不為人尊重的、常常遭蔑視的政權下，完全喪失了自由的精神」〔托克維

爾（Alexis de Tocqueville, 1805-1859）語，後同〕。

　　八九民運期間，「跪遞請願書」的悲情，像一團不散的陰雲，久久地彌漫在人們的心頭。六四槍聲留下的創痛，濃縮了中國幾千年的封建史。中國歷史上數不清的抗爭與反抗，都在成王敗寇的定勢中輪迴。中國知識分子對權力的習慣性依附和所謂的「道統」，產生了許多「以死相諫」的「忠臣」，卻從來沒有滋生具有獨立意志的知識分子的土壤。五四之後，共產主義思想進入中國，以及共產黨獲得執政大權以來，中國知識分子便自覺不自覺地陷入共產制度所特有的「規定性」中不能自拔。包括歷次政治運動中的榮辱升遷和大起大落，被整的人，大多數總會有獲得平反的「出頭之日」。久而久之，便形成了一種習慣，習慣又慢慢成了自然。平反——或曰「落實黨的政策」——也就成了被迫害者衡量執政當局的一種政治指標，一種鑑定領導人開明與否的「客觀標準」。與此同時，被「平反」者，根據其級別和「落實政策」的程度（包括恢復名譽和工作，補發工資，子女安排，住房分配等等），也將平反演變成了一種「資歷」，從而形成了一種新的社會階層——即「平反階層」。

　　在這種前提下，這個已然存在的現成的政府，不論它如何不得民心，就有了當然的合法性。這種作惡－平反，再作惡－再平反的惡性循環，產生的主要惡果有二：首先，強化了中央政權的「正統性」。這種「正統」觀毒化和侷限著人們的思想。我們經常見到，政府中總是被分為好人壞人，開明與保守，左派與右派等等。一旦中央政府擺出個姿態，給個說法，被害者一方便山呼萬歲，忘記甚至有意忽略了共產「舊制度」這個萬惡之源。第二，庸俗化、進而功利化了受害者和反抗者本身所包含的社會歷史意義。那些因平反得到「好處」的人，往往忘記了自己的初衷，在一種感恩戴德的情

緒驅使下，主動地歸順權力中心，或者在「體制內」找靠山。這樣一來，在被迫害者中就有了不同的類別，也有了高低貴賤之分。中央政府在安撫他們時，總是將壞事推在某些預定的面譜上，必要時還會選定幾個替罪羊。人們明明知道內情，但為了維護那樣一種「正統」和自己可望得到的名利，大多情況下便順水推舟，人云亦云。

可以說，這種「平反現象」，是中國社會的一種特殊情況。執政當局借「平反」以疏緩社會危機，延長其業已喪失合法性基礎的執政壽命。人們無原則地認同和接受平反，就等於屈服於一個使用非法暴力和壓迫的強權；等於拱手讓出了幾經犧牲可望爭取到的權利，從而維護了中央政府本該被剝奪的「自衛權利」。不是削弱，而是加強了當政者的權威。這樣一種政府與所謂「民間」的互動，掩蓋和抹殺了社會上真正要求自由民主的訴求，延緩了民主的進程。從共產黨執政以來的歷次整肅運動和之後的平反結果看，這個極權政府，「它不僅能用自己的權力制服人民，而且能利用人民的習慣駕馭人民。它首先把人民彼此孤立起來，然後再各個擊破，使他們成為順民」。

這個「平反現象」中，還有一個非常值得我們深思的特殊現象，就是在「平反階層」中，從來沒有默默無聞的普通老百姓。回顧歷次平反，最大規模的「落實黨的政策」，是「落實黨的知識分子政策」和「落實黨的幹部政策」。那些當然的「領導階級」——工人和農民，還有城市貧民，是不在「落實黨的政策」範圍之內的。他們屢經踐踏的天賦人權，頻頻發生在他們身上的「人禍」，他們的生死疾苦，被這些有「平反資格」的人們作為一種抽象名詞所代表著，也被他們的「平反利益」所忘卻甚或被出賣著。這些掙扎在生活最底層的人們，被逼到極端時，自焚便成了他們最絕望的反抗形式——這是多麼慘痛的現實啊！

從這個意義上說，蔣彥永提出為六四「正名」而不是「平反」，就有了一個大是大非的原則上的區分。你政府動用自己的軍隊，向自己的人民開槍，向手無寸鐵、要求反腐敗、反官倒的學生開槍了──這是一個認罪層面的問題，而不是一個讓它來平反的問題。就好像你不能讓一個殺人者來給這個被殺者平反是一個道理。你說，它還有什麼合法性基礎或者資格來平反呢？六四屠殺，它越界了。退一步說，這和當年的反右、文革造成的冤假錯案在本質上還是有差別的。這一點連執政當局共產黨都很清楚，知道它終有一天是要面對的。所以與其像有的人所說蔣彥永的上書挽救了人民，不如說更是挽救了這個執政黨。人民在那兒好好地過日子呢，你共產黨政權不壓迫他們，不朝他們開槍，不迫害他們就行了。

　　當然，也有人會說，要講策略，要學會妥協。不要在字面上糾纏等等。

　　這話是對的，也是錯的。因為第一這是有原則的。第二，要看在什麼層面上運用。你如果是在政治操作層面上考慮，要講究策略，這可以討論，因為政治操作行為本身就有功利的考量和目的性。但即便是政治層面的考慮，也不能沒有大原則。在這裡，形式甚至比內容更重要。名正才能言順麼。如果在六四殺人的事情上也可以含糊，那麼這個政治即使是以民主的名義，你也不要搞了。因為這是假民主，不是我們所追求的真正的民主。你所表達的還是一種甘願被奴役的姿勢，即使你這個姿勢很優美。

　　如果是一種對民主的追求，那麼，首先應該遵守這個詞語所規定的形式，在這個形式下，加入與之相適應、相符合的內容。你不能說用一個專制的形式來包裝一個民主的內容，或者說用一個民主的形式，來包裹一個專制的內容。這是不可能的。因為這兩者是不相容的。

當然，妥協是民主社會的一個常用詞語。以法國社會經常發生的罷工浪潮相比，代表工人利益的工會代表會與政府方面的代表談判，最後雙方達成妥協。這裡沒有輸贏之說。既沒有百分之百的贏家，也沒有百分之百的輸家。這是民主社會的一種常態。但是你在極權專制下，你要講妥協，誰跟誰妥協？在這種力量極度懸殊，絕無平等可言的情況下，你這個妥協——特別是在這種大原則上含糊其詞，那就跟投降沒有什麼差別了。

　　歷史的經驗告訴我們，「誰是我們的敵人，誰是我們的朋友」，這個「革命的首要問題」，共產黨早就分得很清楚。你壓根就不信它那一套，你當然是萬劫不復的敵人。你信仰過它那一套，中途覺醒了。反叛了。它「打」了你，那叫「娘打兒子」。它會給你一個「異議者」頭銜，將你逐出「家門」。同時它清楚地知道，如果真是「兒子」，終了還是「不嫌母醜」，一平反就又回到「黨的懷抱」裡了。對其中那些澈底覺醒的「異數」，它也有「異方」來對待。最典型的例如，除了冠以「莫須有」罪名，動用國家專政機器外，它還「與時俱進」地發明了一種「新工具」，即杜絕叛逃者的回國之路。

　　我們看到，在歷次大小規模的平反過程中，張志新、遇羅克等等——這些振聾發聵的先覺者的名字，從來沒有出現在平反者的名單中。在統治者眼中，他們是不具備平反資格的。相反，他們一出現就被這個政權以最駭人聽聞的手段殘殺了，以致至今還是一個敏感的話題。何平反之有？！為何平反？！！誰平反誰？！！！

　　感謝蔣彥永，他這個為八九六四「正名」的提法是有勇氣、有智慧的。它包含了一種民主自由的思想意識。

　　現在的關鍵問題是，這個「正名」所應該包含的實質內容是什麼？它的指標和最低限度是什麼？我認為大家在跟進、支持蔣彥

永時，應該認真思考這個問題。應該有不計個人功利的自主性。也就是說，不要總是跟著權力中心的感覺走，任由它找出一、兩個替罪羊，給個說法就算了。而應該從法理上入手，提出相應的政治主張，從制度上尋求突破。應該看到，六四的發生，是共產「舊制度」與「現代皇權」統治的結果，不從根本上改變這種「舊制度」，就永遠無法走出「槍桿子裡面出政權」和用「槍桿子」保政權的輪迴怪圈，就永遠也走不出極權所限定的「黨的知識分子」和「黨的幹部」的曖昧角色。人們的反抗將永遠籠罩在悲情之中。

值得特別強調的是，蔣彥永同時也為尋求社會和解提供了一個契機。要把握這個契機，首先要創造一種具有平等對話的社會環境和氛圍。要達此目的，就一定要跳出習慣被奴役的傳統定勢，要掙脫這種幾千年來封建專制強加在我們身上的那些看不見的思想牢籠和精神禁錮。在八九六四15週年的紀念日裡，讓我們選擇一種自主的站立的姿勢，告別平反，走出悲情。讓我們大家都成為千千萬萬個活著的張志新、遇羅克。讓自由民主的聲音成為發自我們肺腑的生命的吼聲。

2004年3月16日於巴黎三昧聊齋

*首發於《前哨》月刊。

中國知識分子應該懺悔
——兼論知識階層依附性的惡果

　　自美國發生「911」恐怖事件以來，整個世界格局再次發生深刻的變化。從冷戰結束後的經濟大合唱，加上壓倒性的「反恐」浪潮，突顯了利益和利害的力量對比，在很大程度上動搖了原有的國際標準價值觀。中國這個占世界人口五分之一的大國，近年來以其廣闊的市場誘惑與國際社會討價還價，不僅走出了六四陰影，而且開始在國際社會扮演重要的大國角色。這似乎應了九〇年代末中國狂熱的民族主義者關於「21世紀是中國人的世紀」，以及某些知識界人士有關「西方民主已趨窮途，只有中國的儒家文化才可以拯救世界」的說法。

　　值得思考的是，這樣一種對未來的自信與期許，其支點是什麼呢？一個從封建專制過渡到共產極權的社會，一個滋生和繁衍共產制度的土壤，一個從未體驗過自由是何物的民族，一個從未形成過獨立知識分子群體的知識階層，它對自身是否具備反省能力有沒有過懷疑呢？它對世界建設性意義的思想理論會是什麼呢？在對上述問題沒有作過任何反思的情況下，妄自尊大地設想對世界的主導作用，實在是一種蒙昧無知，是另一種意義上的霸權主義。

美國普林斯頓大學東亞研究講座教授余英時先生曾說：「21世紀將是中國知識分子贖罪的世紀。」這句話，對中國知識分子在整個20世紀的所為下了一個否定性評語。余英時先生說：「從一部中國史來看，20世紀是最混亂、最黑暗的時代。」「20世紀的中國『革命』不但在觀念上是有知識分子提供的，而且最初的發動者也往往是知識分子。」從這個意義上說，中國知識分子作為社會菁英階層，客觀上扮演了一個助紂為虐同時也引來殺身之禍的不光彩的角色。分析這一角色產生的社會背景及對將來指向的意義，實在是刻不容緩的。

知識分子的精神失落

或許，中國不乏個體的優秀知識分子，但從整體來看，從至今為止中國沒有形成一個獨立知識分子群體這一事實而言，從知識分子被異化、被政治化繼而意識形態化的程度而言，中國知識分子階層——如果可以這樣說的話，自「五四」以來，越來越背離作為知識分子應有的自由精神和獨立意識，特別是共產黨執政以後，由於各種政治運動和意識形態的高壓，一部分知識分子與共產黨的鬥爭哲學合流，將另一部分知識分子擠壓為這一專制機器的祭品。更多的知識分子則在這種觸目驚心的階級鬥爭面前，喪失了思維能力和分析能力，自覺或不自覺地放棄了知識分子應有的社會責任，成為中國歷史上最低能、最矯情、最虛榮、最脆弱，從而也是最「缺氧」的一代。

應該說，中國知識分子的精神失落，與共產黨的誕生有直接關係。20世紀共產黨在中國的產生和發展，知識分子起了重要的推動作用。例如像陳獨秀這樣的知識分子，就是共產黨創始人之一。五四精神除了科學和民主這一至今仍停留在抽象層面的名詞之外，

反傳統、全盤西化的結果，帶給中國的是馬克思主義和以此為理論基礎的共產黨的產生。儘管知識分子的出發點完全是純粹理想主義的，但當他們一旦執著於一種主義和一個思想時，已經不由自主地背離了自己的初衷。因為「革命」的結果，正如余英時先生所說，是「中國社會的邊緣人物（如地痞、流氓、光棍、無賴、不第秀才之流）占據了中心的地位，支配著中國的命運，而原來在社會上舉足輕重的知識分子反而邊緣化了（『邊緣化』用大陸流行的話說，便是『靠邊站』）」。那些因「革命」而占據了中心地位的邊緣人物，則「形成了一個變相世襲的『新階級』」。「知識分子所持澈底『革命』的理論使邊緣分子得以輕而易舉地摧毀了一切傳統的社會和文化組織和人倫關係，代之而起的則是一個絕對宰制性的單一政治組織，從中央一直貫穿到每一個家庭，甚至個人」。在這種情況下，中國知識分子根深柢固的傳統依附性和骨子裡對「士大夫資格」的迷戀，以及在共產黨統治下必要以甘願被奴役的姿態才可能保住「身分」的現實，使得知識分子內心發生分裂，虛榮、緊張和恐懼像惡夢一樣，深深地攫住了他們的靈魂。可以說中國知識分子一廂情願地作了共產黨的助產士，卻成了自己的掘墓人。

值得深思的是，到現在為止，共產黨體制內外相當一部分知識分子，仍然是馬克思主義的忠實信仰者。這裡我無意做任何價值判斷，相反在個人信仰的虔誠度上，我對他們懷有敬意。但是從馬克思主義本身的歷史過程來講，從20世紀共產制度的形成來講，甚至從馬克思主義作為一種學說來講，都到了重新審視和澈底反省的時候了。常常聽到一種馬克思主義真假論，認為真正的馬克思主義是好的，不好的是被後來斯大林（Joseph Stalin, 1878-1953；臺灣譯名為史達林）化和毛澤東化了的馬克思主義，是假馬克思主義。事實上，所謂斯大林主義和毛澤東主義都是馬克思主義的延續，都是從

一棵樹上結的果子，只不過有各自的特徵而已。正是馬克思主義和現實之間的矛盾，才產生了共產專制下的警察制度。不認清這一本質，實在是知識分子的迷津。

被「養」與「罵娘」的角色尷尬

八〇年代的文化批判運動和知識界倡導的全盤西化，是知識分子利用共產黨有史以來的改革開放運動所表達的一種訴求，但由於先天「缺氧」和自身的不獨立，使得這種表達帶有很大的政治功利色彩。知識分子以反傳統文化的態勢來影射共產黨文化，雖然不無正面意義，但是實際效果卻是在被共產黨已經摧毀的傳統文化上再加以否定，間接地等於承認了共產黨文化統治的合理性，扭曲的仍然是知識分子自己。例如，在一種「暗度陳倉」的表達中，知識分子並沒有放棄加入共產黨或進入體制內充當「智囊」的機會，這種自相矛盾的做法，不僅沒有「竹林七賢」所具有的風骨氣節，而且喪失了傳統文化中「內聖外王」的精神內涵。至此，本來需要再塑的中國傳統的人文精神和價值底線趨於崩潰。

需要強調的是，中國知識分子八〇年代的急功近利，恰恰是改革開放的反彈。我剛才說到知識分子的「缺氧」和不獨立，包括政治思想層面的壓力和生存狀態的不能自主。一個極為諷刺的現象是，共產黨將知識分子擠壓到社會的最底層，對於他們在知識分子中間的同路人，也將其人格降到最低點，而中國知識分子的基本生存，又不可避免地被共產黨所統制，客觀上造成了一種知識分子被「養」的生存環境。這種狀態使知識分子的角色極為尷尬，「端起碗吃肉，放下碗罵娘」就是這種尷尬狀態的一種生動寫照。這裡，共產黨強占了可以通過個人勞動和符合市場規律的自由競爭獲得的「碗」，想當然地充當了「娘」的角色，知識分子則成了永遠處於

「哺育期」的「未成年」者。所謂「罵娘」,既有對共產黨和現存制度的不滿情緒,但又何嘗不是一種「兒子」對「娘」的嬌嗔?罵歸罵,「碗」照樣端。殊不知,這樣一種「罵」的氛圍,反而給了共產黨政權一種自信,共產黨越發地有恃無恐。雖然多數情況下,知識分子那種「小罵大幫忙」式的「忠誠」並未被共產黨理解而遭到懲處,但與此同時卻在同類人和社會上身價倍增,並被冠以「民主派」或「自由主義者」的稱謂而名聲大振,殊不知,很多人內裡仍然是共產黨文化浸泡透的那一套。

於是乎,「罵」者雲集,一時遍及東西南北,「罵」出了名氣,「罵」出了「特權」,「罵」出了身價。而且越是共產黨員或前共產黨員,越有「資格」罵,似乎「嫡系」也是一種「身分」。唯獨這「罵」的形式和內容,越來越空泛,越來越諂媚,越來越循規蹈矩。唯一的對象只是那個念錯經的「歪嘴和尚」。在這一套「罵經」裡,那個假設的「歪嘴和尚」似乎無所不能,無論從馬克思主義到毛澤東思想,還是從共產黨到社會主義制度,所有的「經」本來都是好的,錯就錯在讓「歪嘴和尚」一念,就全「歪」了。那麼,這個「歪嘴和尚」是誰?他的祖師爺又是誰?那個「經義」是否經過考證?又是誰讓那個「歪嘴和尚」念的?什麼樣的「經」才能被「歪嘴」念「歪」?細究起來,當然是十分荒誕的。

多年來,中國知識分子就是在這樣一個假想的「敵人」面前慷慨激昂,並陷入一種被自己重複數遍而具所謂「真理」、「正義」色彩的謊言的鬧劇之中。這便是極權下的中國知識分子,是極權下中國知識分子的可能性表現。

菁英意識與「腦體倒掛」

可以說,中國九〇年代總體表現為回歸傳統的文化思潮,從某

種意義上說，是對八〇年代中國知識分子的反彈。這種反彈因有具體指向與目的，在某種程度上與官方意識形態暗合，同樣具有明顯的工具性實用色彩。不同的是，這樣一種功利性，更少理想主義，在天平的另一端，所謂知識分子作為社會的良心，在某種程度上已經被商業化了的「政治市場」所兜售。

如果我們稍加留意，就會發現九〇年代知識分子的各種表現形態，依然是20世紀以來知識分子緊張感的一種慣性反應，只不過每個時期的表現形態不同而已。在八〇年代全盤西化和九〇年代回歸傳統的表像後面，都潛伏著一種知識分子急需安身立命的危機感。正是這種危機感，使得他們的政治熱情前所未有的高漲，改革開放間接地把他們已被共產黨意識形態浸泡過的政治細胞以更加激進的形式擴散了出來。例如八〇年代的所謂全盤西化，和九〇年代的反西化，都是很表面地對西方的社會制度和政治機制實用化地詮釋後再加以引用的，都不是西方文明本質的和主流的東西，而是並不完善的或者正被西方淘汰的東西。像對自由本質的思考與追求，對個體的肯定和對生命價值的重視等西方精神的核心，並沒有受到應有的重視。八〇年代和九〇年代中國知識分子兩種截然相反的思維走向，正說明他們對西方精神的概念模糊，表現在九〇年代，就是用各種話語、後學、思潮、主義重新包裝了的意識形態化。

為什麼毛時代的結束和社會的相對開放，中國知識分子的「意義失落」感反而更強烈呢？

我認為這恰恰是經濟改革帶來的直接後果。

就像上個世紀初科舉制度的取消，使「社會成員從原有的生存結構中脫離出來，又無法被新的生存結構所吸納，從而迅速『游離化』」一樣，經濟改革帶來的社會結構的巨大變化，動搖了知識分子本來就很虛弱的社會地位。個體化和「新富」的出現，使他們發

出「腦體倒掛」的哀嘆，菁英意識和傳統依附性，迫使他們不得不以一種更加極端的方式參與政治，以此作為個人安身立命的「敲門磚」。

這種現象也可以從心理背景層面上得到解釋。中國知識分子階層，是一種在精神上自我期許甚高的「特權」階層。他們從傳統「士」的觀念出發，思維模式和行為方式是從上而下的，而不是從下而上的。他們從來都是高高在上，與政權關係曖昧，即使落魄了，例如在共產黨統治下的長期受壓制，也是以阿Q式的精神殉葬者自居，還是在上面；即使「為民請命」，也是宣言式的，從來不願與普通老百姓為伍，成為他們之中的一員。

在政治認同上，他們總是在體制中尋找認同，從來也沒有真正重視過政治自由和個體自由。八○年代中期所謂平反落實知識分子政策，使他們失去的尊嚴得到了某種補償，他們越發地高高在上，在體制內找靠山，以各種藉口成為維持現存秩序的代言人，從而保持自己的所謂「特權」，以使自己有別於其他階層。在這一過程中，知識分子對共產黨的批評，也是站在體制內某一派的立場上對另一派的批評，也就是說，他們始終處在一種非黑即白的二元選擇中，從來沒有跳出馬克思主義的窠巢。準確地說，他們是一些「持不同意見者」，而不是真正意義上的持不同政見者。

可以說，市場經濟的發展，將知識分子「特權」的空殼暴露無遺。這樣一種深刻的精神危機和生存危機，使他們放棄了作為知識分子的最後的矜持，以一種高度「政治化」的熱情，在中國式的「鳥籠政治」中發生作用。如果說，明清學者還有「天下事只論有愧無愧，不論有禍無禍」的精神留存，那麼現代學人至少在可見層面上則只有「天下事只問有利無利，不問有愧無愧」的功利意識了。

這裡，我想引用法國19世紀著名歷史學家托克維爾在《舊制度與大革命》（*L'Ancien Régime et la Révolution*）一書中，對法國知識階層的評價作為對比。他說：「不管舊制度的人們怎樣屈服於國王意志，他們卻不接受這樣一種服從：他們不會由於某政權有用或者能為非作歹而屈服在一個不合法的或有爭議的、不為人尊重的、常常遭蔑視的政權下，這種可恥的奴役形式對他們來說始終是陌生的。」「他們往往在極端的依賴性中，保持著非常自由的精神。」法國這一「為自由而生的民族，它們所憎恨的是依附性的惡果本身」。

　　應該指出的是，中國知識分子對這種「惡果」本身至今仍沒有覺悟，這才是值得警惕和需要懺悔的。

人文精神的喪失

　　進入21世紀以來，活躍在公共領域裡的知識分子，在獲得了某種官方的虛榮或期許之後，個人私欲進一步膨脹。他們或以文論道，為中共政權的合法性尋找理論依據，或直接為當政者出謀劃策，充當「核心智囊」。而一些可以在媒體或網絡發表文章的批評者，其語言則充滿了暴力色彩和「毛式」鬥爭哲學，他們聲嘶力竭地比誰的叫罵聲最高，誰的語言更極端，似乎不如此，就不能證明自己更民主，更革命。更有甚者，不僅以「辱罵和恐嚇」為武器，而且亂攀名人，互相吹捧，你稱他是魯迅式的旗手，他讚你為中國古今第一──濫情到如此地步，實在有失讀書人的尊嚴。同樣令人遺憾的是，在一些所謂民主派的「圈子」之間，也出現了爭民主「霸主」和「權威」的名利之爭。

　　將民主「異化」為另一種專制，這不正是重蹈共產黨的覆轍嗎？

　　美國著名學者艾德華・薩依德（Edward W Said, 1935-2003）在談到知識分子獨立的責任時說：「我們都身處社會，都是國家的成

員，具有一己的語言、傳統、歷史情境。知識分子服膺這些事實情況的程度如何？敵對的程度又如何？知識分子與體制（學院、教會、職業工會）以及世俗權勢的關係亦復如此。在我們的時代，這些組織收編知識分子的情況已經到了異乎尋常的程度。結果就像歐文（Wilfred Owen, 1893-1918）所說的：『律法學者推擠所有的人，大喊效忠國家。』因此，在我看來知識分子的主要責任就是從這些壓力中尋求相當的獨立。因而我把知識分子刻劃成流亡者和邊緣人，業餘者，對權勢說真話的人。」

對照中國知識界，嚴格意義上說，那些占領公眾輿論空間的人，與其說他們是知識分子，不如說他們是積極分子。這種積極分子，除了詞語的轉換之外，與共產黨統治的各個時期的積極分子並沒有本質的不同，只不過不同時期有不同的口號而已。

一個非常典型的例子，自八九民運期間的「跪遞請願書」迄今，以「群體」面貌出現的所謂中國知識分子，從未走出共產制度所特有的「規定性」。在由知識界人士發起的多次公開簽名信中，幾乎都把要求共產黨平反六四作為主要訴求，這似乎成了一個指標。不久前，在共產黨「十六大」召開之際，眾所周知的一封頗具規模的有知識分子參與並呼應的簽名信，其主旨也是要求共產黨第十六屆中央委員會為六四平反。僅此，就暴露出知識分子的虛弱與奴性。按照這個邏輯，前提首先承認了共產黨「父母官」的合法性，即使在六四那樣一種反人類的暴行之後，所謂作為社會良心的知識分子，也沒有與共產黨決裂的決心，提出追查和公布六四鎮壓真相，為六四正名、要求改制的基本訴求，而只是要求給一個說法，以及與之相關的「平反待遇」，這種對共產黨的期望值實在令人質疑。

可以說，要求平反六四應該是廣大民眾的訴求和反對派的角

色，但絕不是知識分子的角色。知識分子應該是獨立於各種黨派的永遠的持不同政見者，在大是大非和大利面前，保持清醒的頭腦，不忘「大義」，不為所惑，以確保和捍衛基本的人文精神和價值底線不受侵犯的社會功能。具體地說，知識分子應該支持廣大民眾的訴求，同時有責任從法理的角度，（而不是從共產黨政權的角度）嚴肅地提出問題的實質，從而啟發人們進行思考，提高反抗的層次與深度。而不是混同於民眾之中，以他們的聲勢為自己壯膽，索取名利。試問：平反之後怎麼辦？難道就滿足於這一念之間，並心安理得地在六四死難者的屍骨上，享受平反帶來的某種利益，進而感恩戴德地「與狼共舞」，奏一首「只有共產黨才能有民主」的新曲？

坦白地說，要求平反而不是要求正名和改制的聲音，是當下共產黨巴望不得的事。與十年前不同，現在的中國共產黨，特別是經過「十六大」的權力更替和修改黨章後，其結構已發生了根本的變化。作為澈底的利益集團，他們完全有能力平反六四，只不過時間表要由他們來定。另外，由於六四鎮壓的極端性，即使平反，也不會有文革後平反冤假錯案的熱忱和誠意，只不過他們可以給個說法，最終目的是這件事以後就不必再提了。簡單地說，是以居高臨下的姿態，賜給受難者一個名義，就將這一頁翻過去了。

中國知識分子執著於平反的這種重複不變的行為，不僅顯示出缺乏現代性的中國知識分子對威權的曲意「臣服」，而且暴露了他們利用自己的「特權」，在公共領域與共產黨妥協、溝通的曖昧心理。這樣一種所謂「社會互動」，也就是所謂「小罵大幫忙」，「瞌睡遞枕頭」的現象，是典型的中國特色的「知識分子」現象，也就是造成中國「尚有百姓，但已無公民」（托克維爾語）的主要原因。

結語

　　客觀地說，由於經濟改革和共產黨的換代，中國社會正在發生深刻的變革。古有「文王拘而演《周易》，仲尼厄而作《春秋》」。那麼，不拘不厄時，知識分子能做什麼呢？

　　我認為，中國知識分子如果不要被社會變革的大潮所淘汰，首先應該獨立其精神，昂揚其人格，從傳統的「士大夫」角色中掙脫出來，以一種與權力中心保持一定距離的獨立的群體意識，獨立的社會批判精神，促進和參與中國的政治改革，承擔起作為一個真正意義上的知識分子應有的社會歷史使命。在中國目前這樣一個話語系統下，如果知識分子仍然停留在二元的選擇中，而不是超越這樣一種選擇，尋求更多的選擇空間，那麼將會永遠被政權所奴役。

　　作為結束語，托克維爾的話意味深長：「多少世代中，有些人的心一直緊緊依戀著自由，使它們依戀的是自由的誘惑力、自由本身的魅力，與自由的物質利益無關；這就是在上帝和法律的唯一統治下，能無拘無束地言論、行動、呼吸的快樂。誰在自由中尋求自由本身以外的其他東西，誰就只配受奴役。」

　　面對未來，中國知識分子首先應該擁有一個自由的心靈！

2003年1月於巴黎三昧聊齋

＊首發於香港《前哨》。

參考資料

- 余英時〈待從頭收拾舊山河〉。見香港《二十一世紀》，1990年12月
- 〔法〕托克維爾《舊制度與大革命》，商務印書館，1992年2月
- 蕭功秦〈從科舉制度的廢除看近代以來的文化斷裂〉。見北京《戰略管理》，1996年第四期
- 梁啟超《中國近三百年學術史》
- 〔美〕薩依德《知識分子論》，麥田出版社，1998年4月

最後的達賴喇嘛
——一介僧侶對峙共產強權的神話與思考

　　在這個世界上，只有西藏民族是「三叩一身」叩頭朝聖的。這樣一個虔敬宗教的民族，產生了一個賦予現代性的達賴喇嘛，這不僅僅是達賴喇嘛的奇蹟。

　　2011年8月，達賴喇嘛宣布脫離政治權力，實現政教分離——這標誌著延續了數百年的政教合一的「達賴喇嘛制」的結束，完成了西藏流亡政府的民主轉型。

　　達賴喇嘛這一具有劃時代意義的創舉，為西藏樹立了一座新的里程碑，在西藏這個傳統宗教文化的社會形態裡，融入了現代化元素。正如印度傳記作家馬顏克・西哈亞（Mayank Chhaya）所說的那樣，達賴喇嘛「最成功的一點就是在眾人公認最科學最重科技和理性的時代，讓達賴喇嘛的制度有了更新的意義」。

　　諷刺的是，達賴喇嘛這位受世人普遍尊重和敬仰的「世界良心的守護人」（同上），卻在中國大陸被「屏蔽」了。與西藏命運息息相關的中國民眾，「被知」的是一個毫無真相可言的、被官方媒體「妖魔化」的達賴喇嘛。這種情形客觀上剝奪了中國人的知情權和話語權，使他們面對西藏境內外所發生的重大變化和事件難置一

詞，處境尷尬。

達賴喇嘛──一介無權無國的僧侶，「獨自面對一個強大的共產中國」數十年。是什麼能夠讓他說服整個世界，將西藏這一幾乎被遺忘的宗教民族納入世界民族之林？是什麼能讓數以萬計的不同族別、不同信仰的人們追隨他的腳步並為之動容？又是什麼能夠在經濟主導一切的當下，僅達賴喇嘛這一稱謂就能讓經濟崛起的中國突顯精神匱乏？

這裡，我們有必要避開達賴喇嘛自身的光環和所有圍繞達賴喇嘛的政治話語和神祕色彩，還原一位真實可敬的達賴喇嘛。

「轉世靈童」的平民意識

身著絳紅色迦裟的達賴喇嘛，常常謙稱自己是「一個平凡的喇嘛」。他說，「只要悟道，人人都可以成佛」（見《達賴喇嘛新傳：人、僧侶，和神秘主義者》）。實際上，除了讓一般人感到奇特不解的「轉世」說外，就達賴喇嘛的成長過程來說，與所有「智慧明師」或俗稱中的「聖賢者」一樣，是一個日復一日的苦讀苦修過程。

藏傳佛教的轉世認證制度，源於印度古老宗教中前後世存在的宗教理論和哲學思想，淺顯地說，就是佛教中的因果輪迴觀念。「西藏人普遍相信前後世的存在，也行成對聖者前世不同化身中利益眾生的功德，進行祈願和隨喜的傳統」（引自〈達賴喇嘛關於轉世的聲明〉）。經過傳統的神祕儀規被指認的轉世靈童，行坐床典禮後，即升座為西藏人民的精神領袖。「靈童」五、六歲時開始系統嚴謹的僧侶教育，範疇包括梵文、哲學、工藝、醫藥、佛學、詩學、戲劇學、占星學、辭藻、聲律等學科，學期長達十幾年甚至更長。成年後行冊封即位大典，正式成為西藏的政教領袖。

十四世達賴喇嘛丹增嘉措的博學與智慧，皆源於此。不同在於，由於情勢所迫，達賴喇嘛剛滿15歲就即位，流亡前夕獲得相當於佛學博士的格西頭銜，時年24歲。

　　達賴喇嘛自幼就是一個善於思考，興趣廣泛，生性好動的人。由於特殊的生活環境，童年達賴喇嘛的大部分時間都是與圍繞在周圍的眾多雜役為伴。這些雜役多半是中年人，他們各兼其職，照料達賴喇嘛除學習修行以外的一應事宜。達賴喇嘛將他們當作朋友，聽他們講自己的故事，瞭解他們遭受到的不公平待遇，這讓他從小就明白，「藏人生活並非日日平順」（引自《達賴喇嘛自傳》下同）。孤獨的達賴喇嘛的另一個「玩項」，是在課間休息時，在庭院裡或屋頂上，用望遠鏡眺望深院以外的拉薩景色。較遠處的監獄是他常常「探視」的地方，多半時間正趕上犯人放風，達賴喇嘛對他們心存憐憫。他說：「我把他們視為朋友，關切他們的一舉一動，他們也知道我，當他們看到我，就行五體投地大禮。我全認識他們，我也知道誰獲釋或又有新人犯來了。」

　　1949年中共大軍壓境，次年11月17日，達賴喇嘛臨危即位，開始了第14世達賴喇嘛的時代。「掌權」的達賴喇嘛做的第一件事，就是大赦所有囚犯。稍後，在往南藏的避難途中，微服的達賴喇嘛主動接觸到許多西藏民眾，通過與他們的交談，獲得了大量他在「深宮」根本不可能瞭解到的社會真相。他說：「我得知我的子民生活裡所遭受的不公，因此，只要我能使狀況改變，我會盡可能去解決以幫助他們」。達賴喇嘛先是廢除傳統的承襲債，減輕牧民的負擔。接著，著手進行司法、教育改革和土地改革，試圖改變落後的生產力。但這些很快就被中共推行的大躍進、人民公社的浪潮淹沒了。

　　1954年秋，青年達賴喇嘛與中共高層領導人的接觸和在北京的

短期居住經驗，讓他對政治謊言有本能的敏感，認識到「中國的政治生活充滿了矛盾」，滋生了他對西藏民族的憂患意識。在流亡印度之初，當他必須承擔所有重擔和責任，獨當一面的時候，他的睿智和潛能中的民主變革思想馬上就體現在行為上了。

離開「惡土」，連枝民主之菩提樹

　　這裡首先要提及的是印度這個西藏流亡者的所在國。都說印度是世界上最大的民主國家，但對許多中國人來說，很難將它與秩序井然的西方民主國家相提並論。印度那數以千計的不同族別、宗教、語言，以及種姓、等級等封建遺留，形成一種既矛盾又複雜的社會形態。加上人口密集，貧富懸殊造成貧富兩極的不同世界，想像中的印度，是一個雜亂無章、貧困落後、乞丐成群的國度。

　　就是這樣一個國度，由於實行的是民主憲政，亂象和貧窮並沒有影響這個國家的社會穩定。（可惜這一點遲遲沒有引起盲目自傲的中國人的注意。）半個多世紀前，印度國民在自身難以果腹的情況下，慷慨地接納了西藏流亡難民，給他們劃分土地和居住營，當時的總理尼赫魯（Pandit Jawaharlal Nehru, 1889-1964）熱忱地鼓勵達賴喇嘛成立西藏兒童學校，讓西藏兒童集中起來讀書，在學習與印度教育同步的現代教程的同時，學習藏語和西藏傳統文化課，將西藏宗教文化和傳統傳承下去。這是一種極具前瞻性的戰略眼光。眼觀世界，大部分國家在接納流亡者時，都無可厚非地以融入所在國為前提條件，因而身分認同常常是困擾海外流亡者的普遍問題。很難想像還有哪個國家能像印度這樣，有如此的胸懷和包容度。

　　有人說印度政府這樣做的目的是為了抗衡中國政府，這種說法不無道理，但並非全然如此。是的，當初對中國政府抱有幻想，希望與新政權建立友好關係的尼赫魯，曾明確表示不支持西藏，勸達

賴喇嘛遵照1951年被迫簽訂的《中央人民政府和西藏地方政府關於和平解放西藏辦法的協議》（簡稱《十七條協議》）。但「畢竟印度是個自由的國家」（尼赫魯語），一旦達賴喇嘛逃亡到了印度，尼赫魯那印度政治家特有的宗教情懷就代替了實用層面的政治考量。這種情形在印度政府官員中並不鮮見，恰如印度另一位前總理德賽（Morarji Desai, 1896-1995）所比喻的那樣：「印度文化和西藏文化是同一棵菩提樹上的兩條分枝。」這種淵源足以讓印度政府在如此長的歷史階段中，持之以恆地視保護西藏獨特的文化傳統和身分為己任，在國際社會中起重要的表率作用。

正是在這塊充滿宗教氣氛和民主意識的土地上，達賴喇嘛才得以實現自己民主改革的願望和理想。

達賴喇嘛齊頭並進地「展開全面民主化的艱難歷程」。首先是安身立命，即開荒耕種，安營紮寨以立足。二是抓教育——達賴喇嘛流亡的第二年就創辦了兒童學校，55名西藏孩童成為西藏流亡者的第一批學童。同時，延續有藏人的地方就有寺院的宗教傳統，開設僧侶學院，盡可能地配置與之相關的各類課程。三是抓政治改革，設立議會，1960年9月通過第一部憲章，並且建立了非常人性化的稅收制（最早是自願捐，以後發展為稅收制，納入印度法律），納稅人即選民。幹部實行公務員考核制，逐步建立了藝術學校等文化機構和群眾組織。

儘管「這種變化對西藏人而言太過突兀，」但是，西藏流亡社團畢竟是在學習和實踐民主的過程中。而當時的中國，迷信「槍桿子裡面出政權」的掌權者，繼續用槍指揮著一切，迅即地將人們賴以安居樂業的家園變成了「惡土」，在中華大地進行了一系列駭人聽聞的政治迫害運動和荒誕的造反革命，新的「三忠於」、「四無限」的「共產宗教」深深地毒害和摧殘著中國人的心靈。今天看

來，在那個「六億神州盡舜堯」的鬼魅年代，達賴喇嘛能夠離開「惡土」，實乃西藏之大幸。

達賴喇嘛的現代性

　　與民主變革同步進行的，是簡化所有的宗教禮節。早在拉薩時，達賴喇嘛就深知那些繁瑣的宗教禮儀，「把我和西藏人民隔絕得這麼遠。我心中強烈地感覺到我們不該再緊緊抱著老舊的習慣不放，這些已經落伍了」。流亡的現實，讓達賴喇嘛更有一種緊迫感，他說「我不想再讓西藏人對我行那些大禮」，同時「我也規定我接見任何人時，他或她應該坐在和我相同高度的椅子，而不是傳統禮節中的我坐在高位，晉見者坐在較低的位子」。宗教禮節的改革，融入了平等意識，這與民主進程無疑是相輔相成的。在這方面，達賴喇嘛身體力行，讓難以計數的所有見過他的人都深受感動。

達賴喇嘛在西藏流亡政府政教分離儀式上發表講話，2011年8月7日。安琪提供。

在這樣一種祥和的民主氛圍裡，西藏流亡社團於2000年實現民主選舉，產生民選政府總理。經過十年的嘗試與實踐，2011年選舉產生了第一任行政中央部長，與宗教領袖達賴喇嘛脫鉤，全權領導政府事務。達賴喇嘛這樣一個至高無上的尊者，主動「屈尊」「讓」權，以一介普通僧人自居。這一點，中國大陸生活在專制下的人們恐怕是難以置信、更是難以理解的。

　　在推進西藏流亡政府民主轉型的過程中，達賴喇嘛的政治權力也經歷了一個遞減過程。達賴喇嘛曾說：「我和我的噶夏（內閣）在哪裡，政府就在哪裡。」現在噶夏成員不再由達賴喇嘛指派，而是選舉產生。有獨立的選舉委員會，「人民代表投票通過的事項都必須依照決議執行」。達賴喇嘛以前可以指定三人和解散議會的權力，現在也取消了。就是說，達賴喇嘛讓出了所有世俗政治的實權。這裡要指出的是，這一切都是按照達賴喇嘛的主張進行的，在某種程度上說，是達賴喇嘛將民主（而不是專制）「強加」給了他的子民。他的權力的遞減，每一項都是他自己提出來並執意實施的。是達賴喇嘛引領西藏流亡者走上了民主之路。

　　但這並不是說，達賴喇嘛可以隨心所欲地做任何事。達賴喇嘛的反對派──西藏青年大會（藏青會），就是一例。藏青會1970年成立於達然薩拉，是一個擁有三萬餘人，分會遍布世界多國的非政府組織。他們中大多不同意達賴喇嘛的中間道路，被外界視為主張西藏獨立的激進組織。在中國政府的詞彙裡，常把達賴喇嘛和藏青會視為一體。凡是藏青會的主張，都算在達賴喇嘛的頭上，不相信如達賴喇嘛所說的那樣，他「沒有能力完全控制藏青會的行動」。

　　這裡有一個常識問題，在一個民主機制完善的社會，誰都有權利以不同的方式表達自己的訴求。何況，受過現代教育的新一代西藏人，他們有著完全不同於前輩的成長環境和知識結構，有很強的

獨立自由的思想意識。達賴喇嘛只能重申自己中間道路的主張,而沒有理由限制他們表達訴求的權利。

將達賴喇嘛和藏青會混為一談,不承認個人選擇的權利,這不能不說是缺乏民主意識的中國政府對達賴喇嘛及其流亡社團的認知盲點。比較「現代化」的達賴喇嘛,中國政府顯然是「落伍」了。

慈悲與尊重的人格魅力

再看在國際間「隻身行走」的達賴喇嘛,他向世界傳達西藏人民訴求的「傳道之旅」,遠非人們所想像的那樣一帆風順。

達賴喇嘛1972年曾嘗試前往美國,但由於「簽證」問題,直到1979年才得以成行。那次旅行,他一方面感受到美國的自由精神,「認為美國是自由的鬥士」,但同時也發現,「事實上極少美國人知道西藏的命運」。達賴喇嘛當時不無遺憾地說:「現在我進一步瞭解美國,我已經明白,在某些方面,美國的政治制度並沒有遵循它自己的理念」——自由、開放的心靈,敏銳並直接地說出真相,這是達賴喇嘛的一貫作風和魅力,也是他叩開世界各國大門的「金鑰匙」。

可以想見,在中國政府的阻擾下,「行走」於國際間的達賴喇嘛的「簽證問題」,是一個無休止的政治問題。但無論政治風向如何變幻,無論政府首腦的態度如何不同,會見形式隆重或簡單,訪問性質官方或私人,所有這些都不會影響達賴喇嘛的初衷。早在流亡前夕,當他得知一向與西藏友好交往的英美兩國改變了立場,不願對西藏伸出援手,他就清楚地知道,「西藏必須獨力面對整個強大的共產中國」。

無權無國的達賴喇嘛,只能以本色面對一切。達賴喇嘛的本色即慈悲與尊重。事實證明,正是這種具普世性的價值理念及其所展

示的強大道德精神力量，才使得西藏沒有成為無數民族紛爭中被遺忘、被消滅的一員。

達賴喇嘛於1974年擬定爭取實現名副其實的西藏自治的中間道路政策，取代流亡初期尋求西藏獨立的主張；1979年，他積極響應時任中國最高領導人的鄧小平提出的漢藏和談建議，在之後的十多年間，多次派代表與中共進行協商會談，希望取得實質性進展；1987年9月，達賴喇嘛向中國政府提出和平解決西藏問題的五點建議，獲得國際社會的高度評價。1989年6月4日，中國政府調動軍隊鎮壓和平抗議的民主運動，舉世震驚。作為甘地（Mohandas Karamchand Gandhi, 1869-1948）的傳人，堅持和平非暴力理念的達賴喇嘛成為這一年諾貝爾和平獎獲得者。——22年後的今天，深知「制度比達賴喇嘛更重要」的達賴喇嘛，終於引領西藏流亡者實現了民主，完成了政教分離的制度轉型，將一個既有現代意識又保留完好傳統宗教文化的「小西藏」，呈現在世人面前。達賴喇嘛再次感動了世界。

達賴喇嘛的這一步，走了半個多世紀。當他一旦走出了政治權力，那所有東、西方功利主義者的「政治正確」（或「政治不正確」）的政治話語就都被擊破了。

最後的達賴喇嘛

達賴喇嘛認為「宗教人士只念念祈禱文是不夠的。相反地，他們實際上不得不貢獻他們的一切所能來解決世界問題」。

長期以來，達賴喇嘛堅持不懈地呼籲和捍衛人權，關注人性，推進世界和平，實踐他的「宇宙責任」觀。不論是天災還是人禍，哪裡有災難，哪裡就有達賴喇嘛充滿慈悲的道義聲援和關注。在達賴喇嘛的世界裡，不同宗教、信仰之間，不同族群、種族之間都可

以平等對話。上個世紀九〇年代，達賴喇嘛親自促成的海外漢藏對話平臺，不僅建立了一種新型的漢藏關係，而且為中國海外民運注入了新的凝聚力。

作為一位宗教精神領袖，達賴喇嘛與深受愛戴的前教皇聖若望保祿二世（St. Pope John Paul II, 1920-2005）一樣，也是當之無愧的世界上最重要和最受歡迎的政治家之一。多年來，通過廣泛深入地接觸交流，達賴喇嘛成為歐美多國和一些亞洲國家國會的常客。許多國家政要或公眾人物不顧日益升級的來自中國政府的壓力，與他建立了友好關係和友誼，並引以為榮。他所倡導的慈悲與尊重，正在成為21世紀新的價值定位指標。達賴喇嘛——這位西藏命運的守護者，創造了個人對峙一個強大共產極權的神話。

達賴喇嘛的神話，能否引起中國知識分子和民眾的整體覺醒，進而啟發或感召中國新生代當政者呢？斯如此，則幸莫大焉。

2011年12月於巴黎三昧聊齋

＊首發於香港《前哨》。

參考書目

- 《達賴喇嘛自傳——流亡中的自在》，聯經出版社，1990年
- 《達賴喇嘛新傳：人、僧侶，和神秘主義者》〔印〕馬顏克・西哈亞著，聯經出版社，2007年

西藏問題「回歸」本土，
拷問中國良知

　　曾幾何時，西藏問題如此頻繁地在國際媒體曝光，聚焦的不再僅僅是達賴喇嘛，而是包括境內西藏民眾在內的、遍布全球四十多個國家的藏人的抗議和訴求。曾幾何時，西藏問題如此讓中國政府束手無策，除了採用軍隊嚴控——這種最原始落後的整肅手段外，竟至無以應對。曾幾何時，西藏關鍵詞：達賴喇嘛、自由民主、宗教文化等等，像今天這樣，在西藏本土被頻繁地傳誦著。中共傳統意識形態的「愛國主義教育」，恰恰激發了長期以來被壓抑的西藏人民熱愛達賴喇嘛、熱愛西藏宗教文化的熾熱情感，並且以觸目驚心、讓人深為痛惜的自焚方式表達著「不自由，毋寧死」的決心。

「西藏真正的主人」接力達賴喇嘛

　　這種實質性變化，是達賴喇嘛政教分離的直接後果。去年（2011年）8月，達賴喇嘛正式宣布政教分離，新任西藏流亡政府總理洛桑森格宣誓就職。這一制度性轉型，標誌著西藏這一古老民族的劃時代進步。脫離政治權力的達賴喇嘛，不僅解除了西方媒體的「迷津」，讓他們重新找到了自己的定位，而且彰顯出西藏宗教

西藏流亡政府政教分離儀式，2011年8月9日。安琪攝。

文化的核心價值。尊者達賴喇嘛不再是實用主義政治家們藉以炫耀的政治標籤，也不再是在國際間行走的「獨行僧」。在「西藏宗教領袖達賴喇嘛」這一稱謂裡，是第十四達賴喇嘛畢生所秉持的慈悲與尊重的理念，它融入和豐富了傳統以西方價值標準為主的普世價值觀。正是這樣一種價值認同，凝聚了境內外西藏人的精神訴求，並且體現在國際媒體的語言系統裡。第一次讓世人清楚地看到，西藏問題並不是達賴喇嘛的問題，也不能歸結為世俗政治與宗教之間的衝突。西藏問題是整個藏族群體的生存狀態問題，是西藏民族的宗教、文化和語言的傳承問題，也是整個文明社會的文明指標問題。

同時，「超越」政治權力的達賴喇嘛，間接地「解除」了中國政府的政治「武裝」，客觀上揭下了中共一向所指斥的達賴喇嘛將西藏問題「國際化」的假相，讓西藏問題「返璞歸真」，「回歸」到它從來也沒有離開過的本土。我們看到，「回歸」本土的西藏問

題，因其與「國際社會接軌」的現代性，而融入了自由民主的理想訴求。

前不久，上萬名境內藏人前往印度佛教聖地菩提迦耶，聆聽尊者達賴喇嘛傳授「時輪金剛大灌頂」法會。據悉，來自世界各地的逾二十萬信眾參加了這一宗教盛會，其中包括近千名來自境內的漢人。這在有史以來還是第一次。這也是達賴喇嘛脫離政治權力後第一次以單純宗教人士的身分，向境內外藏人和華人傳授法會和演講。尊者以佛教傳承中「時輪金剛」所賦予的「創造和諧生活的一環」來啟示信眾，達到「淨化身心，從而創造內在的和平」之目的。我們注意到，達賴喇嘛的語言不僅超越了宗教和國界，也超越了政治意識形態。尊者指出，包括西藏問題在內的所有世界上人為所致的問題，都是佛法所稱的「皆因無明之故」。期間，達賴喇嘛特別向來自境內的藏人開示演說，高度讚揚他們在中共嚴控的半個多世紀裡，以頑強的勇氣捍衛和保護西藏的宗教與文化，稱他們「是西藏真正的主人。」

塵埃落定。中國政府面臨的挑戰，不只是達賴喇嘛和西藏流亡政府，而是境內在中共長期統治下不屈抗爭、薪火相傳的西藏人民和他們背井離鄉的父老鄉親，以及境內外有知識、有理想、見過世面的西藏新生代。

「政治正確」下的「第三隻手」

據網媒報導，2月下旬，西藏傳統新年之際，中國官方一面舉行各種茶話會，製造一種「和諧」氣氛，一面通過傳媒強調加強維穩，「防範達賴集團破壞，確保藏曆新年安全」，警方並帶走了藏人作家志巴加。這與不久前，中國異議人士被抓被判如出一轍。這一事件傳遞出兩個訊息：其一，中國政府對「維穩」（特別是藏

區）加大了力度，顯示出中國社會的「非穩」因素日益嚴重。其二，中國政府在政治嚴控和懲治異議人士時絕不手軟，不再顧及國際社會的反應。

這真是「無明」至極。是的，冷戰結束後的二十餘年，整個世界都陷入自身的精神困境中，經濟決定論，某種程度上模糊了原有的國際價值規範。但這並不是說，普世精神就被遺忘在某個角落了。西方具普世的價值體系，是建立在人道、人性、自由、民主等基礎之上的價值觀。它不是一個抽象的概念或口號，而是像空氣一樣，滲透在社會生活的方方面面，與人們的日常行為及生活方式息息相關。例如在公共層面，人們完全可以輕視政治家的個人德性，卻絕不會讓價值精神失落在某個政府或某些政治家手裡。

中國作為新崛起的經濟大國，特別是加入世貿組織（World Trade Organization，簡稱WTO）十多年來經濟轉型的新發展，掌控所有國家資源的中國政府，以其「財大氣粗」的經濟「話語權」，試圖消解傳統具普世價值的「話語權」，用經濟合約和金錢擺平一切，出「任意牌」對抗西方的「人權牌」。其結果是社會危機日益嚴重，民怨沸騰，道德價值底線分崩離析，政府只能耗資巨額以「維穩」，卻沒有解決危機，化解民怨的有效辦法。當緬甸軍政權開始向民主問路，並下意識地與中國拉開距離時，中國這個新型的經濟大國，更加突顯出精神層面的貧乏與落後。

今年3月的「兩會」期間，藏區又發生藏族平民自焚事件，其中一名是有著四個孩子的年輕母親。中國政府的反應當然是更加地戒備森嚴，更加地施以嚴控。問題在於，僧人自焚，你可以封鎖寺廟，百姓自焚，你總不能將所有藏區、甚至所有藏民住所都封鎖起來吧？

在這種情勢下，放棄共產政治的中國人，不能不關心西藏和西

藏問題。當這一切都擺上檯面的時候，我們不無尷尬地發現，在西藏同胞經歷痛苦的數十年裡，中國的天空缺少來自中國知識分子群體的聲音。中國民間和政府一樣，都缺少與西藏平等對話的平臺。

無知與偏見「妖魔」達賴喇嘛

從海外華人與西藏流亡者接觸的經驗來看，並不是中國知識分子沒有良知。對許多人來說，藏傳佛教仍然是一個未知領域，深奧難解，而西藏問題本身既複雜又敏感，所以很難對西藏發生的事件作出及時和客觀的反應。其次，一直以來，國內大部分人對於西藏的宗教文化、對於達賴喇嘛所秉持的精神理念所知甚少，基本認知侷限在中國政府製造的輿論氛圍和宣揚「共產黨來了苦變甜」的電影《農奴》的政治說教裡，長此以往，難免出現一種由無知造成的偏見和偏見造成的隔膜。儘管大家對中共一黨專制深惡痛絕，但一牽扯到西藏問題時，一些不明真相者（遺憾的是，由於宗教文化和生活習俗的差異，「不明真相者」在注重實際的中國人中為數甚眾）即使主觀並不情願，客觀上也會不自覺地相信如官方宣傳的那樣，所有發生在藏地的訴求都是「騷亂」，都是海外「達賴喇嘛集團」或「藏獨勢力」煽動的云云。傲慢和缺乏常識，使得一些人對五體投地朝拜寺廟的藏人感到困惑，甚至認為這就是愚昧、落後。自去年3月西藏境內接連發生僧人自焚事件以來，在可見的大陸媒體，罕有反思與同情，多有附和中共宣傳，辱罵甚至「妖魔」達賴喇嘛，從中可以感到文革延續下來的思維定勢和語言暴力。儘管這種聲音遠非主流，但由於「主流」無聲，因此，這「一面之詞」至少在大陸便掩蓋了大部分真相。

筆者認為，導致這種「大不敬」的直接原因，就是由於「大無知」——即「無明」造成的。在21世紀的今天，西藏人為了宗教自

由和尊嚴，竟不得不採用「自焚」這樣一種極端的方式進行抗爭，我們的心靈受到震撼，這是我們置身其中的所謂文明世界的恥辱！假如有人為西藏人權向中共說不；假如有人公開為西藏吶喊；假如大學生走上街頭，打出還西藏自由，要達賴喇嘛重返家園的橫幅，如此等等，情勢肯定會有不同。問題是這些情形在西方國家頻頻發生，但在最應該出現的地方，卻出奇地沉寂，簡直匪夷所思。

「戴著枷鎖」祈禱，無異於精神蹂躪

中國政府經常用一些數字來說明中國對西藏無人可以取代的經濟援助，許多國人對此也感到困惑，認為西藏人「不領情」。

問題是，為什麼中國政府的物資援助從來也沒能真正地得到西藏的民心，而飄零的達賴喇嘛，卻緊緊維繫著西藏人的靈魂呢？道理很簡單，對於一個宗教民族來說，「吃飯哲學」從來不是放在第一位的。與泰國、緬甸等佛教國家一樣，在宗教意識尤為濃厚的西藏人的觀念中，出家為僧是受到尊重的，「家有和尚」在西藏家庭是很平常的。有的人家甚至有四、五個孩子相繼出家為僧。他們只要「一息尚存」，就會虔敬佛事。這與當下重物質輕精神的中國社會大相徑庭。

即使在世俗觀念中，對精神價值的認知也是如此。就像文革期間西方人在中國的「遭遇」一樣。當時國人眼中的外國人，是比中國當權者更「尊貴」的「特權階層」。他們在中國的土地上，享受著中國人連想也不敢想的特殊待遇。但是這些外國人也並不「領情」，因為他們的行動被限制在幾個專為外國人服務的有限區域，如「友誼商店」，外國人居住區，「涉外酒店」和「涉外餐館」等。他們不可以接觸中國人，不可以與中國人交朋友，生活侷限在他們自己的「小圈子」裡。雖然物資生活沒有大的改變，但是他們

的人身自由和權利卻被限制或被剝奪了。

而今，一些新富起來的中國權貴，多了一種「包養意識」，動輒拿錢來說事，對內不惜工本，一意孤行地堅持「紅色意志」。對外則用金錢合約扮演大國角色，貶低和扭曲了中國這個文明古國的形象。為什麼「大把花錢」的中國人在國際社會並沒有得到相應的尊重，這不能不引起國人的深思。

陷入民族問題困境的中國政府，應該深刻反省民族政策。說到底，西藏畢竟不同於中國，西藏有自身的傳統文化和宗教，有自己的語言和生活習俗。中國政府一方面豐富西藏人的物質，一方面卻用嚴苛的行政條規來限制他們的信仰自由，讓他們「戴著枷鎖」祈禱，這對於重精神的西藏民族來說，難道不是精神蹂躪嗎？更何況，西藏人從來也不甘願「被養」。為此，他們從來也沒有停止過反抗。因為在西藏人的精神理念中，「被養」與「被奴役」是同義詞。

亟待建立漢藏對話平臺

達賴喇嘛常說：「改善中國人與西藏人的關係，首要之務是建立互信。」現實提醒我們，解決西藏問題，不能僅僅指望國際社會，也不能僅僅侷限在達賴喇嘛及其西藏流亡政府和中國政府的層面。漢藏民族的溝通和瞭解，中國民眾的普遍覺醒和同情，才是解決西藏問題的關鍵，才是漢藏共同走向民主之路的真正推動力。

以海外漢藏對話為例，1997年10月，流亡藏人在倫敦舉行首次題為「漢藏對話，尋找共同點」研討會，與會漢人多為八九流亡者和幾位關心和研究西藏問題的海外學人。那是第一次近距離接觸西藏人，遠離家園的悲情應該是漢藏聚會得以實現的基本原因。那次對話給與會者留下的印象有三：其一、漢藏之間積怨太深，需要溝

開創性的倫敦漢藏對話研討會。安琪攝於1997年10月11日。

通和瞭解；其二、西藏問題在很大程度上也是共產專制下中國人的共同問題，不同點在於一個是信仰宗教的藏民族，一個是被所謂「紅色信仰」窒息下的漢民族。其三、漢人身上明顯存在那種潛在的居高臨下的大漢族主義立場。

這種情況並不難理解，除了中國「大一統」的文化積澱外，當年的八九流亡者中，大多為追求「共產主義」理想的「前共產黨人」，或是「體制內」民主派，或是要求進步的「積極分子」。他們的思想認同在很大程度上會不自覺地受其自身的侷限。

欣慰的是，對話產生了非常重要的正面意義。正是漢藏流亡者之間的交流與「碰撞」，使對話雙方建立了聯繫和友誼，西藏問題也成為許多大陸流亡者和海外學人所關注的問題。發展到今天，許多海外民運人士和學人學者，以捍衛西藏的宗教文化為己任，通過各種渠道傳播西藏人的訴求，產生了較大影響。年前並有國內學人

試圖衝破禁戒，通過互聯網直接與達賴喇嘛對話，向尊者提問題等等。這似乎可以表明，漢藏隔膜可以消除，人為的鴻溝將不復存在。

這是否也表明，大陸流亡者能與西藏流亡者對話，中國政府也有與達賴喇嘛對話的可能性？坦白地說，當今中國的政府官員，並不比流亡之初的海外民運人士更保守。關鍵在於是否有對話的誠意和自信，是否具備與「現代化」的達賴喇嘛對話的能力。

藏人受難，匹夫有責

如果說八九六四造就了海外漢藏對話的契機，那麼現在可以說，「解除」政治「武裝」的達賴喇嘛，不僅提供了與中國政府的對話契機，也提供了境內漢藏對話與溝通的機遇。

事實啟發我們，中國知識分子有責任也有能力在國內促成包括達賴喇嘛和流亡藏人在內的漢藏對話平臺，讓中國民眾瞭解西藏。作為中國人，我們應該捫心自問：假如我們是西藏人，我們應該怎麼辦？古人言：「己所不欲，無施於人。」誰都沒有理由將我們曾經刻骨銘心的被殖民、被壓迫的痛苦強加在西藏人身上。相信有著不屈反抗歷史的「中國人的脊梁」，應該能夠以鄰邦印度為榜樣，抵禦來自強權的欺凌，支撐起西藏人民追求自由、保護自身宗教文化的重任。

當人們瞭解西藏，當西藏維權與中國民間維權一樣形成一體，成為群體的民眾的聲音時，西藏問題將成為所有中國人的問題，而不僅僅是西藏人和中國政府之間的問題。

同理，中國政府可以用「第三隻手」操縱國際社會，可以不理會西藏人的感受，甚或可以採用某些背棄知識分子良知的「智囊」之「計」，對達賴喇嘛「束之高閣」，不與他發生正面衝突，

但卻不能不顧及中華民族的整體覺醒。不能不考慮正在崛起的「80後」、「90後」以及他們的子孫後代對西藏問題的追究。

　　中國政府如果明智的話，應該清楚，「屏蔽」西藏問題，將西藏問題指為「藏獨」、從而「妖魔化」達賴喇嘛的一貫做法，已經無法繼續下去了。而且，稍具常識，就會看到，達賴喇嘛不是潛威脅，拒絕達賴喇嘛，不讓達賴喇嘛重返家園才是中國最大的憂患。也就是說，讓達賴喇嘛重返家園，不僅能順從民意，和平解決西藏問題，而且可以借助達賴喇嘛的「知性」力量——即民主意識和慈悲與尊重的普世價值觀，重建大陸早已崩潰的價值體系，推進中國的民主進程。反之，假如達賴喇嘛有生之年不能返回西藏，那將是西藏民族永遠的「痛」，是中國政府永世無法解脫的罪責，後果將不堪設想。

　　無論如何，「公開化」、「本土化」的西藏問題，其年輪和滄桑所見證的真相和痛苦，對於中國人、特別是中國知識分子來說，都是對靈魂和良知的敲打和拷問。

　　抓住契機，通過對話和平解決西藏問題，是時候了。

2012年3月於巴黎三昧聊齋

＊首發於香港《前哨》。

第二編
自由篇

朝聖者的里程碑
——記百年華人首席諾貝爾文學獎得主高行健

　　2000年10月12日夜半，我在太平洋一隅的宅邸接到了達文兄的電話，他告訴我一個意料之中的驚喜——今年的諾貝爾文學獎獲得者是我們共同的朋友高行健。之所以喜中有「驚」，蓋因通往諾貝爾文學獎的路太多崎嶇，且不說國際公認的文學大師級之間的競選，單就中國作家之間的競爭就很令人側目。特別對大陸的中國人來說，久久不來的諾貝爾文學獎已經糾纏為一個解不開的「結」，甚至上升為一種民族主義情緒。原本缺氧的中國文人，並不去反省中國文學之品質萎縮的原因，而將自身文學的荒蕪與文人的整體墮落，以一種習以為常的「黨文化」的叫罵方式，歸咎為西方人對中國文化的淺薄與無知。坦白地說，這是近年來在政治專制和市場專制的雙重壓迫下，尷尬的中國文人一再重複的一種不自覺的第三世界心態。這使得人們對今年的諾貝爾文學獎憋足了勁兒，在「非中國人莫屬」的情緒驅使下，大陸有些網站甚至報導中國作家王蒙將成為此屆諾貝爾文學獎得主。瑞典文學院能在「中國強大」的煙霧下，將百年諾貝爾文學獎的桂冠授予旅居法國的中國作家高行健，顯示了諾貝爾文學獎的嚴肅性和公正性，更顯示了與生命息息相關

的文學藝術尊嚴的至高無上。

「中國人應該知道高行健」

頗有意味的是，高行健獲得諾貝爾文學獎，法國人似乎比中國人更加歡欣鼓舞。在獲知此消息的當天，法國總統希拉克（Jacques René Chirac, 1932-2019；臺灣譯名為席哈克）就發表了熱情洋溢的致詞，稱高行健代表了非凡的才華，是法國人的驕傲。法國總理諾斯班（Lionel Jospin；臺灣譯名為喬斯班）也給予高度讚揚。當天的法國各大媒體都以頭版頭條重點報導了這一消息，使之成為一宗家喻戶曉的大喜事。人們奔走相告，無不以此為榮，這與中國方面的冷淡反映形成了鮮明的對照。

諾貝爾文學獎儘管應驗了「非中國人莫屬」的願望，但是得獎者卻不為大陸廣大讀者所熟悉，這不能不說是中國人的遺憾。究其原因，一是高行健是1980年代被中國當局封殺的作家，作品在大陸全面遭禁，國人無從得知其創作成果。其二，高行健在法國是以一個「邊緣人」的角色全身心地投入藝術創作的。誠然，法國是一個自由民主的社會。但是，生活艱辛對每一個人來說都同樣嚴峻，名利場和市場誘惑對任何作家來說更是難以抵禦的考驗。唯有甘願做一個「邊緣人」，才能避開所有的角逐和誘惑，在自由的環境裡真正擁有屬於自己的自由創作空間。

是的，大陸並不乏包括王蒙在內的優秀作家。但是不能想像，一個能夠在現存的政治環境中、在這個「肉體嘲弄精神」的消費時代裡得以生存、發展的中國作家，能夠把握真正意義上的創作自由。倘若不能自由地創作，又何以談得上「具有普遍意義的作品」（瑞典皇家學院語）呢？

其三，高行健的中文作品多在臺灣出版，發行量不大。難怪一

位精深中國古代經典的法國教授在講解中國道學的課堂上，談到高行健和他的小說《靈山》時，在座的一位中國研究生問道：高行健是誰？這位著名教授甚感驚異地說：「中國人應該知道高行健。」

中國人當然應該知道高行健。剛入花甲之年的高行健，他的大半生都是在中國度過的。

高行健出生於1940年，祖籍江蘇泰州。當時父親為國民黨中國銀行高級職員，為躲避日本戰火，一家人常隨父親四處遷移，高行健自幼便開始了自己的「旅程」。

無法入學讀書的高行健，只好從母家學。受過教會教育多才多藝的母親，對西方文學的造詣自然影響到了兒子，高行健也因此讀到安徒生（Hans Christian Andersen, 1805-1875）等西方童話，養成讀書習慣。他八歲開始塗鴉，十歲寫第一篇自作插圖的小說。他還在家裡與母親一起演戲，父親當觀眾。優良無羈的生活環境，使他從一開始就把寫作當成自己的一種生活方式，以求自娛。

1952年，高行健進入南京十中。該校原為金陵大學附中，師資條件很好，有一幢圖書館樓，藏書浩瀚，在這裡，高行健遍讀西方名著，如巴爾札克、托爾斯泰（Leo Tolstoy, 1828-1910）、左拉等。高中畢業後，為不負母望，他放棄了報考中央美院的機會而考入北京外語學院法語系。及至30年後應邀來到法國，已歷盡人間滄桑。

高行健在中國發表第一行鉛字的時候，已經40歲了。文革中他上百萬字的作品都付之一炬。包括十部劇本，一部長篇小說，很多的詩，以及一些美學論文和筆記等，至少有30公斤的手稿。1976年天安門事件中，在被盯梢的惶恐之中，又一次把無處可藏的作品燒了。

特別值得提及的是，自七○年代末到八○年代中，這一時期高行健發表的每一部作品，幾乎都是探索，都是開啟，都是對專制社

會叛逆性的審判。他1981年出版的《現代小說技巧初探》，在沉寂的大陸文學界引起了一場關於「現代主義還是現實主義」的論戰。

高行健文革後寫的八個新劇，從1982年開始由北京人藝著名導演林兆華執導上演了三部：《絕對信號》、《車站》和《野人》，在中國戲劇界獨樹一幟，成為實驗戲劇的「先鋒派」，引起許多事端和爭論，因而在1983年的「清汙」運動中《車站》被禁演。之後，在1986年的「反對資產階級自由化」運動中，他的《彼岸》一劇被迫中止排演。從此，他和他的作品都被拒之中國文化圈外。寫作給他帶來的沒完沒了的危險，使他最終割斷了寫作與塵世生活之間的因緣關係，包括專職作家應有的養家糊口的基本需要。當他得知自己身患絕症時，便毅然告別北京，隻身到中國西南邊陲尋求文化遺存，尋求生命與自然的直接對話。凝聚著生命體驗和哲學智慧，以及文化精華的語言流小說《靈山》就是在這時孕育的。

中國人不僅應該知道高行健，而且有權利知道高行健。

法蘭西的光榮

高行健的主要創作都是來到法國以後寫的，從數量和作品的質量上講，都遠遠超過他在國內的寫作。

為什麼選擇了巴黎？

高行健說：「首先語言上沒問題。另外，我認為巴黎對藝術家來說是世界上最理想的地方，既和平適宜，又有充分的國際性。」這應該是高行健最關鍵性的一次選擇。

高行健到法國伊始，就受到了法國文化藝術界的歡迎和尊重。法國文化部幾乎每年都向他預訂一部戲，並提供所有的演出所需。所謂預訂，只是時間上的限定，沒有任何對內容和形式方面的要求，完全聽憑作家自己作主，全然沒有大陸作家所無法避免的條條

左上：安琪伉儷在高行健（中）獲法國文學騎士勳章授勳儀式上，1993年3月18日。
　　　圖片由高行健提供。
　右：高行健編導的《對話與反詰》一劇，由法蘭西戲劇學院著名表演藝術家龍達
　　　勒（右）主演，成為重新修復的法國大革命遺址──巴黎莫里哀劇場200週年
　　　的開幕演出。安琪攝於1995年10月21日。
左下：安琪拜訪高行健位於巴黎東郊巴諾萊的畫室。林飛攝於1997年3月11日。

框框，這種幸運自然是大陸作家所可望而不可求的。

　　同時，為了表彰和鼓勵作家的貢獻，法國文化部1992年授予高
行健藝術與文學騎士勳章。1995年《靈山》出版後，法國秋季藝術
節隆重推出高行健和他的作品。高行健自編自導的《對話與反詰》
一劇，由法蘭西戲劇學院著名表演藝術家龍達勒（Michel Lonsdale,
1931-2020；臺灣譯名為麥可‧朗斯代爾）主演，成為重新修復的

法國大革命遺址——巴黎莫里哀劇場的開幕式。法國最大的連鎖書店 FNAC 在巴黎、馬賽、里昂等八個城市以及外省的十多個書店舉行了《靈山》討論會和作家簽名活動。法國各新聞媒體均以罕見的篇幅對此進行了報導。法國《世界報》（ *Le Monde* ）評論《靈山》「是一部關於納入大自然的總體循環的生命的偉大的小說。1990年代的中國文學——不如說是被壞死病折磨的中國文學，從此可以指望高行健的創作力與勇氣」。法新社全天播出《靈山》的出版消息及作者專訪，稱《靈山》是「本世紀末中文的一本鉅著」，「既涉及中國的現實，又追述中國的遠古歷史」。法國音樂電臺還破天荒舉辦了長達三小時的「會見高行健」、討論《靈山》音樂語言的專題節目，並同時舉行了高行健喜歡的作曲家現場音樂會。各種形式的高行健作品朗誦會，如《夜遊神》、《周末四重奏》和《逃亡》，以及詩歌等，也在巴黎和外省多個城市舉行。自此，高行健這個名字，代表著一種文化品質，為熱衷藝術的法國文化人所樂道。他的作品，成為每年一度的法國各地藝術節的代表作。

高行健在法國定居十餘年來，一共寫了中文劇本六個，其中三個戲是同時用法文寫的。完成了兩部長篇小說《靈山》和《一個人的聖經》，出版新論文集《沒有主義》、作品集《周末四重奏》、《高行健戲劇六種》等。辦了三十餘場個人畫展，導演了六部戲，他的戲用不同語言和風格製作演出，遍及世界各地，劇作也被譯成英、法、德、義、荷、日、瑞典、匈牙利、波蘭等多種文字出版。其中，《夜遊神》於1995年獲比利時法語共同體戲劇創作獎。2000年的新劇《叩問死亡》是應法國文化部之約而寫的法文版。

作為一名中國作家，高行健在自己的母國與所在國所經歷的兩種截然不同的境遇，實在令人深思。通過高行健，法國這個歷史悠久的藝術王國，再次顯示了其豐厚的人文精神和自由、平等、博愛

的傳統理念，以及無償接納世界優秀文化藝術的博大胸襟。正是在這塊土地上，高行健獲得了自由無羈的創作生命，「重新再活了一次」。

高行健走上諾貝爾文學獎的聖壇，是作家藝術生命的悲壯與永恆的莊嚴宣言，是法蘭西民族值得驕傲的光榮。

叛逆者的挑戰

瑞典皇家學院在授獎辭裡評價高行健的作品，「其中既有痛苦的覺醒，又充滿語言的匠心，為小說藝術和中國戲劇開拓了新的道路」。

這種讚譽，高行健是當之無愧的。

作為一個集小說、劇作、繪畫、詩歌、導演於一身的高產作家，高行健的創作主題概括為：死亡—性—逃避自我。

這一具有永恆性的主題，是古希臘悲劇意識的回歸。高行健認為「社會是無法改變的。人所面臨的基本困境，從古希臘悲劇所提出的那個困境，到今天並沒有多少改變」。

以高行健引起中國當局不滿的劇作《逃亡》為例。該劇直接背景是天安門，但戲本身卻是抽象的，是一種普遍意義上的逃亡。作家用「一種嚴謹的現代戲劇語言，遠離俗套和金錢，遠離明星界和各種招徠觀眾的招術」〔法國《南方日報》（Le Midi Libre）評論〕，深刻地表述了這一主題。

逃避政治迫害，逃避他人，逃避自我，形成了該劇的哲學內核。高行健認定一個人最終逃不掉的仍然是自己。因為「自我」這個惡魔一旦覺醒以後，人便無法逃避。這也是希臘悲劇的美學意識，即人逃不脫命運這一人類生存的永恆困境。據說，一位法國社會黨議員看了高行健的《逃亡》一劇後，提出了對自身政治生命價

值的質疑。

關於性，在高行健各種樣式的文藝創作中，大多以壓抑，需求爆發，以及接近於病態的、扭曲的性行為，表現性亢奮和性陽痿之間的無奈，表現肉體對精神的反叛，表現人的潛意識中的性混亂等等，不一而足。高行健認為，文學關注到個人的時候，就不可避免地要注意到內心世界，而表達內心世界最深沉的東西，性就是一個最集中的體現。

有一次，高行健的《生死界》在義大利某天主教堂舉行首場演出。觀眾席上，有社會政要、藝術家，也有主教。當舞臺上出現女主角伴著巴赫（Johann Sebastian Bach, 1685-1750）的音樂在聚光燈下一絲不掛地從容剖腹的場面時，強大的衝擊波使觀眾都站了起來，人們一下子屏住了呼吸，全場鴉雀無聲，緊接著爆發出年輕人驚歎的呼嘯和掌聲。有記者感到這種場面恐對上帝不敬，問到教堂主教，主教答道：「上帝是尊重藝術的。」

在高行健的戲裡，除了這種肉體對神的嘲弄，還有普遍對政治的嘲弄，不僅對一種極權政治的嘲弄，而且對所有政治炒作的嘲弄，對政客的嘲弄。而這些嘲弄，是通過生與死、性與情的莊嚴話題和不同的藝術形式來表述的。那麼，作者的用意究竟是什麼呢？

「我的作品企圖多義，你很難說它有一個很明確的主題。我盡量不企圖說明它有什麼意義，我的一個追求就是：如是這般。但是這個貼近是很難的。什麼叫『如是這般』，這個『是』，要到什麼程度？你越是貼近，你越發現你做不到那個『是』，因為這個『這般』太豐富了，而且你的藝術或語言的表現手段能否把這種超於自我存在以外的這個『如是這般』表述出來呢？我經常懷疑這種表述手段的無力。所以藝術創作本身就是一個生命和死亡，可能與不可能的撞擊的結果，撞擊就留下了痕跡，你也可以說這就是藝術。」

在這個過程中，自我處在什麼位置？

高行健說：「我對自我持懷疑的態度。自我並不是上帝，如果要用一個自我來代替上帝的話，同樣導致獨裁。因為這個自我同樣包含著惡。惡，也在每個人的心中。因此自我本身也是地獄。也就是說，壓迫不僅僅來自外界，也來自內心。因此我的追求就是要超脫自我。第一要肯定自我，但又要凌駕在自我之上。用我的理論就是第三隻眼睛看自己，用中國傳統的話來說，就叫作觀省。」

突破禁忌、實現語言流

從藝術手法上來說，高行健是以語言的極致躋身於西方藝術領域的中國作家。他所傾心盡力的，是實現「語言流」。

縱觀高行健的藝術創作，他的每一部作品都流露出作家意欲突破一切禁忌的自覺和努力。就創作本身來講，作者的主體意識幾乎貫穿在其所有藝術樣式的創作中。在劇作和小說中，舞臺語言的立體感和空間感比比皆是。作者通常用一個具象的「我」（變換角度時稱「你」）來強調個人存在的意味。在劇作中，作者強調對話和賦予寓意的布景，作為「話外音」來刺激觀眾的想像力，增加舞臺效果。在小說中，對話的樣式照舊，場景變了，不斷變換的場景經過詩一樣的語言描述，給人以一種流動感——語言的流動造就了時間的流動。從中，讀者可以追隨作者的思緒並獲得一種與故事情節並無直接關聯的語言享受。

高行健認為語言是不可以表述意識流的，因為它是那麼的混沌一片。例如，夢一旦被敘述出來，這個夢就經過整理了。你是用哪種語言來敘述的，夢就被哪種語言加以整理了。最後留下的，只是語言，而不是意識流。

從這個基本觀念出發，高行健想追隨一個最貼近內心活動的敘

述，因為它是在語言許可的範圍內進行的，所謂「語言流」，也就是說，這渾然一片的意識活動，一旦體現在語言上，必須是一個線性的敘述，而且要被納入語法結構中去，並加以整理。

法國著名漢學家班巴諾（Jacques Pimpaneau, 1934-2021）很能體悟作家的心跡，他認為高行健「採用一種並非是自己的傳統的表達方式，用來還又不喪失自己的文化。」「他又知道保持距離，既不墮入感傷主義，又不墮入政治言辭。」

將音樂的質感融入巨幅長篇小說，是高行健的一個成功嘗試。在《靈山》裡，很多句子結構，語彙結構和表述方法，都充溢著一種語言的韻律。在這裡，語言超越了小說的情節和結構，創造了一個更為空靈的藝術境界。自小走南闖北，懂得多種方言並精通法語的高行健，似乎比同時代的文人們更瞭解語言的真諦。正如法國影視週刊評論家杜安（Jean-Luc Douin）所說：「這部『東方小說』語言寫得富有音樂性，訴諸現代主義的形式，韻味通達神靈，脫出一切陳規，驅除所有僵死的語言，而又是道道地地的中國小說」。「其野心與才華不禁讓人想起果達（Jean-Luc Godard, 1930-2022；臺灣譯名為高達），他那種狂熱，用詞、資料、圖像、戲劇、騙局、滑稽、失望和超驗構成的抒情雜色。」

高行健坦言自己創作「從來不急於發表，所以對藝術的形式或者語言思考的很多」。對他來說，西方文學的潮流僅僅也只能是一種參照。他強調說：「我特別找自己獨特的東西，很明確的一點是：拒絕模仿，拒絕追隨潮流。」因為「世界本身是無法用一種格式來給它框起來的，藝術要充分豐富地對這個世界進行表述，包括對人的內心進行表述的話，如果你納進一種藝術理論的框框裡去，結果就變成了一個牢籠，約束了自己。當然你可以找到一種形式，但我認為這個形式——我的所有形式也是不斷在變的。不固守一個

東西，總在不斷找新的表現。」

以繪畫為例，高行健在繪畫裡絕然排除語言。因為「繪畫本身是一種視覺藝術。我不僅排除語言，也排除觀念。後現代的所謂觀念藝術，我是絕然反對的」。高行健認為繪畫是無可解說的，他在繪畫時，不聽廣播，不看書，所有有語言文字的東西他都不碰，只聽音樂。這樣「去找尋一種我所謂的繪畫語言和它的表現形式」。他的繪畫材料是完全傳統的，宣紙、筆墨，有時也在畫布上畫，但是他找尋的感覺是很現代的，「同時又跟所謂後現代潮流不一樣」。

高行健繪畫進入角色時，經常處於一種癡狂狀態，有時夜以繼日，不吃也不喝，興致濃時，乾脆脫光了衣服，裸體爬在畫布上揮墨。許多人把高行健定位在現代派畫家之例，看了他的畫，又說他的畫也有中國的傳統和趣味。高行健則認為：「傳統與現代這個題目對一個創作者來講，是不存在的，因為都在他身上。我不去做這種討論。你投入進去做就行了，當然有很多思考，比方說對空間的處理，找尋自己的繪畫語言等等。我自己有意識地放在具象與抽象之間。有人問我：中國趣味是什麼？我特別反對這個中國趣味，我要遠遠離開它。因為我就是我，如果你認為在我身上看到一種中國文化的話，那只能是我的中國文化，是很個性化的中國文化，而且中國文化與否並不重要，首先你是人，你充分表現的是你自己，這對藝術創作是最重要的。」

法國文化部造型藝術評委會主任、著名藝術評論家亨利・斯勒委斯特（Henri Sylvestre）評價高行健的繪畫「吸取了水墨畫的東方精華，用以解答我們這一世紀提出且依然存在的關於藝術形象，諸如具象與抽象、空間、光線等問題，堪稱成功的範例」。觀看高行健的畫，你一下子捕捉到的，仍然是富有詩意的畫面語言，光的透

視所形成的空間感和距離感;仍然是介於具象與抽象之間的意念的閃現,「有如紙是瞬間的真實,這一瞬間既是看,又是所見,既是凝視,又是被凝視,也就是說全然不同於一種導演安排」。

勇敢的孤行者

作為高行健的摯友,我是1989年旅居巴黎後與他相識的。比我較早一年到法國的高行健給我的印象是一個思路開闊敏捷,健談而具幽默感的人。共同的志趣和流亡命運,以及不為任何政治力量所左右的獨立個性,使我們成為患難之交。多年來,我一直關注著他的創作,除了個人間的很多訪談討論外,曾多次應邀觀摩他的劇作首場演出和畫展,參加法國文化部為他頒發文學騎士勳章授獎儀式和專場藝術討論會等等。在這個過程中,我深刻體驗了高行健對藝術創作朝聖般的虔誠,以及他為此所付出的艱辛和努力。對他來說,寫作永遠是一種奢侈。一個簡單的事實是:他不給報社雜誌寫稿,不寫暢銷書,不與人簽合約,又不寫電影劇本,幾乎賺錢的寫作他都不搞。一部《靈山》,他寫了七年,臺灣出版中文版後,到手的稿費只有八千法郎——如果為了吃飯,這種寫作顯然是不可能進行的。

今天,在高行健獲得諾貝爾文學獎之時,在國際媒體驟然亮起的聚光燈下,高行健正在被某些輿論「整形」,包括對他的政治化圖解和對他個人生活不經意地修飾、美化。那個朋友們所熟悉的孤獨、焦慮,生活極為儉樸,抽廉價捲煙,為尋找便宜住房曾四處奔波、向朋友借住的具體的活生生的人似乎正在隱去,變成了一個抽象的、無生活之慮的藝術聖人——這的確是一個天大的誤會。殊不知,忽略了生活中具體的高行健,就等於忽略了他創作的靈魂,對他個人存在的意味就不完整。因為生命和生存所蘊含的內容是極其

複雜豐富的，對極權專制的挑戰，只不過是所有挑戰中較易辨認的一種而已。一個真正獨立的作家，他所面對的挑戰是全方位的，他必須具備「個人反抗各種壓迫的能力」，其中自然包括對生活壓迫的反抗。他的作品，就是「個人面對壓迫的辯護書」〔法國《解放報》（Libération）評論〕。這樣一種心歷路程，恐怕是大陸那些被「養」的作家群所難以體味的。

高行健的家座落在巴黎東郊巴諾萊（Bagnolet，另譯巴尼奧萊）高地上的白色高層建築群中。這一帶移民較多，據說是法國共產黨的領地。與巴黎傳統而富有特色的樓房相比，這裡的高樓略顯貧寒。高行健所居住的那座30層樓房，在山坡的最高處。房間設施簡單樸素，平常用作畫室的客廳四壁都是主人的畫和戲劇演出的藝術招貼，地上鋪著塑膠，他「經常爬在地上作畫」，並以此來維持生計。

高行健獲獎，使這棟居民樓一夜成名。媒體記者和各界人士絡繹不絕，《費加羅報》（Le Figaro，另譯《費加洛報》）以「巴諾萊的不屈服者」形容高行健是一個「在人的存在的悲劇面前永不屈服的人」，稱他的長篇小說《一個人的聖經》是他的人格所道出的「生命的信息」。

我相信，高行健這位孤行的朝聖者，正在以他慣有的姿態穿過鮮花簇擁的喧囂，試圖迎接下一個更新更艱鉅的挑戰——再次超越自我、超越他親手為我們樹立的里程碑。

2000年10月於南洋島國

＊《前哨》首發。載入安琪文集《中國民族站起來了？——政治轉型期的民族主義溯源》，夏菲爾出版社2002年出版。

章詒和的力量

　　「生女當為章詒和」──這是2004年5月31日著名雜文家牧惠逝世前一週在巴黎與我談及章詒和時的「口頭禪」，語氣中充滿深情贊佩與欣慰。據說這是北京「圈內」的流行語。在巴黎，章詒和及她的作品也是朋友間爭相傳閱和談論的話題。少有時間閱讀中國當代文學作品的高行健，很快就讀完了我送他的《往事並不如煙》的網路書稿。他對我和友人說：「這是我近年來讀到的最好的中國作家的作品。」

　　應該說，章詒和這個名字，是伴隨著她的文字為人心儀、令人肅然起敬的。

　　她的家史，她的牢獄之災，她的個性，她的才華與敏銳，特別是她那冷峻而飽蘸激情的筆觸所表達的對個體生命的關懷，濃縮著閱盡滄桑的透澈與感悟。

　　從《往事並不如煙》（人民文學出版社2004年1月出版），到網上傳閱的《一陣風，留下了千古絕唱》，以及新書《伶人往事》（湖南文藝出版社2006年10月），可以說，她筆下的每一個人物，都是一部歷史的展現，這些人物以各自不同的角色悲劇深刻而細膩地勾勒出了他們所共處的鬼魅時代的荒誕與不幸。閱讀章詒和，就

像是進入一場彌撒，在那些觸目驚心的字詞之間，有眼淚，有懺悔，有思索，更有神聖的鐘聲從心靈深處迴響。閱讀的過程，也是一個洗禮的過程。這種情形正如高行健所說：「文學並不旨在顛覆，而貴在發現和揭示鮮為人知或知之不多，或以為知道而其實不甚了了的這人世的真相。真實恐怕是文學顛撲不破的最基本的品格。」「而文學觸及到真實的時候，從人的內心到事件的過程都能揭示無遺，這便是文學擁有的力量。」（高行健：〈文學的理由〉。下同）

「是文學讓人還保持人的意識」

花甲之年開始寫作的章詒和，一開始就將自己的餘生與「用筆發言」結成了「生死戀」。她說：「我拿起筆，也是在為自己尋找繼續生存的理由和力量，拯救我即將枯萎的心。」（《往事並不如煙》自序。）這樣一種寫作理由，唯一的，也是全部的支撐點自然是真實寫作。對此，「經歷了天堂、地獄、人間三部曲」的章詒和是有心理準備的。她說：「許多人受到傷害和驚嚇，毀掉了所有屬於私人的文字紀錄，隨之也抹去了對往事的真切記憶。於是，歷史不但變得模糊不清，而且以不可思議的速度被改寫。這樣的『記憶』就像手握沙子一樣，很快從指縫裡流掉。從前的人什麼都相信，相信……後來突然又什麼都不信了。何以如此？其中恐怕就有我們長期迴避真實、拒絕真實的問題。」（同上）

我們看到，章詒和面對的真實，既是歷史的，也是現實的。對於「往事」的敘述，章詒和筆下的所有人物都是具有獨立人格和鮮明個性的「這一個」。他們在人為的悲劇社會的大背景中掙扎、求索。命運的跌宕起伏，伴隨著人的卑微和迷茫，事業的輝煌與失落。讓人掩卷慨嘆的，是個體生命的痛苦與無奈。是生命的追求與

被踐踏的人生。這樣一件件人物卷宗，正是我們所親歷時代的社會生活場景——這是一幅怎樣的煉獄之旅啊？！

「是文學讓人還保持人的意識」。可以說，章詒和的寫作，也是生命的寫作。她以人為本，敘述中充滿對生命的敬畏，以及對人的權利和尊嚴的捍衛。她的文筆深邃優雅，犀利洞察，筆之所觸，有情有義，情義並重，悲傷中不盡悲傷，憤慨中不盡憤慨。這樣一種樸素深沉的真實寫作，呈現給世人的，是浩氣長存的生命篇章。在飽受共產文化浸淫的中國社會，在「去聖已遠，寶變為石」（章詒和《伶人往事》自序）的消費年代，章詒和的寫作，簡直是一個奇蹟！她出手不凡，一本書，幾個人物，就把長達半個多世紀的「講話精神」解構了。不僅如此，這樣一種「對個體生命的確認」的真實性寫作，讓我們見證了「文學之為文學而不可動搖的理由」。「在這裡，真實不僅僅是文學的價值判斷，也同時具有倫理的涵義。作家並不承擔道德教化的使命，既將大千世界各色人等悉盡展示，同時也將自我袒裎無遺，連人內心的隱祕也如是呈現，真實之於文學，對作家來說，幾乎等同於倫理，而且是文學至高無上的倫理。」

在這裡，章詒和的寫作，宛如一股穿越時空的清泉，給業已荒蕪的中國當代文學注入了生機。她用「換代之際的人物」（指國民黨政府與共產黨政府的不同統治期），在現代文學與當代文學之間的溝壑上，架起了一座橋梁。那斷裂的殘垣斷壁處，盡是荒唐言和辛酸淚。從中我們依稀可見中國人的脊梁——一個遭強權百般蹂躪、踐踏的不屈的人的脊梁！！！

前不久，我在給國內一位受人尊敬的詩人的信中寫道：

節日期間，除了忙活，我讀的就是章詒和的《伶人往事》，她寫得真好，道理說得非常透澈，常常讓人從心裡喝采，也為主人公流淚。她筆下的伶人，是中國藝術的靈魂，也是受盡凌辱的悲劇人物。多虧有個章詒和，才讓這些人的靈魂得以復活，讓這些人和事，讓他們的命運來鞭打製造噩運者，警醒已然麻木的人們。

感謝章詒和，她一個人的力量，頂得上一個軍隊⋯⋯

果然，章詒和的力量引起了當局的驚惶。

被禁者的光榮

據報導，最近國家新聞出版總署以「吹風會」的方式下令禁止發行八本文史書，其中第三個被點名的就是章詒和的新書《伶人往事》。

其實，縱觀共產黨執政的歷史，就是一個「禁」的歷史。大到禁止言論自由，小到禁止民間娛樂，甚至老百姓的穿著打扮，在某個特定時期也是有嚴格規定的。至於有關出版物的禁令，則是頻頻迭出，從未間斷。久而久之，人們已經習慣了在共產專制下的「禁區」中玩「捉迷藏」遊戲。遠的不說，五○年代出生的朋友，大都有在文革中，打著「批判大毒草」的旗號讀禁書的體驗，其效率和記憶力是閱讀非禁書所難以相比的，以至形成了「禁」的魅力和閱讀動力。人們以讀「禁書」為快，以被列入「禁書」的名單為指南，在精神嚴控時期，以及在文化垃圾氾濫的當下，這成了許多讀者的一條約定俗成的擇書「捷徑」。可見，「禁品」必是「精品」，同樣是半個多世紀以來共產黨意識形態「禁區」的衍生物。一種常見的現象是，「禁書」的盜版與再版的數字，往往要超過正

常出版物的數倍。

　　既然「生活在禁區」已是一種常態，那麼三本書，三次遭禁的章詒和，為什麼偏偏這一次就「很在乎」呢？

　　問題在於，大凡被禁者，均如章詒和一樣，完全被悶在鼓裡，「不懂禁書的規則和程序」，不知向誰求訴。而這一次，據章詒和陳述，新聞出版署副署長「鄔先生對出版此書的湖南文藝出版社說（大意）：『這個人已經反覆打過招呼，她的書不能出，……你們還真敢出……對這本書是因人廢書。』」這才讓章詒和明白：他們針對的不是書，是人。對此，章詒和直接地公開表態聲明說：「鄔先生沒有對《伶人往事》做出任何評價，卻對我本人的個人權利進行了直接的侵害。我們的憲法有明文規定：『中華人民共和國公民有言論、出版、集會、結社、遊行、示威的自由。』他的『因人廢書』，直指我本人，直接剝奪我的出版權，而這是一個公民的基本權利。」（章詒和：〈我的聲明和態度〉2007年1月19日。）

　　幾句話，清楚明白，很硬氣，也很有骨氣，與章詒和的為文一樣，透著尊嚴和良知。對她來說，無論如何，作為公民的基本權利絕不容侵犯。這裡，個體對抗專制的勇氣令人肅然！

　　那位能說出「因人廢書」的鄔先生，出言不遜，比起他那些「左前輩」來，可謂小巫見大巫，不提也罷。問題在於，儘管鄔書林的話語中，明顯有「例行公事」外的「主動發揮」，但這個聲音能夠出現在所謂「和諧」社會的「流行音樂」中，絕非偶然。就像湖南文藝出版社1986年出版柏楊的《醜陋的中國人》一書受到批判一樣，20年後的今天，還是這個出版社又因出版章詒和的《伶人往事》而遭受懲處。而這20年，是所謂改革開放的20年，當政者既要搞「三講」、「與時俱進」，又要構建「和諧社會」。但是我們看到，號角吹得再響，仍然是「左調門」偏高。既然堅持「黨的四項

基本原則」，那麼執行者必然「寧左勿右」──這是共產黨意識形態統治不變的定律。在這種情況下，從前沒有，現在沒有，將來如果不從制度上來一個根本性的改變，也絕無可能如章詒和所想，「給草民騰出一點兒空間：給他們留下一張嘴，叫他們說說；給他們留下一隻筆，讓他們寫寫。」

右派光榮，永不言悔

讓人們有「說說寫寫」的空間，這個要求本身並不高，是任何一個民主社會所自然具備的條件。但在中國這樣一個極權專政下，以及附庸於這個專政機器的千千萬萬個鄔書林那樣的「螺絲刀」的鉗制下，說與寫都是要付出巨大代價的。從「延安整風」運動迄今的六十多年裡，各種數不清的罪名冤獄哪一個不是與「說說寫寫」有關？胡耀邦平反冤假錯案，不就是一種他個人（而非他所在的那個黨和政府）面對那些掉入其政黨所設「引蛇出洞」陷阱裡的森森白骨的「良心發現」嗎？除了章詒和父輩們的一樁樁「往事」外，林昭、張志新、遇羅克……這一個個鮮活的生命，哪一個不是因「說說寫寫」而被剝奪了生的權利！章詒和自己不也是因為在1964年4月4日的日記中講江青出任中宣部的一個處級領導，這是「一人得道，雞犬升天」──八個字，換來了十年徒刑嗎？（據法國國際廣播電臺「人物特寫」2007年1月25日。）還有那些因言獲罪的新老囚徒；還有那些不斷受到騷擾和威脅的說者與寫者……

況且，「永遠正確」的中國共產黨，所謂平反「冤假錯案」，也是黨內鬥爭和轉移社會危機的需要，遠非真正的「悔過」之舉。以右派來說，半個世紀過去了，右派仍然是右派，只不過在右派前面加了定語，如：「平反右派」、「摘帽右派」、「問題右派」等等，等等。這就是說，一日右派，即永遠的右派，絕無出頭之日！

這對那些八九六四以來私心期待平反的人來說，是值得深思的。平反到底意味著什麼？經驗告訴我們，除了證明當政者的合法性權威以及被平反者的歸順外，於社會的民主進步毫不相干。

這樣的「輪迴」可以休矣！

遭遇過劫難的章詒和是明白的。幾年前，在她的第一本書出版並遭遇坎坷期間，她在北京西郊福田公墓買了塊墓地，將書名「往事並不如煙」作為自己的墓誌銘，可見其志。這一次被「因人廢書」後，她說：「祝英台能以生命維護她的愛情，我就能以生命維護我的文字。」這裡表達的是對自由言說的忠貞不渝，是個人權利的宣言！含義深長，擲地有聲！其中沒有絲毫的期待或奢望，只有以赴死的決心堅守寫作權利的決絕！

在此，我們要向包括章詒和在內的那些「永遠的右派」致敬，並引以為榮。這裡顯示出他們自始自終的人格獨立和堅守。即使被「平反」了，也從未「融合」，從未低頭，從未同流合汙。如果讓我們列個右派排行榜，同時也列個左派排行榜，相信每一位有良知的中國人，都會將右派排行榜看作光榮榜，左派排行榜當作恥辱柱的。

章詒和在《伶人往事》自序中這樣說道：「藝人，是奇特的一群，在創造燦爛的同時，也陷入卑賤。他們的種種表情和眼神都是與時代遭遇的直接反應。⋯⋯伶人身懷絕技，頭頂星辰，去踐履粉墨一生的意義和使命。春夏秋冬，周而復始。僅此一點，就令人動容。⋯⋯正因為奇特，他們也就有可能成為審視20世紀中國式人生的一個觀察點。」

大概也正是從這個意義上說，用「說說寫寫」來把握人生觀察點的「作家也是打不倒的⋯⋯一個作家如果能在人類已如此豐盛的文學庫存裡留得下一本日後還可讀的書，該是莫大的慰藉」。

對讀者來說，能讀到一本觸動心靈的書，又何嘗不是一種精神慰藉呢？

「往事並不如煙」，是章詒和的墓誌銘。是勿忘歷史的座右銘。

2007年1月30日於巴黎三味聊齋

＊香港《前哨》首發。

參考資料

- 高行健：〈文學的理由〉（高行健獲諾貝爾文學獎時在瑞典皇家科學院的演講。2000年10月7日）
- 章詒和：《往事並不如煙》（人民文學出版社2004年1月）
- 章詒和：《伶人往事》（湖南文藝出版社2006年10月）
- 章詒和：〈我的聲明和態度〉（2007年1月19日）

無極的世界
——用繪畫闡釋存在的自由與「無法澄清的生命」

　　現代派抽象繪畫藝術大師趙無極（Zao Wou-Ki, 1920-2013），是20世紀第一位躍居西方現代派藝術主流的法籍華裔繪畫大師，也是藝術生涯最長、最完整的來自中國大陸本土的藝術家。時間跨度從國民政府時期到21世紀——期間避開了共產黨執政期最黑暗的年代。

　　何以強調這一點？因為這個「時間差」，對於趙無極這一「個體」來說，非常重要。是生與死，存在與否的關鍵所在。現代派藝術，源於西方19世紀末的現代主義文藝思潮，旨在突顯人的自由與解放。「五四」時期的中國文人，或多或少都受到這一思潮的影響。三〇年代含有「租界文化」元素的上海都市文化現象，通過對個性的張揚，肯定自我的存在，被視為中國文人試圖衝破傳統束縛、嚮往自由的一種現代性追求。

　　然而，這一具有普世價值的現代性，自1949年以來的數十年間，被執政中國共產黨視為「異端」，遭到嚴厲批判和排斥。「政治掛帥」、「階級性」排除現代性，現代派所涉及的任何領域，都是禁忌。凡與「舊時」沾邊的一切，都被視為封資修而被整肅。

「適時」離開的趙無極，得以「避難」。而他的父親、家人卻深陷困境，難逃一劫。瞭解了這一點，才能更好地理解，趙無極這個倖免於被「共產思想」毒化和汙染的「中華民國人」，之於中國乃至中國人的意義；才能略知趙氏獨有的「無極的藝術」之於世界的價值與啟示。而這些，遠不是他的畫作之「天價」所能概括的。

上：趙無極與他剛完成的新
　　畫。1997年3月12日安
　　琪攝於趙無極畫室。
下：安琪拜訪趙無極。
　　1997年3月12日林飛攝
　　於趙無極畫室。

趙無極生時不做西方人眼中的「中國畫家」，死時安葬於距他的畫室「一箭之遙」的蒙巴拉斯公墓（Cimetière du Montparnasse，另譯蒙帕納斯公墓）。懷有「強國夢」，卻罕與中國人來往。躋身於法國主流藝術圈，卻「咬斷舌頭」埋頭畫畫，執意不受任何流派所限。父親在文革中被迫害致死，他的「盡孝之道」則是回國講學，為了父親那「無法澄清的生命」〔無極的摯友、詩人勒內・夏爾（René Char, 1907-1988）〕。他的藝術成就於法國，卻被大陸媒體視為「國寶」，成為「引進國門」的「先世界、再中國」的外籍藝術大師。

這一切，構成了趙無極具悲喜劇色彩的傳奇人生。個中傳達著中國人的百年滄桑與榮辱，傳達著趙無極這一個體生命及其藝術的存在之祕。而趙無極在身後「被回歸」——這一來自「大中國」的「殊榮」及各種報導，則暴露出對趙無極的「關注錯位」，顯示出深刻的文化衝突——不單是一般意義上文化認知層面的衝突，而是包含人文的和教養的心理衝突。反映出經歷政治、經濟雙重壓迫的中國社會形態下，人的情感道德的失落和價值精神的整體匱乏。

聲名顯赫卻心懷隱痛

趙無極於上個世紀中期，懷著對自由藝術的渴求前往法國，並很快找到了自己的藝術之路。六十餘年間，他的繪畫藝術日臻發展變化，不斷超越繪畫語言和各種規範。他用心靈揮灑的「無聲的交響」（高行健語），拓寬了現代派繪畫的藝術境界，並賦予其多種可能性和啟示。他的個人畫展多達近兩百次，遍及世界各地，為許多國家藝術博物館所收藏。這些成就，為他贏得了法國藝術家最高榮譽，並於2012年成為法蘭西藝術學院終身院士。

就是這樣一位世界級藝術大師，卻出乎意料地謙和平易。沒有

那種「天才藝術家」逼人的「氣場」，也沒有那種「意外」獲獎的「異鄉人」常見的「邊緣」恐懼症造成的若驚若寵，驚寵之態總是讓人感到忐忑不安，心生憐憫。無極不同。他是那種知敬畏，有底蘊、有非凡創造力的真正藝術家。

我與趙無極相識，是在1997年3月12日。作為慕名拜訪者，我知道大師惜時如金，不敢冒然。經吾友高行健引薦，頭天電話，第二天下午就得以晤面了。

趙無極的住宅坐落在巴黎蒙巴拉斯區的一條小街上，是一棟由倉庫改建的畫室兼居所。叩開簡樸得令人疑惑的小門，裡面卻「曲徑通幽」。隨主人乘專用電梯到樓上畫室，立刻被重疊而立的巨幅油畫和地板上一幅未乾畫作的藝術氣韻所籠罩。初春的陽光透過巨大的玻璃活動「天花板」，將作品的精微展示得一覽無餘。

大師告訴我，他畫畫不用燈光，全靠玻璃天窗採光。光線自然，能夠準確傳遞畫家所要色彩的細微精妙之處。活動「天窗」的另一個功用，是吊車通過這裡將大幅畫作拿出去裝運。

我面前這位頗具盛名的藝術大師，目光深邃而溫和。他話語不多，從容安祥，舉止中透著儒雅閒靜的大家風範。宛如一位涵養深厚的鄰家老人，見到他就會讓人敬意油然。

大師將罐裝可樂斟在杯中遞給客人，自己打開易拉罐直接喝，一邊任由攝影家林飛「導演」鏡頭。

得知我有一個正在讀中學的兒子，他關心的第一個問題就是學校。他說：「做外交官，對孩子的讀書會受影響」。（指我隨夫外派述職——筆者注。）沒想到大師如此細緻體貼，讓我這個離異再婚的「準單親」深為感動。

無極拿出事先準備好的畫冊，和他與妻子弗蘭索瓦・馬凱（Françoise Marquet）合著的法文版傳記*Autoportrait*（《趙無極自畫

像》）題名贈我。還寫下他在巴黎南部百公里處的古堡別墅的詳細地址，邀請我抽空去玩，說他5月份以後會去那兒畫畫。那是一座15世紀和17世紀建築相連的古堡，1991年劃為法國文物保護。古堡雄渾古樸，靜寂深遠。熟識無極的朋友都知道，那是無極的和平之地。在那裡，他用色彩和線條穿越歷史的隧道和星空，任精神自由馳騁。逢聖誕節，他也時常在別墅招待親友。當他逝世的消息第一時間在法國各大媒體報導後，附近小鎮那位經常受到無極惠顧的酒店老闆，怎麼都想像不到，這個不苟言笑，親自為親友查看房間，在客房裡放上鮮花和巧克力的畫家，竟然如此聞名。

遺憾的是，一面之緣，竟成永遠。之後的歲月裡，我隨夫漂泊，但不論到哪裡，都帶著大師的贈書和畫冊，閒來品閱，總有心得。雖難以相見，但心有所系和祝福。今大師離世，聆聽當年錄音，聲容依然。期間（2000年）我也經歷了母親病危而被拒國門之外，不得相見的情殤，更加體會大師的喪父之痛。

感念大師的一生，是敬愛的父親支持他走上自由之路，成就藝術之輝煌。而父親自身則死得莫名，讓無極情何以堪？！無極重情重義，他經常以摯友的名字題畫致敬，表達內心深厚的情意。他三段婚姻中的三個女人，都在他的繪畫中留下了記憶。旅居美國的弟弟無違病逝，他也是用繪畫抒發自己的情思。但就是沒有看到他專為父親題名的繪畫。「大痛中沒有歌」〔無極的知音、詩人，抽象派畫家亨利・米修（Henri Michaux, 1899-1984）〕，我想，無極的喪父之痛是無法用某一幅畫作所能表達的。他的一生都在通過繪畫與父親對話，向父親表述那無法比擬的父子情深。他在畫室中冥想，他在冥想中繪畫。他冥想了一輩子。

我更願意相信，父親就在他的冥想之中。他們父子相互陪伴了一生。父親是他的冥想之靈。

無極的「似水年華」

趙無極的似水年華，有歡樂，有親情，也有國弱民窮的深刻記憶。他生命的三個板塊，是親情、藝術和友情。這三個板塊重疊、交叉、互補，伴隨著歡樂與情殤，構成了他的跌宕人生。

趙無極，1920年2月1日生於北京一個傳統書香世家。在他六個月時，母親———一個遵循「女子無才便是德」的傳統倫理長成的舊時女子，效法「孟母三遷」，將家從北京搬到上海附近的南通，因為那裡「有良好的教育環境」（見《自畫像》，下同）。

二十多年後，當趙無極決定到巴黎發展時，他一下子就選定了巴黎第14區藝術家聚集之地蒙巴拉斯，作為永久居住地。不論是初時棲身旅館，還是租房，到建立自己的畫室、住宅，他都沒有離開這個有靈氣的藝術之地。這不能不說是「孟母三遷」的新版。也正是在那裡，趙無極廣交益友，建樹了自己卓越的藝術人生。多年後，他的妻子弗蘭索瓦好奇地問他，為什麼一到巴黎，就能結識到那些炙手可熱、對西方現代繪畫產生影響的當代藝術家和畫商？無極笑答：不知道。由是，妻子感嘆人生那不可測的神祕緣分，一如她和無極的姻緣。

趙無極的祖父是清末秀才，對長孫寵愛有加。無極的名字就是他取的，含原始終極和永恆存在的無限，有無邊無際，沒有窮盡之意。幼小的無極，剛能握筆，便每天在祖父督導下習寫書法，用心去體會祖父所教誨的這門「最能傳達感情的藝術」。父親趙漢生是銀行家，也是一位頗有造詣的繪畫愛好者和收藏者。看到無極自小顯露的繪畫天賦，父親經常給予毫無保留的讚賞和鼓勵。在這樣的家庭環境中，無極的才學和個性得到自由發展。他14歲時，父親不顧子承父業的傳統，支持他進入杭州藝專（浙江美院前身、現為

中國美院）學習。開學那天，父親放下工作，親自送無極到杭州入學。

當時，全家已從南通搬遷到上海。那是一幢有大陽臺、自來水、設備現代的三層樓房，還有一個頗具江南園林韻味的大花園。這一景致幾乎構成了無極一生的生活布景。即使到了巴黎，他也在自己的住地開闢一塊小花園，栽幾株翠竹，挖一灣湖井。潺潺水聲，穿過畫室，穿過他的冥想之思，連接著他那遙遙濃厚的鄉情和親情。

在杭州藝專，最令他開心的是放暑假。每次放假回家，他一待就是一個多月，大部分時間都在塗塗畫畫。父親工作之餘，經常陪伴一旁，滿心歡喜地看他塗抹。這是無極一生中最溫馨的回憶。在父親逝去的四十多年裡，這一幕一次一次地平復著他的傷痛。

「你是什麼時候開始接觸西方繪畫並受到影響的？為什麼執意要離開中國呢？」我問。

趙無極說：「四〇年代我在中國的時候看不到什麼東西。（指油畫真跡——筆者注。）但是有很多美國雜誌，如《生活》（Life）、《時尚》（Vogue）等。每期都有一幅現代畫插頁，如塞尚（Paul Cézanne, 1839-1906）、馬蒂斯（Henri Matisse, 1869-1954；臺灣譯名為馬諦斯）和畢加索（Pablo Picasso, 1881-1973）。我把它們剪下來，貼在那裡當寶貝一樣。上海法租界有一個書店，有法文版的藝術雜誌，配有圖片，我常去看，就這樣受了很多西方畫的影響。那時教我們水墨畫的是潘天壽，我覺得中國畫從15世紀以來就是臨摹和照抄，沒有自己的東西，整天描那個玩意兒，悶死了。林風眠先生留過學，比較開放一點。其他都是學院派的，所以要畫新的東西也不容易。」

對許多中國畫家來說，潘天壽（1897-1971）是一個如雷貫耳的

名字。但在不諳世故的少年無極眼中,則只有藝術,沒有其他。他不想做一個臨摹的畫匠,而想當一個真正的藝術家。如無極所見,從某種意義上說,潘天壽是中國最後一位恪守傳統的國畫大師。

六年的藝專學習,無極在傳統必修課之外,選擇了油畫。20歲時藝專畢業,被學校留作講師。回憶那段時光,無極感情複雜地說:「我教的學生都比我年齡大。他們說:趙無極還沒有出過國,畫什麼新派畫?我對自己說,非去『鍍金』不可。那時林風眠先生當校長,他說:『你鍍金兩年回來教書。』我答:『假如我能在法國生活,我就留下來。』」

說到這裡,年近八旬的無極,孩子氣地笑了。那是一個人最珍貴的青春年華,無極沒有虛度,他掌握了自己的命運。

當時的無極,不滿足於教學。他在自己的藝術世界裡,不斷地反問自己:為什麼當我要表達複雜情感時,我的繪畫語言和想像力會如此貧乏?為什麼我會如此陷入中國傳統,只知道臨摹重複?帶著問題,無極潛心研究馬蒂斯、畢加索和義大利表現主義畫家莫迪里阿尼(Amedeo Modigliani, 1884-1920;另譯莫迪利亞尼)。他常常手拿畫筆,長時間地面對畫紙,沉浸在構圖、色彩的想像中:如何像馬蒂斯那樣使用色彩?怎樣布局空間?印象派繪畫的絢麗色彩和朦朧是怎樣形成的等等。他以妹妹無宣為模特兒,畫了許多肖像。儘管感到學校生活單調苦悶,他還是非常勤奮地努力工作著,從不鬆懈。

他迫切感到:「要想隨心所欲地畫畫,只有離開。」

通往自由之路

早在1938年,無極隨藝校遷移至重慶時,結識了法國駐重慶大使館文化參贊瓦迪姆・艾利塞夫(Vadime Elisseeff, 1918-2002)。在

他的鼓勵下，無極萌發了去巴黎的念頭。二戰結束後的1946年，藝專由重慶返回杭州伊始，趙無極便鄭重地向全家宣布：不想繼續當老師了，要去法國深造。父親馬上就同意了。是時，早已返回巴黎的艾利塞夫，親自帶去了趙無極的20幅油畫，並於1946年參加在巴黎塞努奇博物館（Musée Cernuschi）舉辦的「當代中國繪畫」展，成為趙無極走進法國藝術圈的「敲門磚」。

赴法簽證辦了兩年才得到，啟程時已是1948年2月26日。

說來恐怕讓許多人感到驚訝的是，趙無極並不喜歡大海。在他的記憶中，大海是「侵略者之路」。因了被侵略的歷史而懼怕、反感大海，卻毅然沿著恩師林風眠早年遊學的足跡，乘坐那座已然老舊的安德烈・勒奔（André Lebon）號郵輪，經香港、西貢、科倫坡等五地輾轉36天，飄洋過海前往巴黎——這是趙無極經歷的一次人生重要的考驗和冒險。當時他只有一個想法：「或者去巴黎，或者死。」正是這樣一種「不自由，毋寧死」的決心和意志，趙無極抵達了自由的彼岸。

對於帝國主義的侵略，在中國老一輩人身上，有著刻骨記憶。不像1949年以後出生的「後來者」如我等之輩，多是從教科書和官方媒體以及博物館「被灌輸」的愛國主義教育，民族主義情緒化的非理性成分比較高。上世紀末第一次走出國門時，本能地感到中國大陸與外面的世界反差很大。同香港人和臺灣人接觸，感到他們的談吐舉止與大陸人不同。究其原因，是由於他們的生存環境決定的——相對健全的民主機制，保證了公民本應享有的權利和自由，延續和完善了有序的社會文化結構，人際關係相對單純，有道德底線。而中共的專制統治，帶給國人的是很深的恐懼與自卑。甚至一個街道大媽，平日裡看去挺慈善隨和的母親或長輩，只要她戴上糾察字樣的紅袖章，就像是有了某種「權力」，態勢馬上就不一

樣了。文革期間，這些無所不在的「街道衛士」（俗稱「小腳偵緝隊」），運用窺探、告密所掌控的「生殺權」，讓每一個家庭的所有成員，精神都處於高度緊張狀態，惶惶不可終日。文革結束後，「小腳偵緝隊」的標籤改為「馬路糾察」，但整人的習慣卻沒有改，常常毫無緣由地呵斥從她面前走過的路人。我當年在某青年報當編輯時，一次推著自行車穿過步行街上的斑馬線，去對面印刷廠付印報紙，就被「糾察大媽」的「怒斥」嚇了一跳。受驚的我，回過神來，氣憤地告訴她「不許呵斥公民」。見她一臉茫然，仍理直氣壯地繼續「呵斥」行人，我只有苦笑。那是一種怎樣的魔咒，才能讓人變得如此失態。對長期遭受政治壓迫的國人來說，這種「專制文化」實在「猛於虎」。八〇年代以《河殤》為代表的「文化熱」，崇尚「藍色文明」、「全盤西化」，就暗含對「專制文化」的反抗。「出國潮」是那個時代具多重「意義」的社會景觀。

當然，隨著時間的推移和國門的開放，大家也感到了不同中的差異。其中，有人文、文化的，也有被殖民後的變異。多年來，因工作關係，先後到東南亞島國居住數年，這些體驗給了我啟發和思考。不同統治下的民風自然不同，有宗教信仰和沒有信仰的不同，則很明顯。感受深刻的是，被殖民過的國家，國民的民族自尊心非常強烈。例如緬甸這個前英屬殖民地國家（1886-1948），大部分時間卻不受英國直接管轄，而是附屬於同樣英屬殖民地的印度（1886-1937，長達五十餘年），是殖民地的殖民地。這就是為什麼，緬甸人內心深處強烈的排外情緒，至今沒有降溫。這大概也是為什麼，緬甸軍政權統治得以置人民於水深火熱之中長達半個世紀之久。中共執政六十多年、甚至在發生了六四屠殺後，仍能掌控政權並以奇蹟般的經濟增長指數，躍居為世界強國之列。恐怕不能排除中國曾淪為殖民地、半殖民地的屈辱記憶。

當年極為罕見的自費出國生趙無極，不可能沒有那個時代的烙印和民族精神。他要尋找的藝術自由，潛意識中是否也包含文化意義上的「堅船利炮」呢？

　　1948年4月1日，趙無極從馬賽轉乘的火車經過一夜顛簸，抵達了巴黎市中心的里昂車站（Gare de Lyon）。當天下午，他就去盧浮宮看畫。第一次參觀夢寐以求的盧浮宮，無極在義大利文藝復興時期最傑出的天才藝術家達芬奇（Leonardo da Vinci, 1452-1519）的蒙娜麗莎（The Mona Lisa）畫像前，佇立良久。畫家首創的明暗漸進法，在這幅不朽畫作中得到了最完美的展現。色彩柔和，筆觸細膩，光的遞進使畫面產生立體感。達芬奇獨特的藝術語言，讓無極恍悟：「哦，原來油畫還可以這樣畫。」

　　置身名畫薈萃之間，這位年輕的中國學子感到驚喜豁然。走出盧浮宮，內心卻隱約泛起一絲淡淡的失望。為什麼？他當時還說不出個究竟。自此，他每天都參觀博物館。兩年間，他看遍了巴黎以及西班牙、義大利、瑞士、荷蘭、英國等歐洲國家的大小博物館和畫廊，在他的「旅行筆記」中，詳細記述了這一時期的心得體驗和思考。對色彩敏感的他，感到義大利的繪畫色彩，略顯蒼白。他睜大眼睛，用心尋找新的色感。

不做西方人眼中的「中國畫家」

　　趙無極一到巴黎，就立志做一個自由藝術家，而不做西方人眼中的「中國畫家」。這一定位，確定了他的藝術高度，是一種有尊嚴的現代性追求。在無極看來，外國人眼中的「中國玩意兒」（法語：chinoiseries），是一個曖昧的詞語，上至價值連城的古玩珍寶，下到一文不值的廉價工藝品，都包含在內，含有某種程度的輕慢和「非我族類」的距離感。西方人對中國這個遙遠的東方古國，

從早期的崇拜、稀罕，到之後的輕蔑，正好和中國的歷史發展一樣，經歷了一個驚羨、模仿、學習、懷疑和輕視的過程。

有一個小插曲，可以看到近代以來西方人對中國和中國人的普遍心態，儘管許多情況下是無意識的。法籍西班牙裔畫家畢加索，當時稱呼趙無極時，總是叫他「小中國人」（Petit chinois）——大概出於善意，中文媒體譯為「矮個中國人」。事實上，這是一種約定俗成的「口頭禪」，與身高無關。以標新立異著稱的畢加索，在這一點上，也未能免俗。且不說趙無極算不上矮個，即便是，小字後面應該是他的姓或名，而非國家。與中文一樣，法語中常常稱呼「小姑娘」、「小男孩」、「小夥子」，或者在暱稱前面加個「小」字，而不是在國族前面加個「小」字。（中國人俗稱日本人為「小日本」，其間含有被侵略的歷史淵源和潛在情緒，絕無優越感可言。）由於語境的不同，稱呼本身可能並無貶義，但聽來難免感到彆扭。反過來，如果你稱呼某西方人為「小法國人」，或「小西班牙人」——當然，這肯定是一個貽笑大方的比喻。有著侵略歷史的西方帝國，在他們的語感裡，這種所謂「口頭禪」，僅僅屬那些曾被侵略、被凌辱過的國家。傳統文明浸淫下中庸謙卑的中國人，甚至連想也沒有想過，可以仿而效之。近來，緬甸這個國家被頻繁提及，「小緬甸人」也成了一些西方人稱呼緬甸人的「口頭禪」。緬甸人民的精神領袖昂山素姬（Aung San Suu Kyi；臺灣譯名為翁山蘇姬）的關鍵詞成了「漂亮」、「美女」。她本來的身分，則相對淡化了。對一個年近七旬的人輕言美女，未免有失尊重。有些媒體還用了「亞洲最漂亮」類的字眼，讓人啞然。難道監獄、軟禁、家庭分離，也可以成為當代的選美平臺？浮躁如此，連附庸風雅都談不上。

畢加索何等了得！當年，我和許多朋友一樣，對畢加索心懷敬

慕。八〇年代末，畢加索的反法西斯名畫《格爾尼卡》（*Guernica*, 1937），曾多次被追求新聞自由的編輯、記者用來打「擦邊球」，反抗專制暴行和政治壓迫。移居巴黎後，與畢加索博物館（Musée Picasso）相鄰，欣然前往，卻暗自慚愧。因為無論怎樣，都無法說服自己真正喜歡他的畫。在我看來，那些幾何圖形，線條生硬尖利；變形的女性肖像，充溢著欲望，赤裸而直接，包括色彩和筆觸，有刻意求工之嫌，似乎缺少某種更深層次的繪畫語境。略知一二這些女人背後的故事，難免讓人失望。坦白地說，畢加索對待女人的態度，的確不足稱道。女人之於他，似乎不再是一個個活生生的個體生命，而僅僅是他宣洩的性工具，以及成像的模特。他的畫創造性和破壞性都很強，看他的畫，彷彿感到他心中有個魔鬼在蠢蠢欲動。為他贏得很大爭議和名聲的畫作《維尼翁的女人們》（*Les Demoiselles d'Avignon*, 1907；另譯《亞維農的少女》），被稱為「妓女中的妓女」，大膽和無恥均達到了令人震撼的地步，藝術反而位居其次了。

俗話說，文（畫）如其人。秉承擇優而居的趙無極，他追求的自由開放，是具士大夫情懷和君子風度的。作為中國傳統文化教養的一介儒生，趙無極生性靦腆，到巴黎多年，都不敢正視那些善於眉目傳情的法國女人。每遇上述情況，他就垂下雙眼，作無視狀。對於畢加索的作為，他可以聽而不聞。但是，畢加索的「破壞性」，卻不能不妨礙到他，讓他遲疑卻步。無極這個被畢加索「暱稱」為「小中國人」的東方青年，從不為名氣所迷惑。他要的是創造性而非破壞性。他要聽從內心真實的聲音。

無極決心要完全擺脫中國傳統繪畫的束縛，尋求一種新的自由大膽的繪畫方向。問題是，中國畫的影響在他身上已滲透在血液、細胞中，要想擺脫，談何容易？於是，無極斷然地摒棄一切與中國

畫相關的東西，包括筆墨、宣紙，甚至意念。二十多年後，當他照顧病中的妻子美琴〔陳美琴（1930-1972），趙無極的第二任妻子〕時，無法畫油畫，作為排遣，他重拾中國畫，發現塵封的宣紙都發霉了。

與此同時，無極盡可能地讓自己融入法國社會，融入西方文化藝術圈。除了參觀博物館、畫廊，他註冊了在國內時就從法國刊物上得知的巴黎大茅屋藝術學院（Academies de la Grande Chaumiere），學習素描、雕塑、油畫等課程。在那裡，他如魚得水，感受到與中國教學完全不同的自由氛圍。

無極的融入是沒有保留的。包括他的名字Zao Wou-Ki（中文拼音：Zhao Wu-Ji），就是根據法語發音而來的，連音標都改了。同時，他與中國人的交往也日見稀疏。

喪父之殤，如「長矛當胸穿透」

兩年時間很快就到了，無極的積累剛剛開始。他決定不回國了。寫信給家裡，立即得到父親的贊許，並寄來一筆生活費，解除了他的後顧之憂。

「就這麼留下來了。」趙無極語氣低沉，像是在追溯遙遠的回憶。那裡，有對父親的深重思念與緬懷。當年，帶著父親給他的三萬美金，趙無極攜妻來到法國。他不僅留下了，而且一留就是一輩子。1972年，他第一次回國探親，家園卻早已「換了人間」——父親已逝，但不是他想像中的「壽終正寢」。那是1968年，文革勢頭正猛，他的父親作為大資產階級受到新政權的批判。父親在「解放」前夕送他和弟弟到國外「鍍金」，被斥為「處心積慮」，是「國家的叛徒」。上海那所他度過似水年華的花園樓房被沒收，年邁的父母被趕到弄堂裡一個狹小的亭子間裡。父親被紅衛兵戴高帽

掛牌批鬥，每天打掃廁所，遭受鄰里的冷漠歧視，人格尊嚴受到極大的踐踏。老人不堪屈辱而病倒後，拒絕醫治，只求速死——深知父親稟性的無極知道，這是父親表達憤懣和維護個人尊嚴的唯一方式。

　　無極翻開《自畫像》裡的照片讓我看。那是一張解放前夕全家人在上海外灘碼頭，為他和妻子送行的合影。照片上的人們，有著那個時代最摩登的裝扮：男士頭戴禮帽，身著質地考究的長大衣。女士梳著好萊塢當紅明星勞倫‧白考爾（Lauren Bacall, 1924-2014；另譯洛琳‧白考兒）的時尚髮型，戴著皮手套。兒子嘉陵在媽媽懷裡好奇地張望著。青年趙無極絕不會想到，那次相送，竟會是與父親的訣別。五〇年代，他曾提議父母移居香港，安度晚年。如此，他也可以經常去看望他們。但父親不願意這樣做。他是真心相信共產黨、喜歡「新中國」的。他從未想過要離開中國。他更是萬萬也想不到，自己卻被「新中國」置於死地。母親長時間地向無極隱瞞了父親的死因。人的尊嚴、生命，在當時以致現在都是禁忌和被忽視的。作母親的不忍、也不想讓長子承受如此沉重的痛苦。二十多年後，當趙無極知道這一切時，頓感「長矛當胸穿透」（夏爾詩）。可以想像，他的心靈經歷了一次怎樣的煉獄之旅。

　　父子親情的割裂，撕痛著無極，「從此，生命再也不成為生命」（米修詩），無論身在何處，無論他的繪畫事業多麼輝煌，趙無極終其一生也從未能真正開懷過。

　　是時，恩師林風眠被禁，雖多次提出，也難以相見。當年藝校的同窗，多被關押。他的行蹤，有「專人陪同」。第一天「陪同」的人用法語同他說話，而通曉七種中國方言的無極，連作夢都想講母語。於是，第二天有關方面派了一個講國語的「陪同」。那些天，「陪同」每天都背書式地向他灌輸馬列主義毛澤東思想，

「被」參觀公社、工廠，讓他體會祖國「翻天覆地」的變化。他連與母親敘談，默默回味喪父之痛的情感都被這種強行的「洗腦」擠壓了。

所聞所見使他驚心動魄，感念冥冥中莫非有神的佑護？！

試想，如果趙無極1948年沒有離開中國，或者他兩年後如期返回，那麼等待他的將會是怎樣的命運呢？他能逃脫被打為「賤民」，「藝功」俱廢而抱憾終生的命運嗎？那些藝專同窗，文革結束後，他們再度揮毫作畫，頗為自得地展示給無極的，卻是在重複30年前的畫──三十而立，成了「六十難立」，一生中最美好的年華就這樣荒廢了。這讓無極不寒而慄。那個年代，無論從政的還是從文從藝的，都是被專政的對象。當年那些看好「新中國」，為報國而「留守」的和「海歸」的科學家、藝術家，作家、學者，哪一個不是噩運連連，玉石俱焚？

父親之死，如大樹被連根拔起，斷了他回家的「念想」。

尤讓無極困惑不解的是，他離國前曾為父親寫了一半的回憶錄，文革中被紅衛兵抄家時拿走，不知去向。蹊蹺的是，八〇年代的一天，他那同被抄走的畫作，卻在巴黎老牌拍賣行德魯奧（Drouot）拍賣。待他得知消息趕到現場，畫作已被一位匿名者以高價得去。

「邂逅克利」，尋找純粹的自由藝術

「你的畫從具象到抽象，經歷了怎樣一個過程？」我將大師從沉思中喚回。

「這很難講。剛來的時候，感到自己在雜誌裡看到的西方印刷品，是很表面的。真畫根本就沒見過，也沒有見過老式的東西。於是我到博物館、到別的國家到處看。開始是學習，慢慢地就同我年

紀差不多的畫家一起討論，大家都有進步。那時正是摸索早期作品的時候，藝術氛圍非常好。」

趙無極來的恰逢其時。當時的歐洲，抽象藝術經過三〇年代的「現實主義之爭」和第二次世界大戰時的沉寂，藝術家在純形式的抽象世界中進行深入探索。到了五〇年代，抽象藝術進入其發展的鼎盛時期。號稱「抒情抽象」的巴黎「新現實沙龍」，先後聚集了諸如哈同（Hans Hartung, 1904-1989）、蘇拉日（Pierre Soulages, 1919-2022；另譯蘇拉熱）、米修（Henri Michaux）、馬蒂歐（Georges Mathieu, 1921-2012）、法蘭西斯（Sam Francis, 1923-1994）等藝術主將。作為躋身其中的唯一華裔畫家，無極在這個藝術「高地」，避開了世俗社會的一應煩擾和人事糾結，以他獨特的才智和不拘一格的藝術追求，成為他們中間活躍的一員，並與米修建立了終生的友誼。他的抽象藝術從這裡出發，經歷探索、躊躇、掙脫束縛、自成一家。

1951年，趙無極在日內瓦參展時，看到了保羅・克利（Paul Klee, 1879-1940）的畫。克利畫中稚拙的線條符號和強烈的色彩，一下子就打動了他，讓他茅塞頓開。

被稱為「神祕多變的超現實主義畫家」保羅・克利，是德籍瑞士裔畫家。他出生於一個音樂世家，在音樂和繪畫方面天賦非凡。二戰期間，因名列希特勒清洗、圍剿的「墮落藝術家」黑名單而逃往瑞士。與無極一樣，克利推崇塞尚、馬蒂斯，有豐厚的素描功底。他的繪畫語言變化多端，音樂節奏和「即興」的瞬間感交融，點、線、面和空間的表達，充滿孩童般幻想，色彩純淨，構圖奇妙，傳遞著畫家那不可思議的情感世界。這一切都讓趙無極感到興奮激動。他從這位受過中國文化影響的藝術家身上，發現了自己，看到了似曾相識、猶如甲骨文般的語言符號，「找到了一個

自覺與本身的感情相關的親密內在世界」（季玉年語）。這一「關聯點」，在他的繪畫《綠色風景》（*Paysage vert*, 1949）和《戀人風景》（*Paysage aux amouraux*, 1950）中，已然體現。

但是很快，無極就感到不滿足於從克利那裡發現的自己。他感到克利的「存在」不是自己的「存在」，他不想做「克利第二」。覺悟到這一點，他用了近兩年時間，從自設的「克利陷阱」中跳了出來。儘管如此，「邂逅」克利，是無極繪畫生涯中的一個大事件。他從克利那裡得到的創意和靈感，幾乎影響了他一生。

自1954年起，趙無極日漸拋棄具象，從早期的版畫轉向符號式的抽象油畫，並不斷尋找「內心的需要」，最終找到了屬於自己的純粹的抽象表現，用色彩取代符號，成為抒情抽象畫派的重要代表。

從這時開始，趙無極不再為畫命題。他欣然領悟清代畫家石濤（1641-1707）所言：「畫到無聲，敢何題字。」他在畫作完成之時，寫上日期，以示「分娩」成功。

不受制於任何傳統，「讓感情方面自由一點」

「同抽象派大師康定斯基（Wassily Kandinsky, 1866-1944）、馬蒂斯、塞尚、畢加索比較，你與他們的不一樣在哪裡呢？」我問。

「每個時代的畫，都有每個時代的痕跡。」一向「訥於言」的趙無極，不假思索地說。「馬蒂斯當時也是屬首創時期。我覺得好的畫家並不是說他畫得好，而是他能夠啟發和給別人以新的東西，有發展。比如塞尚、馬蒂斯就是這樣的好畫家。尤其是塞尚，到現在仍然給人以啟發。」

行內人說，畢加索讓人看到過去，塞尚則讓人看到未來。無極的體會是：「畢加索教我怎樣像他那樣繪畫，塞尚則教我怎樣欣

賞中國的自然風景，幫助我回到自我，重新發現中國畫。」仍以畢加索《維尼翁的女人們》為例，出於對古代「部落」藝術和「黑暗」國度的好奇，畢加索從巴黎攤販手裡的非洲面具上獲得靈感，創作出了那個相對封閉時代的產物，被視為立體主義的開山之作。今天再看，就全然沒有當時的震撼效果。反之，那陳列在馬德里索菲亞藝術中心（Museo national centre de Arte Reina Sofia）的「鎮館」之作《格爾尼卡》，雖是一幅有政治元素的反戰宣傳畫，卻是畫家具有悲憫情懷的心靈之作，從而感動了世界。日前，在巴塞羅那（Barcelona，臺灣譯名為巴塞隆納）畢加索博物館，看到他藝術發展初期的繪畫作品，可以感到這位天才藝術家充滿激情和探索的藝術軌跡，讓人釋然。

　　儘管如此，趙無極與立體派、野獸派的爭論，日益顯現。其中最突出的，是留白的空間問題。作為立體派代表，畢加索的繪畫風格近乎「幾何拼圖」，畫面空間的「堵塞」，常常會讓人感到「呼吸不暢」。而無極的畫，則「是一種智慧」〔德・維爾班 Dominique de Villepin）語〕。是有呼吸、有空間、與自然萬物相融的。

　　有現代藝術之父之稱的塞尚，恰是趙無極終生信服和共鳴的畫家。

　　塞尚，生於法國普羅旺斯南部艾克斯（Aix-en-Provence），家境殷實。他10歲時開始學習繪畫，20歲就有了第一間自己的畫室。22歲法律學院畢業後，因父親反對他當畫家而離家出走，前往巴黎。最終父親作出讓步，並給了他豐厚的經濟資源。

　　塞尚摒棄西方繪畫的傳統觀念和法則，強調藝術主體，重視直觀和形式美，注重繪畫的主觀性，注重和諧，「形成充滿光與空氣的繪畫風格」，是再現藝術主體的孤獨者。受塞尚感悟，無極不久

便明白了，他第一天走出盧浮宮時內心那種隱約浮現的失望，來自於那或明或暗、無所不在的西方學院派的「陰影」。

塞尚認為，「藝術是個人的知覺。我讓這種知覺處於情感之中，然後求助理智把它組織成一件作品。」這與無極從小了然於心的「感情上有這個需要才畫」（筆者「採訪筆記」，下同）同理。

塞尚不喜歡空談，無極亦然。他認為繪畫是不可語述的。他說：「我從來都不知道如何評論我的畫，我也不想去評論和解釋。我就是畫畫。」聽到年輕藝術家滔滔不絕地談構思，談繪畫，他非常驚訝，有時禁不住感到好笑。

塞尚避開繁華鬧市，隱居家鄉，在自然風光中尋求繪畫靈感。無際則在「通天」的畫室裡，徒面四壁，任精神攀登、穿越宇宙，將心靈深處最隱祕的情感，傾瀉在畫布上。

評論多講趙無極對中國傳統的傳承與對西方藝術的學習。他自己並不全然認同。他坦言自己不去想傳承或學習這類問題，他不被這些假問題打擾，而是自然的融合並且超越。超越到什麼地步，對他來說永遠是一個未知數，「想像中的東西總是還要高一點。」無極追求的就是那個未知的「高度」，那個無限的宇宙空間。他說：「你想要達到的一種意境，總是達不到，總是不能完全滿意，因為畫完一張以後，又有別的東西來，所以一直畫下去。」

這是無極繪畫的理由，也是他自身存在的理由。

無極繪畫的狀態，可以用「女媧補天」來形容。他辛勤勞作，一幅畫要花費很長時間。「我整天都是畫畫，在生活方面簡單得很，午飯15分鐘就吃完了，中餐西餐都可以。」無極指著畫面上一指厚的顏料說，「傳統顏料乾得很慢，乾不了你就動不了。所以說，繪畫是人一生的事情，要慢慢做。我的東西慢慢做才能做得出來，快了根本不可能的。」

無極還說：「像我們這一代七、八十歲左右的畫家，因為喜歡畫畫，所以畫。並不是想賺錢。現在一些年輕畫家，就是想怎麼樣可以成名，怎麼樣可以賺錢。其實沒有辦法賺錢，還是可以做一個畫家。」也就是說，只有不以賺錢為目的，才能做一個真正的畫家。這也是無極繪畫之旅的真實寫照。無論他繪畫作品的市場價值如何，他都置若罔聞。在金錢世界，他的精神從來都「不在現場」。他只專注於自己的繪畫世界，並全身心地投入其中。有一次他畫得忘情，從又高又陡的梯子上摔了下來，左手臂粉碎性骨折，幸得好友兼骨科專家及時救治。其他輕傷，則時有發生。

同時，作為一個天才畫家，趙無極的中國血緣中與生俱來的文化細胞，使得他比西方畫家本身多了許多表現空間和想像力。他的畫講究「氣韻」，空間虛實有致，用他的話來說，就是要「慢慢來，畫的時候你空的一個地方，和每個地方都有關係，所以都要連起來，不是說一幅畫一個地方畫好了就行了。中國畫大家都是自己關在裡頭描來描去，把自己套在一個模式裡。我們現在就是想突破這種老的想法，讓感情方面自由一點」。

永不重複，追求不朽

趙無極在 *Louvre Dialogues*（《盧浮宮對話》，1971年出版）一書中說：「每個人都受制於一個傳統，而我則受制於兩個傳統。」（不是「服從於兩種傳統」——筆者注。）這是他要「突破」的兩個「圍城」。他不做西方人眼中的「中國畫家」，他也不做任何人眼中的「西方畫家」。在藝術領域裡，他不要受任何限定。他要的是自由的藝術。

有人或說趙無極的畫是東方傳統水墨畫的意境，西方的繪畫。無極坦言：「這是外國人的名詞。中國的水墨我自己懂得太多，所

以不想因此而取巧。我畫水墨畫是從1972年才開始的。當時我太太美琴病得很厲害，我沒有辦法畫油畫，只好畫一點小的水墨畫。米修看見了，說這個畫很好，為什麼你不畫大一點？這樣才開始畫大畫。但是水墨畫我一年只畫一次，差不多一個半月，一次畫很多，壞了就扯掉了，差不多是100張裡留20張。」

　　妻子美琴被病魔纏身，卻讓無極找回了中國畫。這一契機，在他的藝術生涯中，是極富啟示性的。他這一時期的繪畫，無論水墨畫（如《無題》，1972），還是油畫〔如《「向夏爾致敬》（*Hommage à René Char,* 1973）〕，都達到了其藝術創作的高峰，達到了「得形忘言」〔司徒立（Szeto Lap）語〕之境。可以說，趙無極一生都在嘗試跳出規範中的西畫和中國水墨畫的所有表達，通過對純色彩、質感和空間的獨特表現，來表達自己內在的主體世界，表達不同的「瞬間情緒」。他的繪畫風格，從具象到抽象，從符號到色彩，是一個不斷追求、不斷突破的變化過程。對他來說，今天不是昨天，彼時不是此時。他要找的不是一個時段，而是整個人生長河。在他的藝術世界裡，人類共存於一個宇宙，沒有東西方之分。他要表述的是那混沌之初的萬物之原貌，是回到終極。

　　在巴黎、義大利、阿姆斯特丹、西班牙等地參觀博物館，感受那些藝術巨匠的傳世之作，讓我清晰地感悟到，在無極的畫中，自有一種澄明的精神和震撼心靈的力量。那是一種不受任何宗教、傳統、語言、主體所束縛的虔敬和飄逸，一種最接近內心真實的情感對話。他的畫，是抽象的，又是原汁原味的。畫面純淨、空靈，富有激情。主體從物質視覺走向主觀視覺，卻又是人的精神視覺中所感受到的那個切實的永恆存在，情感被觸動了。到了後期，他的畫連筆觸也消失了。他對色彩的特殊敏感，使他直接用純色彩來作為繪畫語言。被他賦予生命力的色彩，純、明度的調配，烘托出飄渺

的藝術氣氛，色彩邊緣的顫動感，奧妙無窮，畫面寧靜深遠，把空間無限地擴大了。

在繪畫過程中，無極逐漸明白，「我所畫的跟我的內心經歷十分相像。」在他的畫裡，「人的眼睛看到生命深處，因為他正是生命的一部分，那裡並無分裂。也許這正是趙無極所說的『作畫的樂趣』的奧祕，一種竭盡全力融入世界、成為其中一部分的存在方式」〔（德‧維爾班〈在光線的迷宮中〉（Dans le labyrinthe des lumières），下同〕——從這裡出發，便有了自由的存在並在這一存在中尋找自由的意義。

如果說，塞尚有生之年，「從內在超越的形式構成，走向純粹形式的境域構成」，從而「終結了兩千多年西方繪畫的『形式論』，開啟了西方繪畫的『境域論』。」（引自司徒立〈繪畫的姿態〉。）那麼，趙無極則緊追其後，在嘗試「境域構成」的可能性上，實現了自己夢想。

年前在義大利都靈（Turin），參觀排名世界第二的埃及歷史博物館。到處都是一群群穿著校服的小學生，他們隨著老師的講解，穿梭在輝煌的展廳中，童趣盎然。這種在西方各國隨處可見的生活場景，總是讓人心生感慨。相比我們小時聽最高指示、集體看革命影片、被組織起來參加批鬥大會，唱革命歌曲、跳忠字舞，清明節去烈士陵園掃墓等等，在這樣的生存環境中，童真不真，「童言多忌」，天性活活地被扼殺在搖籃裡，藝術細胞被窒息、被扭曲。這種建立在集體謊言、愚昧基礎上的少兒教育，不僅滋生出紅衛兵的冷血暴戾，也盛產那些「與時俱進」的「政治雷鋒」。問題在於，當紅衛兵終於以道歉的方式尋求自我救贖時，「政治雷鋒」卻仍然戴著永遠正確的面具，在不同地域、不同陣營裡，堅持發揚那一貫的「雷鋒精神」，用所謂「道德」話語權來扼殺道德。悲乎哀哉何

其甚也！

　　趙無極這個純粹的「中華民國人」，有幸生活在一個正常的社會形態中，從而可以實現他的藝術抱負，創下風格獨具的「趙氏畫派」，進而得以安享晚年，壽終正寢。這樣一個正常社會的平凡人生，於國人卻仍然是另一個世界的神話。

少小離家老難歸

　　趙無極不僅受到西方媒體的推崇，也是兩岸四地同聲稱頌的藝術大師。因了他是華裔，被一些中文媒體冠以「國寶」級抽象藝術大師。問題是，如果趙無極「解放」前夕沒有離開中國，那麼今天，畫家無極安在？這樣一個為自由而畫畫的人，能夠度過那些極端的鬼魅年代嗎？父親為大右派章伯鈞、自己也「因言獲罪」、身陷囹圄十數年的中國作家章詒和，在紀念反右50週年時撰文說：「半個世紀以來，我們的土地是呻吟的土地，哭泣的土地，流血的土地。從鎮反到六四，運動無數，死亡無數，殃及無數。」（見〈傷今念昔，恨殺子規啼〉。）

　　這樣的「惡土」，何以容身？何以成就大師？

　　準確地說，趙無極抽象藝術的形成和發展，始於走出國門之後。他是華裔，但法國藝術界將他引為自己的驕傲。冷戰時期直到本世紀初，當紅色中國與整個世界相背的時候，趙無極卻是西方藝術家，以及名流政要尊重和敬佩的當代藝術大師。

　　趙無極開始受到中國大陸重視，首先並不在於藝術本身，而是政治層面的外在因素。1997年和2002年法國時任總統希拉克兩次訪問中國，趙無極都作為總統特邀貴賓陪同訪問，這不能不引起中方各界重視。第一次訪問之後，他的畫展開始在中國上海、北京、杭州隆重推出，收到了與八〇年代完全不同的效果——不是國人

比當年更懂得欣賞他的畫了，而是他亮相的姿態，讓國人感覺到了他的分量（而非價值）。在此之前，他曾於1982年應好友、建築大師貝聿銘之約，為北京香山飯店畫了兩幅巨型水墨壁畫，卻一波三折，屢屢受挫。無極親眼看到，他的畫作在裝裱前，被直接放在布滿灰塵的地上，沒有任何鋪墊。他和妻子弗蘭索瓦默默地將畫從地上卷起來，找來笤帚清掃地面──這種情景真的讓人無語。那樣一個崇尚書畫的文明古國，怎麼會變得如此粗暴不堪，如此沒有敬畏之心？在香山飯店落成典禮上，一位飯店經理對設計大師貝聿銘說：像趙無極這樣的畫，我也會畫。趙無極當時就站在貝聿銘旁邊，除了驚愕，未置一言。「畫家遇上兵」，他能說什麼呢？這大概是無極第一次間接感受「文革氣場」。他還不能完全理解，這是那場「人禍」造成的直接後果──「文明處在不文明的腳下，文化攥在無文化的手裡。」（章詒和：〈空一縷餘香在此──奚嘯伯往事〉。）據說他的畫作還經歷了被取下來「打入冷宮」的遭遇──中國文革真正「革」掉了自己的命，讓文化「命喪黃泉」。

初次體驗來自同胞的冷遇與人格侮辱，趙無極是否更深地體會到了父親所受的屈辱？

距香山飯店壁畫風波15年後，中國大陸遞過來的「橄欖枝」卻讓趙無極感到為難。「九七」（1997年）香港回歸，大陸要辦畫展慶賀，向趙無極要50幅畫參展。無極說：「我一下子怎麼拿得出來？我說展覽會的事不是這麼容易，應該借畫，沒有這樣簡單。有保險，還有運輸，有專門的包裝，我希望有一個委員會組織這個展覽。假如畫丟了怎麼辦？掛畫也是一件很難的事，並不是隨便就可以掛。而且，現在就是排目錄時間都來不及。6、7月就要辦。我別的地方都辦了展覽會，怎麼抽得出來？」看上去淡定的趙無極，不覺加快了語速。他指著送我的畫冊說：「這本畫冊本來北京要出，

後來說找不到錢，讓我出錢。最後還是香港出的。」

　　這種以「殊榮」挾人，辦事毫無章法的態勢，讓趙無極感到心裡像是打翻了五味瓶般，十分糾結。好友米修的詩，真切地讀出了他的心聲：「你的國度裡也有水的流動嗎？……水冷時我們如此孤獨。水熱時卻又是別種滋味。我該如何選擇？你又會怎樣選擇？坦白地告訴我，怎樣才能彼此敞開心扉？」（〈我從遙遠的國度寫信給你〉。）

　　這一切，在趙無極陪同希拉克訪問中國之後，發生了很大的改觀。但這種情形未免令人尷尬，難道旅居海外的藝術家，回報祖國也需要政治「鍍金」，向同胞出示「西方名片」嗎？

是心結，也是「軟肋」

　　趙無極從小就懷有強國夢。二戰期間，他隨著杭州藝校顛沛流離，途中目睹和親歷了底層民眾的苦難和貧窮，嘗到了中國被侵略、被侮辱的不堪滋味。

　　他清楚地記得，抗戰勝利那天，父親激動地流下了熱淚。因痛心於蔣介石國民黨政府的腐敗，父親對毛澤東和他所領導的共產黨寄予期望。

　　正是因為這一點，當無極得知父親在文革中被迫害致死的真相後，面對興奮的西方媒體，他保持了一定程度的沉默。他肯定顧慮到母親和親人的安危，但他想得更深更遠。在這位單純的藝術家看來，是毛澤東領導的黨和軍隊，趕走了日本帝國主義和西方列強，結束了殖民地、半殖民地的歷史，讓中國人民站起來了。他認為這也是父親所希望的。儘管喪父之痛，成為他一生的夢魘。

　　讓我們將焦距定在上個世紀七〇年代。當時的中國，在國際社會是一個受到孤立、不被重視的國家。被簡單地稱之為「紅色中

國」，或「毛的中國」。中國和中國人在他們的眼中是貧窮、落後、遙遠、被奴役的代名詞。視覺上不異於九〇年代初的電影《大紅燈籠高高掛》裡的場景：小腳、長辮、大煙袋。

多少年來，海外華人以自己的隱忍和辛勤勞作，在陌生的世界裡求生存。儘管較之許多其他族裔，華人算得上人數眾多，但他們在許多所在國的主流社會卻少有聲息，是真正意義上的「少數族裔」。國歌〈義勇軍進行曲〉，曾沸騰了幾代人的熱血。毛澤東一句話──「中國人有自立於世界之林的能力」，就讓海外華人傾心相許。在外艱辛打拼的中國人，稍有積蓄，就回報祖國，或為家鄉鋪路架橋，或投資教育，捐助學校。遇到自然災害，他們更是義不容辭，慷慨解囊。

無極作為一位旅居法國的「少數族裔」，民族自尊感讓他不自覺地沿襲中國讀書人「克己復禮」的傳統習慣，將家族災難埋在心底，以維護祖國的尊嚴。

趙無極的心結──其父輩的心結。海外華人的心結。所有中國人的心結！

1964年，法國作為西方大國，第一個與共產黨執政的中國建立外交關係。趙無極追憶說，「一天，我請法國文化部長安德烈・馬爾羅（André Malraux, 1901-1976；臺灣譯名為馬樂侯）做一本書〔指 *La Tentation de l'Occident*（《西方的誘惑》）。1962年展出趙無極的十幅版畫，由安德烈・馬爾羅著文〕。他說：『你到處都為法國展覽，你為什麼不做法國人？』我也沒什麼反對的，那麼兩年後我就加入了法國籍。」在此之前的十多年裡，無極在法國有身分認同困惑，感到自己是個外國人。法國與中國建交，法國承認了中國，他接受了法國。是巧合，也是必然。

無極說：「當時完全相信毛澤東，許多年以後才改變了看

法。」

　　1985年，受母校邀請，趙無極回國講學。他將自己的體驗傳授給中國的年輕學子，以慰父在天之靈——這近乎愚鈍的拳拳之心，卻更加真摯感人。無極說：「在一個月裡教了來自全國各地八所學院的近三十名師生，我太太教現代藝術史，這個書就是她寫的，裡邊可能有美琴的照片。」他打開我面前的《自畫像》，翻到美琴的照片讓我看。果然，好一個典雅、秀氣的女子。「她過世了，才42歲」。無極說著，語氣略顯黯淡。我暗自惋惜，目光停留在照片上。

　　「那麼，對你來說，中國意味著什麼？」我轉而問道。

　　「不知道了。」趙無極少有地朗聲大笑，一邊帶我看他的珍藏。在一個中國傳統格形飾櫃上，陳設著戰國時代的銅鼎和青瓷等稀世古董。無極感嘆地說：「其實中國的傳統這麼大，這麼多好的東西，可以給你很多啟發。比如中國的銅器我就非常喜歡，都是真正中國的東西。我回去中國就是看這些。我看過早漢時期一個將軍的墓地，叫霍去病，他21歲就是將軍了，他的墓雕好得不得了。」

　　無極告訴我：「去杭州中國美院教書的時候，他們當時受蘇聯的影響大得不得了，我對他們說：我第一個想做的就是改正你們受蘇聯的影響。中國這麼豐富的傳統，結果你們找最不好的畫，最不好的國家來做你們的示範。而且來的老師都不是最好的畫家，蘇聯不會派最好的畫家到中國來。他們要我教他們抽象畫，我說我只能教你們基本的東西，抽象畫是你自己需要才畫，並不是為了畫而畫。感情上你要有這個需要和衝動。我說，你們不用眼睛看現實的東西，中國畫沒進步就是這個毛病。你們畫的畫都是一樣的，顏色也是一樣的。擺一個模特兒在那，還沒有開始，就先把顏色調好了，這簡直是開玩笑。規範化的東西太多，你們是在記憶力裡畫畫。」

這振聾發聵的聲音，凝聚著趙無極一生的體驗。他就是要喚醒學生的自主創作意識。不止一次，他對友人說：「如果當年我的老師能告訴我這些，我要少走多少彎路啊！」對此，當年參加趙無極講習班的學員，至今心懷感念。自那時起，趙無極與母校的聯繫從未中斷，每年都會寄書寄卡，還給版畫系送專業印刷機。

　　在無極的母校杭州中國美術學院，具象派藝術家司徒立先生也是一例。司徒立於1975年，經香港旅居巴黎，在法國藝術界嶄露頭角，並很快融入主流藝術圈。1988年他回廣州探親時，尋找幼時玩耍的街巷，卻看不到一絲讓他夢魂牽繞的「煙火」痕跡。整個廣州成了一個大建築工地。迷茫中他一跺腳「打道回法」，且認他鄉作故鄉。但是他放不下那個「大建築工地」的場景，覺得自己不能袖手旁觀。如同歐洲中世紀的「黑暗時期」醞釀了文藝復興的萌芽一樣，在中國遭國際社會制裁、各個領域都處於低迷狀態的時候，司徒立卻「逆向回歸」，希望以一己之力為中國文化的復興做點什麼，實踐自己「構建人文精神，用藝術改變生活」的理想。自1991年至今，司徒立將融貫中西的藝術理念付諸實踐，先後在西安美院和中國美院任客座教授、博士生導師，成立研究院，引薦了一批法國20世紀最傑出的藝術大師，如畫家阿希加（Avigdor Arikha, 1929-2010）、森・山方（Sam Szafran, 1934-2019）、雕塑家雷蒙・馬松（Raymond G. Mason, 1922-2010）、攝影大師布列松（Henri Cartier-Bresson, 1908-2004）等。首次將西方「具象表現繪畫理論和實踐體系統地引入到中國的高等藝術院校」（1995），前無古人地完成了引進西方具象藝術，並將其根植於中國文化中的創舉。

　　這就是海外華人，對故土的眷戀，對祖國的赤子之心，「雖九死其猶未悔」。

　　趙無極之前有林風眠，趙無極之後有司徒立。杭州中國美院可

謂幸矣。

友誼和分享的藝術人格

趙無極的思維跳躍著，不知他想到了什麼，突然說：「我在這裡從沒有感覺到種族歧視」。語氣頗為欣慰、自在。

八〇年代末，一大批落腳巴黎的中國人都記得，法國朋友常掛在嘴邊的一句話是「隨便你（您）願意」（comment tu veux / comment vous voulez）。對於一切都習慣被組織安排的人們來說，很是困惑，不知該如何是好。就像一群被馴化的鳥兒，安於被關起來的那片小天地，一旦打開籠子，反而飛不起來了。一時間出現迷茫、失落，有些人甚至面目全非。但是，四〇年代末離國出走的趙無極，沒有經過這種馴化。他自然知道自己想要什麼，無須他人做主。

作為藝術家，趙無極認為法國的情況要比美國好。他說：「我在這裡畫我的畫，沒有人來麻煩我。在美國就有點麻煩。畫廊、批評家、收藏家都應該有關係才行。美國到底是講錢，畫商什麼的地位非常高，批評家也非常重要。我從1952年開始就同美國有合作，去了美國好多次，有過兩個很大的畫商，他們都叫我住在美國，但我還是喜歡法國。我在法國做畫家很自由。」

法國的確是一個充滿藝術情調的浪漫國度。法國的浪漫，絕不僅僅是世俗意義上的多情風流。法國的浪漫，是一種文化，更是一種人文精神。前提是基於對人的尊重，對生命乃至人類文明的敬畏。正因為此，法國是藝術家的天堂和避難所。英國19世紀最令人扼腕的天才作家奧斯卡‧王爾德（Oscar Wilde, 1854-1900），因「有傷風化」的同性戀情，遭到毀譽和監禁。出獄後他離開讓他聲名狼藉的英國，來到巴黎。法國藝術家像歡迎一個受到不平待遇的天才

那樣給予了他很大的精神慰藉。三年後作家死於貧病交迫。我曾問一位法國作家，何以至此？對方惋惜地說，他有自己的生活圈，許多朋友並不瞭解他的生活境況。否則情況可能不會那樣糟糕。是什麼影響了王爾德不伸手求援？我理解是他的自尊和教養。落魄的他，本想在法國平靜度日，沒想到讓他受難的戀人再次背叛了他。他身心疲憊，精神處於崩潰絕望狀態。他不願以這種不堪示人，最終被病魔奪去了生命。一百多年來，在王爾德住過的巴黎美術街13號（Rue des Beaux-Arts），那個記錄王爾德生卒簡歷的牌匾，色澤斑駁，但字跡依然清晰如新。他的劇作，每次上演，都一票難求。

法籍華裔作家、2000年諾貝爾文學獎得主高行健也是如此。高行健之所以能夠安心寫作，與法國人對藝術家的尊重愛護是分不開的。據說高行健初到巴黎時，曾獲得某項藝術基金。他要做的僅僅是一年出一個劇本。至於什麼作品？內容如何？則沒有任何要求。正是這樣，高行健可以自由地寫作、繪畫，完成和創作了《靈山》和多部劇作，其中包括一些在中國構思的作品和被毀的作品。

法國式浪漫，包括「不安分」。一方面極為慷慨寬容，一方面又極為挑剔和不滿足。總是詰問，總是質疑。這種複雜特性或許會惹人厭煩，但往往也會讓那些不可一世的人屏息收斂。總是激發人的創造性靈感。

趙無極遇到的，恰恰是這種種個性的組合。他的智慧和才能，讓他得以從中汲取有益的部分。特別是「不安分」的個性，與他在藝術上的永不滿足相得益彰，讓他不斷昇華。喜歡文學詩歌、在音樂上也頗有天賦的趙無極，朋友間的往來，是那種典型的巴黎「藝術圈」交際。他和詩人、藝術家以及外交官，都交往甚密。他們經常在畫室、畫廊、咖啡館、音樂會之間倘佯徘徊，一些精彩的詞語和藝術靈感，就是在那些由歲月織成的悠悠長談中碰撞出來的。

中國古有「高山流水覓知音」。在法國——也多虧在法國，趙無極這個純粹的藝術家，感受到那些高貴心靈所具有的種種美德，並從中找到了自己的知音。無極晚年，好友一個個離開人世，每當他翻閱私人信箋，總是感慨那些慷慨無私，不計個人利害的真摯友情。

　　趙無極與當代詩人、畫家米修的知遇，是法國藝術界的一段佳話。才華橫溢的米修，先是被趙無極的氣質所吸引，繼而一下子就看中了趙無極的八幅版畫（1950年展出），「我不知道他還是一個有名的詩人，我不會法文，他就給我的畫配詩，替我出了一本書。然後他介紹我給畫廊做。」這個畫廊的主人，就是權威畫商皮埃爾・勒布（Pierre Loeb, 1897-1964）。自1952年起，無極成為該畫廊的長期畫家。趙無極和米修的友誼宛如「高山流水」，一個以詩解畫，一個以畫讀詩，極富「詩情畫意」。趙無極與詩人夏爾的交往，也是詩畫結緣。1957年他為夏爾的詩〈花園裡的同伴〉（Les Compagnons dans le Jardin）配了四幅版畫，至此他們長期合作，結為密友。趙無極先後以巨幅繪畫向這兩位詩人題名致敬，將他們深刻在自己的繪畫中。

　　法國前衛派音樂大師埃德加・瓦黑斯（Edgard Varèse, 1883-1965；另譯瓦雷茲），在趙無極的繪畫中也刻下了痕跡。趙無極與瓦黑斯相識於1954年。瓦黑斯嘗試新音樂的爆破，穿過寂靜遼闊的宇宙，探尋人的靈性所需的新的可能性，正是無極要尋找的感覺。他1964年10月25日的三聯巨作《向瓦黑斯致敬》（Hommage à Varese），極富音樂質感，是藝術靈感交流相撞的見證。而巨幅大畫的構思，則來自於他1962年結識的法國前文化部長、作家安德烈・馬爾羅。這位法國政界、文化界的傳奇人物，對中國很有感情。受他的建議和啟發，無極開始嘗試畫巨幅大畫。由此，他創造

了屬於自己的空間———一個有靈感的繪畫空間,開啟了又一個新的繪畫里程。

法國前總理、作家多米尼克‧德‧維爾班,是趙無極的崇拜者和忘年交。他不吝筆墨,以洋洋萬言來描述趙無極和他的藝術。透過他那讓人目眩的華麗辭藻,有一句話非常中肯地道出了趙無極的藝術人格,即:友誼和分享。他說:「趙無極的友誼不容有名無實,它們融入世界,日復一日隨著感覺和心情表露出來。」(引自〈在光線的迷宮中〉)塞尚、馬蒂斯、莫奈等藝術大師,都受到趙無極崇高的敬禮,並永存在他的畫作中,與他共呼吸。

個性自由與情殤

在巴黎生活了半個多世紀的趙無極,以一種哲人的眼光看生活。他認為,「生活好像就是這樣的,總是有好有壞,不能夠一直是一個樣子」。他的感情生活,也是如此。

趙無極一生經歷了三次婚姻。他的第一任妻子與他是門當戶對的才女謝景蘭,他們相戀於杭州藝專。幾年後,當他們想要步入婚姻時,卻逢祖父去世,一年內不得操辦婚事。(這一風俗在亞洲一些佛教國家多有延續,但並非不可變通,如老人臨終時留下遺願,要求已經訂婚的孩子在他去世後馬上完婚,或者異地結婚等———筆者注。)於是,這對年輕戀人,在雙方父母的應允下,幾經漂泊,艱辛備嘗,於1941年經河內到香港成婚。頭生子出生七天就因患白血病而夭折。趙嘉陵是他們的第二個兒子,也是唯一的兒子。幾年後他們不辭艱辛來到法國,應該說是藝術家最理想的歸宿。為什麼妻子卻在他開始成名時而離家出走了呢?

可以想見,謝景蘭當年是一個開朗活潑、多才多藝、嚮往自由的個性女孩。不然我們無法想像,她為了愛情而投學,並不辭辛苦

隨愛人到香港結婚。為了丈夫的理想而離開幼小的兒子，隨夫來到舉目無親的法國。謝景蘭再婚時已37歲——即使在當今也屬人近中年。那個年代，一個已婚女子，在異國他鄉，能夠邁出這一步，是需要很大的勇氣和魄力的。

趙無極用情專一。但由於外部環境完全不同，他是否顧及或者留意到妻子的心靈感受呢？據趙無極在《自畫像》中描述，在前往法國的枯燥旅行中，他們乘坐的是二等艙，男女分開，六人一組住在一起。除了一起用餐，無極常常一個人去空闊的餐廳消磨時間。那麼當時謝景蘭對陌生的國度和未來，憧憬中是否也有迷茫呢？抵達巴黎後，趙無極大部分時間都泡在博物館、畫廊裡。在這個過程中，巴黎這個洋溢著自由的藝術之都，給了謝景蘭最大的釋放空間。她也要成為一個畫家，而不僅僅作為欣賞丈夫繪畫的賢妻。從這點可以看出，無極與景蘭，兩人太相似了。景蘭不僅有才情，同時也有與丈夫一樣的理想追求。激情一旦釋放，她便成了一個中國現代版的「娜拉」。其中，她與法國音樂家馬賽・范・甸南（Marcel van Thienen, 1922-1998）的愛情，是契機，也是動力。

客觀地說，這種情殤，是兩個人的情殤。區別僅僅在於，一個是主動的，另一個則是被動的。但如果沒有這種變異，結局將會很難推斷。他們的兒子趙嘉陵說：如果母親沒有離家出走，那麼世界上多了一個幸福家庭，卻少了一個藝術家。其實未必。也有可能世界上少了一個藝術家，多了一個不幸的家庭。謝景蘭的出走，讓趙無極深陷痛苦，男性自尊受到極大傷害，終生難以釋懷。但話說回來，沒有這一段，趙無極大概不會有「自由戀愛」的體驗。謝景蘭是趙無極遇到的第一個女子，雖然他們是青梅竹馬，但這與自由戀愛是不同的。趙無極先後畫於1955年和1957年的畫作《我們倆》，透露出感情變化的過程。前者以藍色為底色，兩個線型人體在畫面

中間，看似表面平靜的「兩人世界」，壓抑著內在的緊張。後者，線條粗重交錯，光在掙扎，兩個相對無語的人影，占據著空間。黯淡的光暈，向黑暗蔓延。表現出情感陷入困境的痛苦與無奈。

受到沉重打擊的趙無極，不得不放下畫筆，離開巴黎，前往美國看望弟弟無違，在好友陪同下，遊覽了紐約、芝加哥、舊金山、夏威夷等地。期間，他結識了美國畫商塞繆爾·庫茲（Samuel Kootz, 1898-1982），成為他在美國的重要經銷商。傷感中的無極，事後才知道，機緣正在悄悄地眷顧於他。當他經日本到香港逗留期間，庫茲約了朋友到巴黎去看他的工作室。他則在香港遇到了有一雙兒女，離異不久的影星陳美琴。兩人一見鍾情，雙雙陷入情網。愛情的力量衝破了一切世俗考量，以致其他一切問題如美琴的工作、孩子等等，都不在話下。熱戀半年後，美琴隨趙無極來到了巴黎。與景蘭不同，美琴是一個溫婉秀雅的傳統女性。一旦擁有了愛情，她便毫不猶豫地放棄了自己的演藝事業，在巴黎從頭開始，學習自己熱衷的雕塑藝術。正是這一段婚姻，豐富了趙無極的情感生活，同時也啟發了他的藝術靈感。業界人士將這一階段看作他繪畫生涯的最佳狀態期。

1972年，美琴因病自殺身亡。是不堪病痛折磨？還是不忍無極守在病榻旁不思繪畫？恐怕二者都有。據說美琴自殺前，在給她的小學同學兼閨密的便函中，用紅筆寫下七個字：「一片冰心在玉壺」。紅字暗喻絕筆，引用唐代詩人王昌齡的這句七言詩，顯然在昭示她與無極的愛情，不難理解為表白和訣別。可見美琴去意已決。於美琴，是愛的心跡；於無極，是愛的情殤。這次遭遇，讓無極重拾中國筆墨，以中國繪畫之「輕」，抒發情感之重。美琴離世，他泣然停筆，再次踏上旅程以療傷。約一年半後，他創作《懷念美琴》（法國蓬皮杜藝術中心收藏）巨幅畫作，表達出畫家纏

趙無極為安琪題名贈書並翻開《自畫像》中美琴的照片讓安琪看。1997年3月12日
林飛攝於趙無極畫室。

綿、憂傷、不盡思念的綿綿情懷。畫家用明黃為底色，漸漸過度到
橘紅。筆觸粗重有力，光在吟唱。經歷過生離死別的愛的洗禮，畫
家以一幅莊嚴的〈彌撒曲〉，來紀念美琴，將這段愛情刻入畫中，
成為永恆。

法國女人弗蘭索瓦

　　弗蘭索瓦是趙無極的第三任妻子。1973年5月，在巴黎大皇宮
的一次展覽中，她與趙無極相識，陪伴趙無極40年之久。她既是趙
無極生活的親密伴侶，又是他的藝術知音和得力助手。因為所謂的
「財產糾紛」（筆者以為，遺產問題，自有遺囑和法律可循，他人
應無權置喙），有中文媒體稱弗蘭索瓦與趙無極是一段失敗的婚
姻，說她「包辦一切」，不讓趙無極與中國人來往云云──或許
純屬私人間的某種揣測，在媒體上喧囂，似乎有失厚道。在這裡，

那種「非我族類，必當損之」的意識非常濃厚。同樣的情形發生在一個中國女人身上，會是「一個成功男人後面默默付出的女人」，而發生在一個法國女人身上，則成了「包辦一切」。趙無極像是被「綁架」了——這似乎不合常理，是對趙無極的不恭不敬。還是一種阿Q式的「第三世界心態」，自輕而輕人。因了某種莫名其妙的東西，連人家的婚姻本身都否認了。

無須諱言。初次見面，趙無極就親口對我說，他初到巴黎時，與中國畫家的來往比較頻繁。但他同時感到那時在巴黎的中國畫家，整天都是跟中國人在一起，與西方社會沒有聯繫。漸漸地，「我同中國人很少來往，經常同外國人來往。」他還經常告誡初到法國的晚輩：第一，學好法文；第二，不要跟中國人來往；第三，融入法國。顯然，「不要跟中國人來往」，應是趙無極的個人意願，與他的妻子弗蘭索瓦無關。

曾幾何時，旅居海外的中國人，一旦忙於自身事務，無暇他顧時，來自同胞的第一個質問就是：不與中國人來往。在國內，你擇友也好，隱居也罷，沒人會說你不與中國人來往。同樣的情形發生在國外，就和國族掛鉤了。與誰交往與否，難道個人沒有選擇的權利嗎？在海外，中國人是一個很籠統的概念。可以說是魚龍混雜，什麼人都有，無異於任何一個國家的社會族群。但卻更濃縮，「圈子」更小，幾乎沒有多少迴旋餘地。孟母三遷，「遷」的不僅僅是地方，而是近朱者赤，近墨者黑的那個「圈子」。居家生活，無論是誰，你要活得有尊嚴（在這方面，生活在國外的華人尤為看重），同時又要兼顧事業與家庭，誰都不可能來者不拒。況且，一旦習慣了西方社會尊重個人權利的生存環境後，人際關係自然變得清爽簡單，不再願意如在國內那樣，讓自己陷入那種不可自主的複雜人事糾纏中。

事實上，趙無極與中國人的交往從來沒有中斷。如同傳統讀書人的習慣，他的交往均為「君子之交」，如貝聿銘、高行健、程抱一、朱德群等等。他們之間有默契、重承諾、心靈相通，幾年不見，也不會生分。他們各自在自己的領域辛勤耕耘，一封短箋或一個電話，都會得到毫無雜質的響應。當然這種「神交」僅僅限於智者。

那麼，弗蘭索瓦究竟若何？她與趙無極長達數十年的情感生活對彼此雙方意味著什麼呢？

與許多同齡人一樣，弗蘭索瓦是一個獨立的、事業有成的女子。她17歲時，就通過一次畫展，對趙無極心懷仰慕。九年之後，作為一名法國現代藝術博物館26歲的實習生，弗蘭索瓦與比自己年長兩倍的趙無極相識。四年後兩人步入婚姻。是時，她已經通過了競爭激烈的法國現代藝術博物館館長資格考試。年輕有為的法國姑娘，愛上一個與父輩同齡的中國裔畫家，打動她的，是藝術家本身的氣質。正因為此，婚後她承擔了一切瑣碎事務，並施展自己精通的業務才華，讓趙無極能夠專心繪畫，不會因為那些無聊的報表紙張而費心，也不用擔心繁多的展出與具體操辦，以及應對各種行政信函。在日常生活中，弗蘭索瓦更是悉心照料無極的飲食起居，數十年如一日。這樣一種全身心的投入和奉獻，沒有真愛，是做不到的。

一位旅居法國的中國藝術家，曾對我談到與他同甘共苦的法國妻子，感慨地說，在他的婚戀經歷中，只有法國女人可以做到這一步：不論你處境如何，都不離不棄，從不抱怨。這種實例不一而足，都告訴我們，具愛情正能量的婚姻是怎樣煉成的。不似現在，「愛情變奏曲」在中國大陸震耳欲聾，婚戀普遍含有太多的「雜質」，「婚姻價更高」成為當下的一種「時尚」，困擾著許許多多

有志向、無背景的青年男女。

趙無極「向弗蘭索瓦致敬」

再來看弗蘭索瓦，她精湛、豐富的專業知識，不僅成就了她的事業，也成功地為無極所用，為無極的繪畫開闢了更為廣闊的藝術空間。

1977年新婚伊始，趙無極即帶弗蘭索瓦到紐約，與好友貝聿銘夫婦和庫茲夫婦會面。返回巴黎後，他們又應邀到羅馬參觀訪問。這次藝術之旅，似乎寓言了他們的婚姻旅程。1980年，無極與弗蘭索瓦的對話錄Encres（《油墨》），是他們之間藝術共識的結果。《油墨》由米修作序，在巴黎法蘭西畫廊（Galerie de France）主辦的水墨展上同步展出。次年，趙無極首次在巴黎大皇宮國家畫廊（Galeries Nationales du Grand Palais）舉辦個展，標誌著法國國家級美術館對他藝術成就的肯定。這個展覽，於1981年至1982年間，先後在日本福岡、東京、京都等五個城市，以及香港藝術中心、新加坡國立現代美術館展出。至此，趙無極當之無愧地進入當代繪畫大師行列。在「各顯身手三五年」的時代，趙無極能夠長時期地在藝術領域獨領風騷，弗蘭索瓦功不可沒。

有幾個細節令人感動：上個世紀八〇年代末的一個夏日，弗蘭索瓦終於說服丈夫，帶她來到闊別近四十年的上海外灘碼頭。在那裡，她「按圖索驥」，想像那張「全家福」上的告別情景，以及稍後降臨在無極父親身上的厄運，久久地沉浸在哀思中。無極觸景傷情，幾次催她離開，她都沒有應答。看到她神情戚然，無極深為動容，轉而向她講述照片背後的故事，指給她看當年曾讓國人備感屈辱的「華人與狗不得入內」的招牌「遺跡」。

那次中國之行，讓弗蘭索瓦深受震撼。她與無極合著的趙無極

傳記《自畫像》，大概就是在那一刻產生的想法。她將丈夫的夢魘和回憶，用法文寫了出來，讓丈夫的積鬱得以抒解一二。書中對丈夫與第二任前妻陳美琴的愛情，絕不惜墨，並選用了美琴最美麗的照片，以為懷念。

1985年陪同無極在中國講學時，身為法國現代藝術博物館館長的弗蘭索瓦，授課之餘，慷慨應允丈夫約請，為那些從來沒有見過西方模特兒的中國年輕學子當模特兒，幫助他們畫畫。

趙無極分別於1979年和2008年兩次向法國國家圖書館捐贈了上百幅版畫和書籍，也是經弗蘭索瓦具體籌辦的。

不僅如此，1980年，趙無極的獨生子趙嘉陵一家三口移居法國後，趙無極夫婦幾乎每年聖誕、新年期間，或在巴黎古堡別墅，或在法國南部地中海岸，都要與趙嘉陵一家三口、以及無極的第二任前妻美琴與前夫所生之女趙善美（隨趙無極的姓）團聚一堂。每次聚會，都離不開弗蘭索瓦的費心操辦。弗蘭索瓦理解，丈夫對嘉陵在文革中所經歷的困窘常懷愧疚與自責，她盡力幫助丈夫找回那份曾經缺失的親情。

在趙無極2005年生病到2013年離世的八年間裡，弗蘭索瓦自始至終陪伴在丈夫身邊，和他一起面對疾病。無極患病之初，她即陪伴無極回到故土，幫助無極尋找他那深埋在心底的記憶，以期了卻心願，控制病情發展。這一切，都浮現在無極此間的繪畫中。意識逐漸渙散的無極，全憑「下意識」畫畫，呈現的全是記憶深處埋藏的東西。無論油畫、水彩、還是國畫，信筆塗來，都是桃紅柳綠，都是「憶江南」。他於2005年11月6日完成的巨幅油畫《向塞尚致敬》（Hommage à Cézanne），更像藝術家跨越時空的以故鄉江南，向故鄉普羅旺斯的深情表白。這讓弗蘭索瓦感懷不已。在趙無極的最後歲月，她毅然選擇瑞士萊蒙湖畔（Leman Lake，另譯萊芒湖）

作為丈夫的療養地，讓他在自己熟悉和喜愛的環境裡，從容地走完一生。是時，趙無極的老年腦退化症日趨明顯，思維和辨識能力時好時壞。在這種情況下，即使讓他留在巴黎，或是送去養老院，無論在誰看來，都是順理成章的，還可省卻許多周折和煩擾。但是，弗蘭索瓦沒有這樣做。她深知，丈夫一生都眷戀著他那度過似水年華的家園，她要讓丈夫「重返家園」。萊蒙湖畔風景優美，空氣清新，是丈夫夢中的故鄉景色，具有世界一流的醫療條件。果然，遷去不久，趙無極的病情得以穩定，精神氣色都好多了。

弗蘭索瓦這樣一種堪稱宗教般的情感，表達出對生命尊嚴的最高敬意。她是否想到了丈夫的父親？她要以此來慰藉那個讓無極痛心一生的生命嗎？抑或是她在照料兩個人的生命？

早在2003年10月，趙無極就畫有題名《向弗蘭索瓦致敬》（*Hommage à Françoise*）的巨幅畫作。據說趙無極曾於2002年大病一場，幸得弗蘭索瓦無微不至地照料。病癒的他，以畫表意。如同馬蒂斯為異國知己繪畫的作品《紅色餐桌》〔*The dessert: harmony in red (The red room)*，另譯《在紅色的和諧》〕一樣，趙無極以極具感染力的紅色畫面，向弗蘭索瓦致敬。畫面右下方的粉色，含溫柔、純真、優雅之義。左側黑色線條蒼勁有力，讓人想到冬梅，與粉色一起融入大面積的紅色，寓意溫暖、幸福、吉祥。整個畫面色彩純淨、柔和。重情如趙無極，對這位比自己的兒子嘉陵還要小幾歲的妻子，是否心懷歉疚？是用繪畫來記錄雖不似青年男女那麼激情昂揚，卻真實感人、相濡以沫的漫長歲月吧；又或許是，他要以畫為證，對妻子表示深深的感激和祝福。不言而喻，趙無極對弗蘭索瓦相知至深。

如果說，趙無極與謝景蘭，是銘心刻骨的初戀婚姻；與美琴是兩情相悅的自由愛情；那麼他與弗蘭索瓦，則是亦妻亦友，琴瑟和

趙無極與第二任妻子陳美琴同墓，墓雕為美琴生前作品。安琪攝於2013年7月18日
無極百日祭。

鳴的真摯戀情。經歷過兩段情殤的趙無極，在弗蘭索瓦這個充滿知
性的港灣裡，找到了情感的歸宿，走完了他完整的藝術人生。

　　據說趙無極的最後傑作，是將他用了一輩子的畫架，塗成了粉
色——這是感情的色彩吧？！

「讓已逝的人靈魂安息」

　　趙無極於2013年4月9日病逝。同年7月18日，是趙無極去世百
日祭。迎著晨曦，我前往蒙巴拉斯公墓拜謁趙無極墓地，以自己的
方式，悼念這位葬於異國他鄉的同胞前輩。

　　趙無極的遺體安葬在公墓中心的1號區域，與第二任妻子美琴
同墓。從上個世紀四〇年代末到巴黎「朝聖」，逾一個甲子年的繪

畫生涯，創下「無極」的藝術，到入土於此，可謂「生於斯，葬於斯」。

趙無極的墓雕是美琴的作品，那是一對疊壘的石雕，寓意兩人永遠在一起。黑色大理石墓上，有兩行豎排的中文手寫銘刻，一看便知，那是趙無極的筆跡。內容從右向左並排寫著：**愛妻七妹之墓，您的七哥無極**。美琴共有九姊妹，她排行第七，故稱七妹。有七妹必有七哥，儘管無極是家中長子。這裡七妹、七哥顯然是無極與美琴之間的暱稱──典型的傳統中國式浪漫。由於年成太久，字跡上的鍍金早已脫落。墓碑下端橫排在美琴生卒年月之後的，是新雕刻的鍍金銘文，用法文寫著趙無極的名字、職業和生卒日期。

從無極的題字來看，無極與前妻美琴同墓，應該是無極和美琴生前的盟誓。但實現這一夙願，則顯然是已為遺孀的弗蘭索瓦遵囑完成的。滄然和感動讓我一時思緒萬千。

想當年，趙無極飄洋過海來到巴黎，兩任前妻，一個離家別戀，一個紅顏薄命。弗蘭索瓦──這個法國女人，與無極風風雨雨數十年。她不僅為無極和無極的藝術撐起了一片天，還為無極養老送終，極盡尊榮。情義所至，令人動容。這一切，沒有大愛恐怕是難以做到的。而仁厚大度至此，又豈是世間有形之萬物所能企及！

讓人難堪、但不得不說的是，丈夫屍骨未寒，孑然孤身、年近七旬的弗蘭索瓦，卻遭到那些操著丈夫「母語」的人們潑來的「冰冷的水」。在那裡，我們從弗蘭索瓦身上真切感受到的中華文明的傳統美德，蕩然無存，充斥的全是「羨慕嫉妒恨」，卻又怎一個「恨」字了得？！這種「第三世界心態」反射下的粗暴與狂妄，毫無恥感可言。此等情狀，實實令人無地自容。陷國人於不義甚矣！

離開墓地，步行約十分鐘，就到了趙無極的住宅（故居）。還是那條街，還是那道門。我沒有猶豫就撥通了他的電話──知道

趙無極學習過的巴黎大茅屋藝術學院。安琪攝於2013年7月18日無極百日祭。

可能沒人接，但即使是電話空洞的長音，也讓我確定，這是無極的家。人走樓空，不禁悵然。頂著正午的太陽，前往趙無極早期學習過的大茅屋藝術學院。那是一條典型的巴黎拉丁街區，質樸無華。推門進去，窄窄的走廊裡，有幾個人正在等待，年齡、國籍不等。目光相遇，便友好地點頭致意——這大概也是無極第一次來時，所享受的「禮遇」。穿過走廊，是一個不大的廳堂，四周全是帶鎖的小壁櫃，是學生用來放工具的。順著左手樓梯走上去，有的教室正在上課。這裡人氣依然，還是早年趙無極學習時的場景氛圍，讓我稍感慰藉。

　　這一天，作為拜謁趙無極的最後一項內容，是前往先賢祠（Panthéon）。去那裡的想法由來已久，是因19世紀法國浪漫主義作家大仲馬（Alexandre Dumas, 1802-1870）引起的。在趙無極的紀念日裡，去先賢祠，則有另外一層想法。

　　法國前總統希拉克在位時，有兩件與藝術家相關的事，需要提及。其一是訪問中國時，先後兩次邀請趙無極陪同訪問。其二，

是2002年，將大仲馬的棺柩，從他的故鄉維萊・科特雷（Villers-Cotterêts）遷移到先賢祠，以紀念大仲馬誕辰兩百週年。這兩件事，說穿了，其實都是政治家的「政治鍍金」。前者是好事，讓趙無極這個「中華民國人」，得以光榮地重返家園。使那些「共產」時人，對「這一個存在」刮目相看，讓趙無極和他的藝術得到國人的重視和瞭解，了卻趙無極於父、於己的故國心結。第二件事，則有點不近情理，直白地說，是近乎粗暴。因為它有違作家本人的意願。這是又一個被「政治正確」的意識形態「綁架」的例子。（大仲馬有四分之一的黑人血緣——筆者注。）年前，我前往馬賽伊夫島（Ile de Yves），該島因囚禁大仲馬名著主角基督山伯爵（Le Comte de Monte-Cristo）而聞名。每天都有許多從馬賽開來的輪班，帶來來自世界各地的慕名者。那天因不是週末，又是最早的輪班，只有我和另一位來自比利時的陌路人在這裡下船。我在不大的島上，靜靜地待了一個小時，浮想聯翩。基督山能從四周環水的孤島上逃走，大仲馬卻從陽光明媚的墓地園林，被「風光」地「帶」到了包圍嚴實的水泥結構中。即便是先賢祠，於他何干？幸乎？悲乎？

在先賢祠，我心情複雜地拜謁了大仲馬。他與雨果（Victor Hugo, 1802-1885）、左拉在同一個單元（區域）。鄰近處，還有趙無極的朋友、前文化部長安德烈・馬爾羅的棺墓。並非杞人憂天，我擔心某一天，某位政治家需要時，或許會想到趙無極這個中國裔藝術家。有媒體說，趙無極對法蘭西院士的頭銜並不十分在意——這正是巴爾札克極為讚賞的天才藝術家的品性。智者如斯，是否有所預見，不得而知。但可以肯定的是，這個頭銜離先賢祠並不遙遠。假如政治家需要的話，就能「派上用場」。

這件事告訴我們，最不可靠的是政治。政治家亦然。

有尊嚴地告別生命，也包括生者對逝者遺願最大程度的尊重。可嘆大仲馬天性純樸，以為自己選好墓地就行了，卻沒有確切地說「其他地方哪兒也不去，先賢祠也不去」。盛名如斯，兩百年後仍能被落寞的政治家用來助力，可謂神哉。所幸，更多的法國文豪、藝術家，能夠在自己選擇的墓地「自由安息」，人們可以隨時前去拜謁。所幸，趙無極與愛妻陳美琴同葬一起，而先賢祠，則是沒有家人的。就是說，即使死了也不能在一起。就像北京的八寶山一樣，有「資格」進了這個革命公墓，就不能與家人同葬。看來，一旦有了「政治生命」，（他）人的生命就必然要屈尊讓位。

　　達芬奇說：「勤勞一日，可得一夜安眠；勤勞一生，可得幸福長眠。」

　　衷心祝願辛勞一世的趙無極，與愛妻陳美琴在這裡幸福長眠。
　　深深祝福趙無極終身不渝的知己紅顏弗蘭索瓦・馬凱幸福吉祥。
　　斯如此，趙無極將得以安息。

初稿寫於趙無極百日祭（2013年7月18日）

2013年12月修改

2014年1月29日完成於巴黎三昧聊齋

＊原載香港《前哨》月刊2014年3-4月號。2023年4月再次推出，略有刪改。

參考資料

● *Zao Wou-Ki Autoportrait*（《趙無極自畫像》），Zao Wou-Ki et Françoise Marquet著，Fayard 出版社1988年出版

● 安琪採訪筆記，1997年3月12日

- 〈向趙無極緣起〉——季玉年，深圳文藝網，2010年3月21日
- 《趙無極——1935-2010》——大型紀念畫冊，法國 Flammarion 出版社2012年法文版
- 〈在光線的迷宮中〉（Dans le labyrinthe des lumières）——《趙無極——1935-2010》序。作者：多米尼克・德・維爾班（Dominique de Villepin）
- 〈繪畫的姿態〉——司徒立在中國油畫院的學術演講。
- 百度百科、維基百科，自由的百科全書、藝典中國、舞音動影等網站藝術家詞條。

趙無極藝術生涯小檔案

趙無極，法文名 Zao Wou-Ki。1920年2月1日（一說生於1921年2月13日。此處以墓碑銘刻日期為準）。生於北京。2013年4月9日在瑞士病逝。同年4月16日，安葬於巴黎蒙巴拉斯公墓。

1935年，趙無極進入杭州藝術專科學校學習。師從林風眠。1941年畢業後留校任教。

1948年移居法國前，曾先後在重慶（1941）和上海（1947）舉辦個人畫展。

1949年5月，克茲畫廊（Galerie Creuze）舉辦了趙無極在巴黎的首次個展。

1951年，參加在瑞士舉辦的畫展，看到了保羅・克利的繪畫，找到了他進入西方現代繪畫之門的鑰匙。逐漸放棄具象繪畫，轉向抽象繪畫。

1950-1970年代，是學習、探討和成熟期。在法國和歐洲多個國家，以及美國、日本等地舉辦畫展。自六〇年代起，開始嘗試巨幅畫作，創作有靈感的空間感。

1980-1990年代起，畫作從符號、色彩、到空間自然融合，日臻完美，形成「無極」的獨特畫風。

所獲榮譽

　　2002年12月，趙無極當選為法蘭西學院藝術院終身院士。此前，他曾獲法國榮譽勳位團第三級勳章、國家勳位團第三級勳章、藝術文學勳位團一級勳章、巴黎市榮譽獎章、日本帝國藝術大獎等。曾任巴黎國家高等藝術設計院（Ecole nationale superieure des arts decoratifs）壁畫導師。榮獲香港中文大學榮譽博士學位，以及復旦大學上海視覺藝術學院名譽教授等。

尋找事物的祕密

——司徒立的繪畫藝術

　　司徒立先生的畫室坐落在巴黎西南郊「衛星城」的高層建築中，是法國文化部給藝術家的優惠。他的畫室，要比普通房間高兩倍，陽光透過寬暢的玻璃窗，畫家自己栽培的植物綠葉茵茵，鳥啼水聲，令人恍若置身大自然中。在無處可逃的高分貝現代化城市中，這裡可謂別有洞天。

　　剛從中國美術學院和西安美術學院講學返回法國的司徒立，三個月的勞頓，神采依然。話題便在那種為人所熟悉的「廣東普通話」和「司徒式」的哲學思辨中展開。

　　司徒立天生就是一個畫家，在他身上具備了一種用眼睛思考的才賦：對事物的特殊敏感和不斷詰問，對光和色彩的濃厚興趣和追尋。他的畫無主題，大多是以生活中的事物為主的「日常化」畫面，但恰恰是這樣一種「平淡」，駐足凝視，卻讓人怦然心動，久久無法擺脫畫中蘊含的寓意。作為以具象派繪畫躋身於法國「具象表現畫派核心」的司徒立，他和抽象派繪畫大師趙無極，恰如一枚硬幣的兩面，各以自己的極致活躍於西方畫壇。

奠定司徒立具象風格的代表作《走廊》，是20年前（1977）他剛到巴黎不久開始畫的。按照時間劃分，司徒立生活在後現代時代。但他認為，「後現代藝術，是明顯地對於深度的否定。如果說抽象畫的平面性是對空間深度的否定的話，那麼後現代的很多繪畫根本就是從意義深度方面的否定，淺薄而庸俗！」基於這種認識，感受生活真實的司徒立寧願躲避各種藝術新潮與時髦，選擇「非主流派」的具象表現繪畫，「以視覺形式去詢問、去思想、去表達」自身所處的存在世界。

　　當年司徒立住在巴黎瑪黑地區白大衣老街的一幢舊樓房裡，那裡有許多藝術家和年輕人，洋溢著一派濃郁而浪漫的藝術氣氛。《走廊》就是司徒立每天都要經過多次的地方，他說：「我的房間就在這個走廊的盡頭。有時在我經過的時候，有一種特別的感覺，

司徒立（右）及其名作《走廊》，左為安琪。1997年5月20日林飛攝於司徒立畫室。

我不知道是什麼感覺。既然這樣，它當然就是我想要面對的一個題材了。就想要通過畫畫進一步瞭解，它給我的到底是一個什麼樣的感覺。這條走廊可以在心理方面有一個記憶，比如我小時在廣州居住的時候，就有一條很相近的走廊，但是我寧願把這樣一種心理因素暫時排除掉。從純視覺來看，走廊的盡頭，是一個窗戶，拐角處是樓梯，光線從盡頭的窗戶湧進來，好像要把窄窄的兩堵牆撐開，又好像那兩堵牆在移動，要把湧進來的光逼出去。有時傍晚的光來得比較溫柔的時候，古老的牆壁就像滿身傷痕的皮膚一樣，溫柔的光似在撫摸它的傷口。這個光，有很多不定的含義。一般的人可以說它是象徵光明，但是對我來說，我站在一個黑暗的地方來看這個光，有時候它是光明，有時候讓我想起審訊室裡那種強的刺光。我寧願把這個走廊看成是兩種力量抑或是生命的搏鬥，看作一種角鬥的場所。我希望把這樣一種有不定含義的光以及說不出、看不見的東西，訴之於可見的形式。」

面對這樣一個不定含義，不斷流變又不斷生存的現象，司徒立常常有一種恐懼和憂慮。因此，十多年裡，他不斷重複地畫這走廊，「以一種視覺方式不斷去理解這走廊，畫了不下二、三十次。畫完一幅以後，我覺得還有些東西沒說出來，便又重新開始畫第二幅。這樣的一個行為，就是要解決這個不斷的追問：我看見的就這麼多嗎？我總是擔心自己主觀的這個『看』裡面忽略了什麼，尤其擔心自己沒有辦法把它抓住。事實上，結果還是很難抓住。」

那麼，走廊的真實究竟是什麼呢？司徒立說：「當我問這條走廊的真實的時候，它不應該是堵牆，而是給人通過的走道。從物質上說，或者是磚的，或者是水泥的，但我們講的不是這個真實。走廊的真實是什麼，我一直都沒有辦法回答。但是在越無法知道，越要想瞭解這個真實是什麼的時候，就開始『較勁』了。它不斷地

變，我就硬想抓它。走廊的本性又是不留人的，而我卻偏要留在那裡，這種永無止境的矛盾與衝突，本身就體現為一種真實。」

這種情形，可以說反映了畫家本人當時那個年齡的心理、精神狀態，性格，以及對真實的反應。從文革的狂飆中毅然出走，游水到香港，卻「白了少年頭」的經歷，對畫家年輕的生命所產生的強烈衝擊，必然要通過筆觸傾瀉在畫布上。那種被畫家賦予許多不定含義的光，當看作是畫家生命狀況的表述和對真實性的揭露。

同樣的表述和揭露在1994年的《黑夜之祭》中又得到了不同的表現。這裡，畫家沒有了早期的騷動不安和空間擠壓下的恐懼，而以一種平和的心域，廣闊的視覺和舒緩的筆調，表達了一種沉靜深遠的寓意世界：靜臥的裸體模特兒，靜臥的貓似與懸掛在鳥籠裡的鳥對視，紅色的水果，綠色的植物，窗外月光朦朧，內外這樣一種「靜」的運動相呼應，營造出一個巨大的懸念，給人以無際的想像空間。這種細膩微妙，對細節不厭其煩的刻畫，讓人想起法國19世紀最值得紀念的文學家普魯斯特（Marcel Proust, 1871-1922）的終生著作《追憶似水年華》（À la recherche du temps perdu）。靜而感之，這樣一幅「日常畫面」，把存在主義者式的虛無怖栗一瀉無餘。與《走廊》迥異的生活經歷，卻獲得了一種直線的感受，這難道不正是畫家所尋找的內在真實的本質所在嗎？

司徒立經常說：「大自然也有一個隱祕的計畫」〔相對於黑格爾（Georg Wilhelm Friedrich Hegel, 1770-1831）的歷史的隱祕計畫〕。他所謂揭示「事物的祕密」，或者「尋找事物的祕密」，是否受這種暗示或意念的驅使呢？

司徒立回答：「什麼叫藝術？藝術就是一種詩，所謂詩，就是事物的內部存在和人的內部存在的溝通。用孔子的話說，『不學詩，無以言』。也就是說有一種一般語言沒有辦法表達出來的東

西，詩可以把它說出來。什麼東西是說不出來的？存在是不可說的。比如我這次在中國看黃河，整個感覺就是沒有什麼好說的，說不出來，說出來的都好像不對勁。黃河每時每刻都在咆哮，這樣的一種運動為什麼存在？為什麼不是什麼都沒有？在這種時候，差不多是一個不可說、不可回答的問題。但是人又有一種對根源的追問的欲望，這時，我們總是希望人與物之間有一種隱祕的關係，有一個隱祕的規則，能夠使得人類同這個事物有一種溝通。所謂的繪畫藝術，就是找這樣的一種溝通規則的東西。我覺得古時的人很有點這樣的東西，現代人在過分地物質消費，那種跟事物有不盡含義的溝通慢慢地喪失掉了，沒有了這種溝通，就沒有了詩意。」

司徒立的畫就是這樣一種對事物的直觀呈現。他1988年畫的《佳柔山風景》，氣勢恢宏，展示了中西交融的時空架構，給人一種史詩般的激動與享受。「人的主題性在此突然變成痛苦的根源，而自覺渺小。」

司徒立對景物的表達是非常精微的。他的靜物系列，如一盤水果，一個花瓶，一束丁香花，小號和盛放小號的舊紙箱或舊報紙，每一樣東西都是畫家司空見慣的日常用品，散布在畫室的各個角落。但是，被畫家不斷進行「視覺追問」並一次次付諸畫布的東西，卻比實物本身更具真實性。正如司徒立的朋友、哲學家哥爾（Aliocha Coll）所指出的那樣：「司徒立的靜物畫，可見更多的純形體、結晶體和幾何抽象的東西，並在一種靜態的關係中凝聚住運動，自我封閉起來」。而且「常常存在著一種很強烈的氣氛，在寧靜和諧之中隱藏著焦慮。畫中的事物與陽光、空間互相交錯，構成一個詩意的、具有自足本能的世界」（引自哥爾〈與畫家司徒立對話〉，1989年）。

當然，這樣一些「意義」或特點，「都不是先於繪畫的意

念」。司徒立說：「在我動筆畫畫時，緊張的工作彷彿產生一種神祕的力量，使得眼前的對象分裂了，我的意志融化了，人與對象彷彿都失去了現刻的時間與空間，進入了一個純意象的世界。在那裡，先是看見那些分解出來的顏色與形體，隨著繪畫的進展，它們逐漸進入一種結構、運動與節奏中去，形成一個有秩序的透明世界」。

這也不是畫家對事物的分析，而是對畫家工作狀況中的一種描述。司徒立說：「真正畫畫的時候，根本就不想這些事情。只有一個就是眼睛看到的，而且看到的更多的都是一塊塊顏色，或者一條條線條，一個個型面，就是那麼一點東西。什麼意義、真實，全都沒有。你光是對付這些顏色之間的變化，線與線、型與型的關係，就已經是沒完沒了的了。按照習慣，我們總是要追求兩個東西，一個是整體性，這是顏色與顏色、型與型的關係上來說的。另一個就是充實性。這是作為一種感性和時間的完滿，也就是中國人所說的，『充實之謂美』。只要這兩個東西達到了，基本上就可以停手了。」

前不久司徒立在巴黎舉辦的個人畫展，應該視作是畫家所追求的整體性和充實性的完美體現。受到法國藝術界的極高讚譽。

今天，當現代派繪畫在工業文明的進程中經過它的輝煌時代，同樣在工業文明對「人」以及「人的表達」的「硬性切割」中走向衰落，繼之被後現代所取代而欲將當代藝術推向死胡同的時候，司徒立這樣一種精深的藝術造詣和對真實的絕對追求，以及他作為一個「為21世紀藝術尋找方向的中國畫家」（金觀濤語），很快受到中國探索新藝術語言的一批藝術家的矚目，先後被中國美術學院和西安美術學院聘請為客座教授，自1993年始，每年往返大陸與巴黎，樂此不疲。

司徒立認為：「大陸油畫界目前缺乏的就是關於油畫的理性。所謂理性，就是追求最大的功能，同時明瞭其界限；油畫的理性，

就是油畫在追求自己的最大的表現的可能性的時候，同時也意識到油畫之所以為油畫的限定性。這裡面有一個弔詭的東西，一方面有表現自由性，另一方面，油畫也有自己存在的限定性，怎樣解決它們之間的關係，每一個時代都有自己的尺度，自己的面貌和理解。什麼是現代油畫的理性？我覺得這一點是有必要討論的。在中國要麼比較極端，就是學院派那一套，純技巧的灌輸，好像把某種技巧系統把握了就什麼東西都能表現了，搞技巧主義。要麼就一下子都變成革命派、前衛派，一切疆界都要打爛，什麼都可以，我想這都不是符合實際的。」

談到回國講學的感受，司徒立說：「是一種力量的驅使。我感到當年我出走時，我是非走不可，現在我回去，也是非回去不可。也就是說，中國從一個凝聚力的崩潰到再度回到它的凝聚力。二十多年前，大家拼命地往外跑，用唐君毅的話來說，中華人文，花果飄零，是一種凝聚力的渙散。到了今天，我相信很多海外的中國知識分子也陸陸續續地回國去了。我認為這裡面有一種新的凝聚力。這意味著我們的民族有一個新的希望，新的可能性。」

由於司徒立的引薦，法國一批本世紀最傑出的藝術大師，如畫家阿希加、森・山方、雕塑家雷蒙・馬松、攝影之父布列松等，均成為中國美術學院的客座教授。這對整裝再出發的中國藝術界，無疑是大有裨益的。

訪問司徒立的翌日，我應邀前往坐落在香舍里榭大道的法蘭西歌劇院聆聽柴克夫斯基（Pyotr Ilyich Tchaikovsky, 1840-1893）的第六小提琴獨奏曲。這首登峰造極的悲愴交響曲（Pathétique），是音樂家用他的全部心靈完成的傑作。南韓著名小提琴家精湛的演奏和豐富的旋律靈感，喚起了我對司徒立繪畫的強烈共鳴。在節奏的起伏變化中，那些畫交替地在我的腦海裡重疊顯現，藝術家的內心

搏鬥，那種猶豫，焦慮，追問，遲疑，寧靜，和平等等，交織在一起，不斷重複的韻律，每一次都律動出一種新的境界。節奏的空間和虛無構成的真實，與司徒立繪畫的真實如此相似，生命的悲壯如此感天地而泣鬼神，實在令人驚心動魄。

於是，便有了上述文字。

1997年6月於巴黎三昧聊齋

＊首發於香港《前哨》。

司徒立檔案

1949　生於廣州。

1972　居於香港。

1975　定居法國。

1980　獲法國文化部青年畫家贊助金。在巴黎舍維耶畫廊舉辦第一次個展。
　　　參加巴黎大皇宮舉辦的法國水彩畫展。

1981　獲義大利盧比興繪畫一等獎，加入巴黎Galarie Claude Bernard畫廊。

1982　參加法國蓬皮杜文化中心國立現代藝術博物館當代畫廊IN SITU展，展出作品20幅。
　　　獲巴黎學院費里翁繪畫大獎。

1983　參加法國蓬皮杜文化中心國立現代藝術博物館舉辦的「20位具象表現繪畫素描展」。
　　　隨後，此展覽在法國巡迴展出一年。

1986　個展於香港中華文化促進中心。

1987　參加法國布倫市文化中心八人展。

　　　個展於臺北雄師畫廊。

1988　個展於法國巴康丹市美術館。

1989　參加布佳爾市博物館具象表現繪畫展。

　　　個展於臺北雄師畫廊。

1993　中國美術學院（前浙江美術學院）客座教授。

　　　香港中文大學中國文化研究所《二十一世紀》雙月刊執行
　　　編委。

1994　加入巴黎J. Elbaz畫廊。

　　　個展於臺北愛力根畫廊。

1996　個展於Galerie Jacques Elbaz畫廊。

　　　西安美術學院客座教授。

2000　獲法蘭西學院繪畫大獎。

2001　受聘為中國美術學院教授，博士研究生導師，藝術現象學研
　　　究中心學術委員會主任。

2002　受聘為上海師範大學美術學院客座教授。

重要收藏

法國國家現代藝術博物館蓬皮杜文化中心。

法國國家當代藝術收藏基金會。

義大利盧比興博物館。

法國布倫市博物館。

法國巴丹康市博物館。

永遠的巴黎，生命流的詠嘆
——記原首任中國社科院政治學所所長、首屆民陣主席嚴家祺

題記

2023年11月9日清晨，看到嚴家祺發來的郵件，說他們來巴黎了，住在老地方。

「高皋也來了嗎？」我又驚又喜。

——電話中確認他們夫婦搬回巴黎，「終於和兒孫們團聚了！」

這真是命運的安排：數十年人生的輾轉輪迴，重新回歸到個體，和以個體為單位的家庭親情——這個在毛澤東時代被洗腦而長期被忽略的生命的本真和基本人權。滄海桑田，個中難以語述的跌宕磨礪，瀕臨死亡的體驗，終如涅槃鳳凰，浴火重生，令人動容、感慨不已。

嚴家祺，自1970年代末到整個1980年代，作為中國思想改革的標誌性人物，他是最早提出「廢除幹部領導職務終身制」的學者（1979年2月）。他的《首腦論》和與高皋合著的《文革十年史》

（1986）等一系列突破思想禁忌的著述和言論，使他成為具有人格力量的中國知識分子代表而廣泛地為人們所知曉。

同樣是這個名字，在八九民運中，幾乎不可避免地作為一種符號、一種象徵，走在運動的最前列，成為中共通緝名單上的要犯，乃至流亡巴黎，別無選擇地樹起了八九海外民運大旗——民主中國聯合陣線。

那是一段熾烈而灼痛的日子，輿論焦點的頻繁曝光，使這支隊伍的步履開始散亂，金錢的腐蝕和權力的誘惑，使一大批精英、領袖黯然失色，無聲無息地與鎂光燈同時消逝。此情此狀，嚴家祺是痛苦的，也是無奈的。作為一介知識分子，他高風亮節，無私無畏，並提出流亡人士首先要學習語言，安身立命。可惜這一說，在當時並未引起人們的足夠重視。作為民陣主席，他則被各種頻繁的會議和應酬等事務所左右，偏重於政論研究，在組織運作上顯得乏力，經常身不由己地先是被當作偶像和替身周旋於各黨政要界，繼而被架空其職，一有異議便受到掣肘，最後他主動卸任。接著，在1993年「民陣」、「民聯」合併分裂後，不再擔任民運組織的領導職位。

1994年1月，嚴家祺應美國哥倫比亞大學邀請，作為訪問學者移居美國。兩年後訪問結束，留在紐約。他的夫人高皋在曼哈頓醫院工作，而他則成為自由撰稿人，寫了上千篇文章，出版了《霸權論》、《生命樹的分叉》、《普遍進化論》和回憶錄《在人生的列車上》、《命運交響曲》等著作。

此間，因「在體現醫療中心的使命和理想中傑出的服務和工作」而榮獲醫院獎狀（2002年7月）並受同事們愛戴的高皋，卻由於過勞，嚴重損害了自己的健康。2014年夏我去美國拜訪他們時，高皋已處於半自理狀態，日常生活要靠嚴家祺照料——這位不食人

間煙火的學者，一邊寫作，一邊開始了家務百事的全方位操勞。

2019年9月11日，嚴家祺突發心臟病入住美德星華盛頓醫療中心醫院，一星期連做三次開胸大手術，從死神那裡走了一遭。

2022年8月23日，嚴家祺在美國受洗為基督徒。

2023年3月11日，嚴家祺在風中行走時，被一棵大樹下的低矮圍牆絆倒，造成脊椎壓縮性骨折。「從這一天開始，我的人生發生大轉折……一個有心臟病的我，開始為兩個八十多歲的「『半自理』老人服務。」（嚴家祺語。）

同年秋末，年逾八旬的家祺和高皋在離開巴黎近三十年（1994年1月至2023年10月31日）的時候，雙雙坐在輪椅上返回了巴黎。

久違的晤面中，嚴家祺講了他的感悟和他正在進行中的「創造性」寫作。我這才恍悟，家祺實際上是一位真正的科學家，他文革前曾在中國科學技術大學理論物理專業學習，很早就沉思在廣義行為學原理的研究中，並有穿透性思考。他的宇宙觀是超驗的，又是對人類世界具悲憫情懷的。

整理照片，看到程映湘2019年在病房專注閱讀嚴家祺、高皋來信時的神情，感動又內疚（見〈超越者的智慧——記第一代流亡人士、文化使者程映湘〉）。我很晚才知道，當時嚴家祺身體就不大好，距他做大手術不到兩個月。但即使在那種狀態下，聽到程映湘住院的消息，他一點兒也沒有流露自己的狀況，馬上寫信讓我轉給映湘。自此，映湘把信放在身邊，不時拿出來閱讀，在她生命的最後日子裡，這封信陪伴著她，孤寂的心得以慰藉。

這就是嚴家祺，一個純粹、真實，悲憫有愛的人。他的朋友不分職位、行業和年齡，遍及世界各地，他概一視同仁，以誠相待。可以說，無論為文，或是為人，嚴家祺都頗具胡適之風，從某種意義上說（遠離故土、無職無權），甚至走得更遠。

與此同時，嚴家祺一直在沉思。現在的他，正在構想世界聯邦制的宏圖——這，是他的理想。

家祺對我講起他在第三次手術後甦醒時的一個「曾經作過的、童話般的夢」：

「我沿著一條小路行走，有許多小孩，好像是放學回家，路邊插了許多兒童玩具，五彩繽紛，可以隨意取走。太陽那麼溫暖、明亮，周圍的一切是那麼安寧、輕快，像童話插圖一般美麗，好像回到了中學時代。我聽到了悅耳的歌聲，環顧四周，沒有陰影，空氣清潔，我覺得呼吸非常順暢。」

嚴家祺復活了，肉身的，靈魂的！

歸去來兮，聖母院的鐘聲，迴盪著生命流的詠嘆。

安琪於2023年11月12日

按：正文是1994年1月嚴家祺離開巴黎時的訪問記，原題為〈告別巴黎〉。

從法國政治中汲取靈感

嚴家祺對法國是很有感情的，對他來說，在國外期間，有兩種經驗——即有生活在歐洲、在巴黎的經驗，和生活在美國的經驗，是非常重要的，可以對整個西方社會有一個基本的瞭解。他認為法國與美國是很不一樣的，法國是一個有高度自由精神的國家，美國也如此，但法國又有很多社會福利措施，是一個帶有很多社會主義色彩的國家。嚴家祺說：「在法國這幾年，我深深體會到，法國是一個真正尊重人權的國家。中國的流亡者幾乎全都來到法國，法國的社會黨政府以及民眾對我們一直非常友好，在這樣的國家裡，我們從來沒有感覺到族別方面的歧視。」

家祺坦承，他關於「兩個共和」的提法，是受法國政黨的啟發。當時他想，法國有第五共和，那麼中國是不是可以用這樣一種概念來解釋歷史呢？於是，在他剛到巴黎不久的一篇文章中，提出中國社會的分析，就把第一共和、第二共和這個概念提出來了。後來發現這樣解釋是比較妥當的。

從對法國政治的觀察中，嚴家祺發現在法國第五共和時代的政治中，總統與總理的摩擦是經常不斷的，從這些經驗中，可以看到政府中的和平更替在指導民主，比如當社會黨政府轉變成為共和國聯盟——即右派政府——上臺的時候，它的政治轉變不是一天就實現的，而是一天一天、一件事一件事、一項政策一項政策地逐漸把社會黨的政策轉變成為右派政策。這樣一種轉變機制，如果不在西方社會生活，不在法國生活，根本就不可能瞭解。

民主是一種程序機制

嚴家祺指出，我們在中國追求民主的時候，對這方面往往就

不重視。一個新政府上臺了，就一下子把過去全部打碎，而沒有想到，它的轉變應該用法律程序一項一項地去轉變。通過對民主的瞭解，嚴家祺提出民主總的含義有兩個：其一、民主作為一種理想、一種理念，它是專制的對立物。其二、也是民主最重要的含義，即民主是用程序來解決政府的和平更替、政策的逐步轉換的一種機制。政府的和平更替是按照民意，政策的轉變也是按照民意。這樣一種機制，在中國歷史上幾千年來都沒有。嚴家祺認為，對於中國來講，絕不是有了民主什麼都好了，而是民主能保證這兩點，不要把民主看成非常理想的狀態。

上：嚴家祺當選第一任民陣主席，安琪攝於1989年9月24日。
下：在六四三週年祭日，嚴家祺（左4）與專程趕來的鄧麗君一起唱〈血染的風采〉。安琪攝於1992年6月3日。

聯想海外民運的幾年經歷，儘管遭到很多挫折，但嚴家祺感到海外民運是一個非常重要的經驗教訓。就是說，這些人不管怎麼樣，懂得一個起碼的道理，即民運中領導者的更替，要經過程序來解決。當然不是說每個人都懂，但大部分人都懂這個道理。當然，民聯陣合併出現分裂的教訓，反映了海外民運群體中對民主的認識還是有很大區別的。由是，嚴家祺認為，將來的中國，在輿論方面，很重要的一點就是要把程序的概念搞清楚，遵守程序，按照多數的意志，同時要保護少數，民主政治就是多元政治。他表示自己回到國內將致力於民主概念的傳播。

研究中國憲政，做好回國準備

什麼時候、在什麼情況下能回國呢？

嚴家祺回答：「只要中國方面取消對我的通緝令，我就會隨時回到中國去。這是我的選擇。回到中國才能更好地起作用。」

既然現在還不能回國，嚴家祺計劃在美國期間，一方面很好地研究西方的政治制度，一方面很好地研究中國的國情、研究今後中國政治發展方面的問題。主要的工作會轉向中國憲政方面的研究，他希望回到中國之後，也能有一個連續性，把這種對於建立中國憲政的研究，在中國的土地上一步一步地對社會產生影響。他堅信今後的中國，肯定在這些方面有這種需要。

嚴家祺解釋，從法國到美國的一個很重要的原因，就是法國對中國的研究偏重於中國的文化和歷史，特別是中國古代文化，對儒家、對中國的古代哲學思想史的研究水平是世界上數一數二的，不比美國差。但對中國當代的政治、經濟、文化的研究方面，法國就要弱一些。在巴黎的中國圖書館，專職人員奇缺，管理比較差；美國很多大學中文圖書館的水平都超過整個巴黎的水平。另外，美國

關於中國問題研究的討論會接連不斷，法國就要少得多。

當了一年多的無業遊民

　　一年多來，嚴家祺一家的生活非常拮据，原有的研究獎學金早已截止，工作機會幾乎等於零，僅有的一點積蓄，除了日常開支，還要支付每月必不可少的房租、水電費以及年終稅收等。在法國這樣一個高消費社會裡，其生活境況可想而知。談起這段生活，嚴家祺說，沒有一份工作，變成了一個無業遊民，一個自由職業者，心情當然不太好。實際上在西方社會很多人都是這樣的，只是我們還沒有適應這種情況。今後中國也會這樣，許多人可能在一段時間裡會沒有工作，這是非常正常的，而不是反常的。比如在美國聘任一個人總是一年、兩年，新的情況下，要重新寫申請。像戈揚大姐，她四年以來，一直是在靠寫稿過活，就很不簡單，七十多歲了還在學英文。嚴家祺說他今年（1994年）也在這樣做。據統計，他出來至今，一共寫了一百五十多篇文章，這些文章90%都是關於中國的，10%是關於國際問題和文化等問題。

　　與此同時，高皋今年也完成了六十多萬字的《後文革史》一、二卷。一本已經出版，一本正在排版。根據這些作品的收入，加上法國一些社會福利方面的幫助和法國政府給予享受的低房租，使他們這一年的生活得以維持。

　　在此，嚴家祺特別提到一位名叫鶴鋼正己的日本出版家。1989年時，這位出版家聽說嚴家祺到了法國，並從報導中得知他的孩子留在中國，就寄了一筆稿費給他的孩子（當然，錢沒有到孩子手裡，就被當局扣了）。後來他又出版了嚴家祺的《首腦論》精裝本等三本著作，其中一本著作，他付了嚴家祺很高的稿酬，使他們能夠度過生活難關。像這樣一位出版家，素不相識，卻這樣慷慨相

助，嚴家祺很是感動。

「重新認識馬克思」

　　正是在這種情況下，嚴家祺對馬克思（Karl Marx, 1818-1883）有了新的認識。他很想去打工，但實際上找不到工作。法國人失業現象很嚴重，失業率達到了近12%，約有三百二十多萬人失業，50歲以上的人，基本上求職無門。碰了幾次壁後，嚴家祺只好聽任不到20歲的兒子停學打工。兒子找過幾十次工作，一天工作將近十二個小時，回到家就精疲力竭，工資則是法國的最低標準。透過兒子，嚴家祺看到了什麼叫剝削。他寫了一篇文章，題為〈對馬克思的再認識〉（發表於香港《前哨》1993年12月號），他認為，如果老闆付給工人的工資低於市場平均價格的話，就叫剝削。而馬克思將此理解成為所有付出工資以外的老闆的收入都叫剝削，這是兩個概念，所以馬克思的剩餘價值學說是錯誤的。他進而分析，今天中國的資本主義相當於一個世紀以前法國的資本主義。就是說，市場競爭不規則，剝削現象大量存在，如以錢換權，權錢交易的情況非常嚴重等等，這種情況正是馬克思主義產生的土壤，所以馬克思主義就會抬頭。

　　嚴家祺說他不是一個馬克思主義者，但他認為馬克思在揭露這種剝削現象方面，在揭露資本主義社會的弊病方面，是有他的力量的。但馬克思的錯誤，人們至今也沒有很好的認識。

　　嚴家祺分析，中國正處在資本主義的初級階段，它一方面要保證個人的自由和權利，另一方面要很好地完善社會保障制度。今後的中國，不光是民主的問題，而且要在私有化的同時，加強法制、加強社會保障制度，要有公司法、社會福利法方面的建設，只有這樣，中國才能一步步走上軌道。嚴家祺強調：將有些人劃為反改革

派，是不正確的。我們不能夠簡單地說，今後是改革派與保守派的鬥爭，因為改革裡邊出現了很多不好的現象，我如果在中國的話，我也不會是一個完全贊成者。我不僅會舉著自由民主的旗幟，希望中國能尊重和保障人權，同時我也會呼籲要有社會公正。毛澤東對人們的影響，主要是他的社會主義理想，不能說這種理想完全是壞的，簡單地劃分改革派和非改革派，太表面化了。

領會學習的含義

幾年的流亡生活，使嚴家祺對人生的認識有了很大的變化。他覺得，以前的自己，是一個簡單地相信科學的人，現在他仍然相信科學對於社會的作用，同時也感到僅求助於科學已經遠遠不夠了，因為人生還有比科學更豐富、更廣泛的東西。人生中朋友之間的友誼，內心的安寧，宗教情緒，健康的體魄，都是可寶貴的。取得了什麼成就，寫了幾本書，那些東西都很有限，是事業的一個部分，不是全部。

（左起）高皋、嚴家祺涖臨安琪、黎方任在巴黎魯特西亞酒店（hôtel lutetia）舉辦的婚宴。1993年1月16日。安琪提供。

現在的嚴家祺，感到生活充滿樂趣，而他以前卻體會不到這些。他感到，巴黎是一個了不起的地方，任何狂妄的人，只要他來到巴黎，他的狂妄病就能澈底地從心靈深處治好。比如，不到巴黎就不知道藝術的深淺，巴黎的藝術家之多，隨便一塊石頭從天上掉下來，就可以砸到一個藝術家。

　　他還體會到，從前以為自己到了這個年齡，是不用學習了，只要依靠自己的才智就能想到別人沒有想到的東西，已經到了一個非學習階段的創造階段了。到了巴黎，他才發現，他幾乎不能創造。他能夠做的事，實際上是非常有限的。無論從事民運或從事政治學方面的研究，他的知識都是非常有限的，他感到需要學習的東西太多了，而且有很多東西都沒有學好。他意識到，在政治上也好，在知識上也好，包括學外語也好，都是非要照章做不可的，沒有允許你自由選擇的權利。在學習的基礎上，偶然會有一點小創造，一個人有幾個小創造，就很了不起了，思想方面的創造也一樣。

　　嚴家祺告訴我，在最近半年裡，他學會了游泳，也學習過開車，從中懂得了很多道理。第一、他懂得了什麼叫學習。他說，學習的基本含義就是一句話，即：熟練地、準確地掌握前人的、或別人告訴你的要領。而他以前一直以為學習就是看書，因為毛澤東說「認真看書學習」。現在他知道，看書是學習的一個手段，而學習的實質並不是看書。他的經驗是，如果你不去掌握要領，只要有一點小小的偏差，你不是出車禍，就是被淹死。他在游泳中就喝過很多次水，幾個月過去了，現在基本上接近如毛澤東所說的「勝似閒庭信步」了。他風趣地說，他還想學衝浪，並希望有一天能暢遊太平洋、大西洋、印度洋等。

「上帝要使人滅亡，首先使人瘋狂」

其次，嚴家祺悟出了「上帝要使人滅亡，首先使人瘋狂」的哲理。他舉例說，有一次清晨，他在十九區的游泳池練習游泳，被一個人從他身下穿過，將他撞到了深水區，他喝了很多水，卻沒人發現，因為當時游泳的人都是上班族，大家都游得很好，所以工作人員也忽略了。嚴家祺回憶說：「那個時候我感到自己瘋狂了，大腦一片空白，我揮舞著手到處亂撞，根本沒有理智了，碰到一個人時，我就拼命抓住他，這個人才知道有人進水了，把我推到了邊上。在這次以後，差不多有十多天，我都不敢游泳，見水就害怕。我這才知道，『上帝要使人滅亡，首先使人瘋狂』（我不相信上帝，在此我借用上帝的概念）。」

另一個例子也頗為幽默。這幾年，嚴家祺騎著自行車跑遍了巴黎的大街小巷（在巴黎騎車是很危險的，因為沒有自行車道）。有一天，為了一個重要的約會，他騎自行車去了，說好是下午4點鐘，結果到了3點55分，他還沒找到約會地點，在這種情況下，他就慌了，頭腦全亂了，越找越急，生怕誤了這個約會。突然間他想到，上帝要使人滅亡，首先使人瘋狂。他便馬上讓自己冷靜下來，再仔細地辨認了一、兩分鐘後，發現約會的地方就在他附近。

他的結論是：上帝給予人的最重要的東西有兩樣，一個是理智，一個是良知。當你失去理智時，你就會走向失敗；當你失去良知時，就會出現很多問題。

北京外交心理的三個特點

從「游泳哲學」推論中國、美國、法國的外交心理，嚴家祺發現，北京的外交心理有三個特點：一、有時不講道理、不講理智；

二、對各個國家不平等，有時欺軟怕硬；如同樣是軍售臺灣，北京對美國的態度和對法國的態度就很不一樣；三、缺乏實力的後盾。而美國的外交心理就不是這樣，第一、是理性主義的，是非情緒化的；第二、對預測做好充分研究；第三、講究實力。法國的外交心理同美國和中國都不一樣，法國既不是非理性主義的，也不是理性主義的，而是浪漫主義的理性外交。這對法國來說是不利的。

嚴家祺承認，中國外交政策肯定不同於西方國家，中國有自己的國家利益和民族利益。但在香港問題上，中國的外交心理是不理智的，是硬來的。當自己受到一次打擊之後，就不講道理，就蠻幹，這就要出問題。例如在彭定康問題上，彭定康（Chris Patten）是很理智的，按照《中英聯合聲明》，按照北京通過的《基本法》來提出他的政改方案，他唯一的問題是在民主問題上，沒有同北京打招呼，所以北京就很憤怒，憤怒時說的話就收不回來，這種做法就有點像失去理智。在外交方面，你只要失去理智，一定會引來失敗。正是因為彭定康的原因，僅一票之差，中國就喪失了2000年的奧運會舉辦權，這一票就是彭定康沒有投。因為英國首相梅傑（Sir John Major）是支持彭定康的。加上英國國會也是這個態度，所以本來投中國的票，就投給了悉尼（Sydney，臺灣譯名為雪梨）。中國在香港問題上的做法，雖然看起來顯得很強大，實際上是在「家長制」情況下，一個「老家長」在欺負自己的晚輩，損害的是中國人自己，是很不明智的。嚴家祺形容北京現在越走越遠，就像他快要淹死時亂抓人一樣。

嚴家祺很想寫一本關於三人政治的書，在這個三角關係裡，一個人是講理性的，一個人是不講理性的，一個人是不要命的。他想說明的是，講理性的人從來都是不講理性的人的對手，不要命的人一定能打敗這二者，但這是局部的也是短暫的，從長遠來講，理性

主義一定是占上風的。

不贊成做一個純理性主義者，

　　嚴家祺認為，作為一個國家，應該是純理性主義者。但作為個人，他不贊成做一個純理性主義者。以馬英九為例，大家說，他是一個零缺點的政治家，嚴家祺也很佩服他，預言如果中國將來統一的話，肯定馬英九會是中國政府中的一個重要人物，因為很多人會被打倒，而他是一個打不倒的人物。他是一個重理性主義的政治家，對人謙和、平等、知識豐富、有修養、幾乎可以用所有的好話來形容他。但嚴家祺對他說：「你還是有很大的缺點，這個缺點就是有的時候應該有點非理性的行為。」政治家有時候是要發火的，因為政治家有人的感情行為，理性是無感情的行為，國家政治可以這樣，但作為一個政治家來講，要有情緒，要有感情，要有強烈的個性表現。

　　家祺闡述說，當你投身於一種理想主義事業的時候，人的獻身精神、人的熱情、信仰和忠誠，往往帶有非理性，光靠理性是做不了事情的。比如把江澤民、達賴喇嘛和教皇聖若望保祿二世放在一起來比較，聖若望保祿二世是既理性的，又是具有感召力的，他的那種精神上的力量，簡直無與倫比，在他面前，你會油然而生一種崇敬之情。達賴喇嘛也很了不起，他確實在很多方面要高於江澤民。江澤民對於理性與非理性，對於人性方面的瞭解，比達賴喇嘛差了一大截，達賴喇嘛同聖若望保祿二世比，又有差別。

宗教的感動

　　1993年歲末，嚴家祺在舊金山參加一個基督教愛華會主辦的關於宗教在中國的發展前景的會議，在一位基督徒舉辦的家庭聚會

中，有一個教徒講了幾句話，為中國的前途祈禱。他的話那麼平和，一句都沒有離開中國，一句政治也沒有，他希望我們有一個好的祖國，一個保護他的兒女的祖國。這些話令嚴家祺感動得不能自己，喉嚨堵塞了，話都說不出來。後來同時參加聚會的一位朋友說，他當時深深地被嚴家祺感動了，被嚴家祺所表現出的人性的真誠感動了。

在採訪中，嚴家祺引用流亡記者曹長青的話說，「眼淚是心靈的洗滌劑」，一個不掉眼淚的人，是冷酷的人，這種人是很可怕的。

嚴家祺回憶，他參加這麼多年民運，沒有被感動過一次。他被激怒過，感到過不平，感到過不合理。他看到有些人是僵硬的、冷漠的、像木頭一樣的、像橡皮一樣的。但在這樣一次普通的宗教活動裡，他的心被感動得流淚了。他說：這裡沒有譴責任何人，就是提倡愛，用愛來表達一種感情，這真是偉大。嚴家祺自認他的心與那位基督徒的心之間是有距離的。他認為，人不可能成為聖人，但人必須逐步地去接近他。

嚴家祺有一位朋友，坐過多年監獄後仍然保持了一種同情心。嚴家祺這樣對他說：「你坐多少次監獄，都是我的朋友，我不管你是什麼原因坐監獄的。」他深有所感地對我說：一個曾經受到摧殘和折磨的人，如果他繼續保持一種同情心，他可以用這樣一種同情心，不僅自己能創造新的成就，而且能造福於人類。同樣的一個人，當他完全喪失同情心時，一旦獲得自由，有了權力，他就會成為一個新的獨裁者，他就可能把新的災難強加於人。

行文至此，筆者以為，對於嚴家祺這個名字，大概無需再做什麼注腳了。當我們再次將焦距對準嚴家祺時，他那從未動搖的人格力量，他那始終如一的道德形象，他的自信和他的創造性思維及其論著，顯示了他的非凡與實力。而他對人性的認識，對生活的感

悟，對自我的反省，使得這個名字更接近常人，變得生動而豐富。

時間，就是永遠的裁判！

1994年3月於巴黎三昧聊齋

＊1994年5月發表於香港《前哨》月刊。

香港新聞自由現狀與前景
——「九七」前夕與老報人羅孚對話

　　近年，對中國知識分子的批評反思日見激烈。中國知識分子自古以來作為「士大夫」階層的政治參與性強於社會批判性的角色定位，似乎注定他們長期處於內心分裂的悲情之中，較之西方知識分子的獨立意識和自由批判精神，中國知識分子的確顯得尷尬而卑

安琪拜訪羅孚，1996年7月20日。安琪提供。

怯，以至於有人認為：中國根本就沒有嚴格意義上的知識分子，有的只不過是讀書人而已。

其實，如果我們心地平和地把視角從中心轉移，面向更廣闊的空間和領域，就不難發現，那種被稱之為「嚴格意義上的知識分子」還是不乏其人。他們與權力中心永遠也拉不近的距離，保持了他們人格的完整和生命尊嚴的高揚，成為專制的黑幕永遠也遮不住的精神亮點。

香港老報人羅孚（1921-2014），就是這樣一位具有獨立批判精神的知識分子。

羅孚，半個多世紀的黨齡，畢生的報紙生涯。抗戰期間，他先後在桂林、重慶從事《大公報》工作，並任副總編。解放初期，羅孚調到香港《大公報》，同時擔任由《大公報》創辦的《新晚報》總編。羅孚的政治色彩如同《新晚報》一樣，雖然有「黨報」的功能，卻儘量避開左派的政治敏感，採取中間灰色的面貌來適應香港社會和讀者需要，他的署名文章與《新晚報》一起，是唯一被香港社會所接受的來自中方的「黨的喉舌」。《新晚報》銷售量在五家左派報紙中位居首位，在當時香港的幾家晚報中，居第二位。

這樣一種身分和報紙，使羅孚在共產黨對香港高層、特別是文化人的統戰工作中，起了舉足輕重的作用。這一切，按照共產黨的一貫邏輯，似乎不難理解，為什麼當時已經是中國全國政協委員的羅孚，忽然一夜之間，又成了他自己所在黨——共產黨的階下囚。

從1982年到1993年，羅孚頂著「間諜」的罪名，被「困」北京十年之久。然而，他對共產黨的澈底背叛和對共產主義的完全絕望，並不是因為自己的遭遇，而是六四的槍聲。那一刻，早已失去自由的羅孚與他的兒子羅海星——一位援救大陸民運人士而被判入獄的香港英雄——共命運。

精神的超越，完成了羅孚的人格建樹。羅孚的筆，在他刑滿獲釋後，也獲得了最大的自由——沒有絲毫的「喉舌」之慮，湧出筆端的，既有對共產黨和專制制度的反思與批判，又有對人性的哲學思考，讀者常常會從字裡行間的共鳴中，體味生命的深層涵義。

今天，羅孚這個名字在某種意義上已經成為一種做人的風範，這就是：自由精神以及對社會所持的批判立場——這應該也是中國知識分子應有的風範。

（1996年）7月下旬，羅孚在他那坐落在香港半山上的書齋接受了我的訪問。羅孚——這位自覺的自由主義者，他的思想以及具有傳奇色彩的經歷，能為回歸時的香港提供的思考是多方面的。

自由不是絕對的

安琪（以下簡稱安） | 你長期在共產黨主辦的《大公報》和《新晚報》任總編、副總編，你對自己所從事的報紙在新聞控制方面，有些什麼體會？

羅孚（以下簡稱羅） | 是有很大矛盾的。一方面我們自己在追求自由，一方面也認為自由畢竟是相對的，不可能是絕對的，我們一貫受這種思想的訓練，當然也能接受。當時《新晚報》在工作上的自由餘地比較大，比較適應社會。《大公報》很僵硬，人家不大願意看，《大公報》的人覺得我們的自由度大過他們，講話也比較隨便，比較接近讀者的思想，相比之下，就羨慕我們。

安 | 與當時你們所能看到的大陸報紙相比，同是共產黨辦的報紙，

新聞自由度如何？

羅｜香港辦報自由度要大一點，但是空間還是很有限的。側面的左
派報紙如《新晚報》、《商報》，或者《鏡報》，儘管自由度
大一點，但是跟香港其他報紙比較，也還是有限。正面的左派
報紙就更有限。

安｜你覺得香港的新聞自由在回歸之前，同過去相比，有怎樣的發
展變化？

羅｜香港近年的新聞自由比過去增加了。香港過去在殖民主義統治
下，有自由的一面，但也有很多不自由的地方，資本主義也不
是那麼絕對自由的，跟殖民統治有牴觸的，它就不讓你自由。

安｜殖民統治下對新聞自由的控制都有那些方面？

羅｜首先登記這一關就不容易，它不一定讓你登記，不讓你自己隨
便辦報。同時有很多法律用來控制你，報導有一定的限度，動
不動就用誹謗之類的罪名來控告你。但是近年的自由度的確比
較大。

安｜為什麼呢？

羅｜一方面，隨著經濟的發展，文化方面也有相應的發展。過去，
警察統治香港是很厲害的，一般來說，警察統治與特務統治是
兩回事，但它也有相通的地方，就是由警察來控制這個社會。

當時，大家看到警察都很害怕，因為他會胡作非為。後來一搞廉政，人們就不是那麼怕他，很多自由也就擴大了，這是經濟發展的需要。

安 ｜ 有個人辦報的自由嗎？

羅 ｜ 個人辦報，過去就有，只要你出一萬塊錢，就可以登記辦報了。現在這一萬塊錢都不用交了。但是一萬塊錢，在幾十年以前比較重要，現在誰都可以隨便拿出來。當年拿出一萬塊錢可以辦報，現在你沒有數以億計的資本，就不可能辦報紙。香港有名的《壹週刊》當時拿出一千萬開辦費，很是震動了一下，這在今天已經不算什麼了。

香港新聞向「左」回歸

安 ｜ 這兩年，大陸一些關注香港的知識分子有一個非常明顯的感覺，認為香港新聞自由在接近「九七」的時候，有一種「自律」意識，就是自我把關，自我調整，看看是不是跟中共的思路一致。有人甚至說，香港刊物快趕上《人民日報》了。對此你有什麼看法？

羅 ｜ 這種情況是有的，而且越來越厲害。但是從根本上講，新聞自由不是絕對的，「自律」也不是絕對的。有新聞自由的時候，就有「自律」。「自律」有各種各樣的原因，有的是因為政治原因，有的不是因為政治原因。每一個人辦一份報紙，都有一些忌諱，都要定一些戒條，對老闆來說，他的資本取向不同，對利益就會有不同的考慮，比如從前老闆辦一個報紙，他的親

戚朋友和利益相關的東西，你就不能去碰。大家都曉得這是老闆的朋友，不能碰，這就是「自律」。當然這是比較小的，我們講的是大的，政治上的。從現在相關的報紙來講，右派講「逢中必反」，看見共產黨就反，相反碰到港英政府方面的，就要避免，就不去碰。左派則是「逢英必反」，碰到共產黨的就要避免，自己就「自律」了。現在總的來講，新聞自由是減少了，因為共產黨與新聞自由基本上是對立的，它要輿論一律，不能讓你有這麼大的自由。

安｜但是這裡面有一點不一樣。我在大陸多個報社工作過，一般來說，大陸編輯、記者都懂得怎樣打「擦邊球」，怎樣在可能範圍內爭取有限的自由。香港人因為長期生活在一種相對自由和有制度規範的社會中，對大陸的情況不瞭解，也不理解，加上六四屠殺以及共產黨的好多做法，香港人就有一種恐懼感，這種恐懼感使他們不知道應該怎樣堅持，怎樣保護自己。原來香港有些刊物批評共產黨，是為了罵而罵，為了批評而批評，現在則到了另一個極端，連有的敏感人士寫得比較客觀性的文章也不敢登了。甚而至於連共產黨也不一定在意的東西，香港報刊也很謹慎，真有一種回歸左派的味道，對大陸新聞自由的發展，有著非常負面的影響。希望這種情況不會長久。

羅｜目前這種「自律」的情況，也是很複雜的，真正的「自律」，對左派沒有要求，它也已經這樣做了。有的「自律」，當然會有要求或者暗示。並且也不一定不能長久，到了「九七」它只有變本加厲了。現在有些大報就是這樣做的，我們都看得出來。在某些問題上，它不去碰了。有些問題，是有意多批評港

英來討好中共。即使左派高層在私下裡談起來也說，現在報紙根本不像報紙了，我們根本不去看。比如我碰到一個左派陣營中現在跟新華社還有關係的人，他就對我講：實際上我同意你的觀點。這種情況比較多，身在左派，但表示同意批評左派的那些意見。但在過去，我們儘管不完全同意左派所宣傳的東西，但是我們基本上很少對外講，這就證明那時候反對的意見不像現在這麼厲害。

「自律」減弱新聞自由

安 | 這種情況在「九七」後，當香港對大陸有直接地瞭解以後，會不會有所改變？

羅 | 主要不是瞭解不瞭解的問題。現在他們對情況也是瞭解的，但他是為了利益關係而「自律」的，「九七」後利益關係更大，恐怕「自律」就更厲害。

安 | 如果香港「九七」後失去了原有的新聞自由，對大陸來說，是不是一種犧牲？來自雙方的犧牲，不僅僅是因為共產黨？

羅 | 基本上還是來自中共，如果沒有中共，他就不好「自律」。這不能兩個同樣打，還是有輕重的。

安 | 當然為主的是共產黨，但是如果香港人能夠堅持一下的話，至少還能在「九七」後保持一部分新聞自由。

羅 | 有人會堅持，但是為了利害關係，逐漸更多的人就不會堅持。

安｜那麼香港某些敏感性政治報刊會不會因為經濟或者其他原因而關閉呢？

羅｜一定會受到影響的。這是主要因素，當然還有別的因素，如傳媒內部自己的競爭，或者不擇手段地搞大減價等等。

安｜我們原來希望香港回歸以後，香港的新聞自由能夠對大陸的新聞有所衝擊，像八九民運期間那樣給人以鼓舞。現在看來這種可能性不是很大。

羅｜應該還是有的。一方面有發展，一方面還是不斷有衝擊。真正在大陸發生的一些不合理的事情，如果沒有香港傳媒的報導，就不會迅速地反映出來。這種反映當然是針對不合理的制度。比如說廣東人去辦個案子，公安要收辦案費，由於香港傳媒的報導和揭露，最後不得不又「吐」了出來。這就不但是對大陸新聞媒體的衝擊，也是對不合理社會制度的衝擊。

安｜那麼，你估計「九七」後香港媒介的可能發展趨向是什麼？

羅｜各種情況都有。主要情況可能是「自律」更多一點。總的來看，新聞自由度要比「九七」之前減弱，但也不會減弱到跟大陸的情況一樣，畢竟還是「兩制」麼。

安｜我想這與港人多年的自由意識有關係。

羅｜對。會有人堅持。就是「自律」的那些報紙，也會保留多年的

習慣，有不同程度的「自律」，也有不同程度的堅持。畢竟跟大陸要有不同，所以也不要太悲觀。

「黨治」與「人治」是最大的恐懼

安｜香港作為一個殖民地回歸到祖國，按道理講，應該是一件高興的事，但是為什麼感覺不到香港人的興奮，你怎樣分析香港回歸前的心態？

羅｜高興是一種情緒上和感情上的。從理智上來講，好像應該高興，但是從感情上講，反而是有一種害怕。是現實使他們害怕。香港畢竟是最瞭解大陸具體情況的地方，最容易對不合理的事情產生反感，產生抗議的情緒。

安｜擔心的主要原因是哪方面的？政治的，經濟的？

羅｜都有。主要還是政治上的原因。經濟上的原因也很重要。一方面共產黨缺少經驗和能力管理香港這樣一個社會，另一方面，它要堅持自己的那一套，它不一定認為那是最好的，但它認為是最方便的，是它最熟悉的。甚至於它根本不考慮這些，想到的只有這種方法。因為它習慣於沒有法制的「黨治」、「人治」，認為這是理所當然的。

安｜作為一位老報人，跟共產黨有過很深的交往，同時對香港有很深入的瞭解，你認為應該怎樣面對這樣一個權力交接和政治轉型？

羅｜我是非常矛盾的。我個人的做法跟我總的看法是不同的。從整個香港社會、甚至整個中國社會來講，長遠來看，希望樂觀，但是在短期內，有許多不可能樂觀的因素。我認為，「一國兩制」不是完全好，但如果真的能基本上做到「一國兩制」的話，那也是比較好的，也希望它能做到。在沒有達到理想的境界前，實行「兩制」，即使情況可能壞的話，最壞的程度也要比裡面的社會要好一些。但必須有人來堅持，能夠真正做到「一國兩制」。香港人應該以一種積極的態度，爭取「一國兩制」的真正實行。不應該迴避或者逃避。也不應該完全責怪它。

至於我個人，儘管我不反對移民，但也不鼓吹要移民。相反地，我的看法有一點像民建聯（民主建港協進聯盟）提的口號，留下來，民主建黨。對「九七」還是應該採取積極的態度，希望能夠樂觀，更希望大陸能夠發展得比較好。只有國內好，才能保證香港不會太壞。

「不怕官，只怕管」

安｜你自己有沒有移民的打算呢？

羅｜這就是我的矛盾。恰恰相反，我有這個打算。但是我並不勸別人。我覺得移民要受很多苦，比如很多都受不了又回來了。但是我把自己劃在另外一面，因為我的情況比較特殊，假如我刑滿回到香港以後，一聲也不響了，安度晚年，那也會是另一種情況，我就不會移民，我就會留下。但是相反，我不是退了之後的「休」，而是沒有「休」，我寫了不少東西，有的是很尖銳的，涉及到很多具體的政治敏感性問題，「不怕官，只怕

管」，這是主要的一方面。我畢竟年紀大了，活不了幾年，我就想過幾年安安靜靜的日子算了。

安｜ 如果不移民，會遇到什麼樣的麻煩？

羅｜ 住在香港會有什麼麻煩，你都無法知曉。

安｜ 香港情況是比大陸還要複雜。根據近幾年的做法，當局對國內異議人士採取的是讓出不讓進的辦法，將異議人士拒之門外，使一些本來有條件出去的人，也不敢離開大陸了，就怕出去了回不來。你是不是也有這種擔心，怕有一天到國外探親，政府不讓你回來了？

羅｜ 我現在就是，我非常想去國內一些我沒去過的地方，但是我不能。我不怕它不讓我進去，我怕它不讓我出來。我現在沒有證件，我去領的話，它給不給我還是個問題。反正我不敢去，因為不曉得哪一天，有一個人講一句話，就會改變我的命運。

安｜ 從流亡的角度說，不是迫不得已，誰也不會離開自己的故土的。除了語言，還有文化上的溝通與認同。你出去以後還會繼續寫作發表文章嗎？

羅｜ 你可以隨便寫，問題是人家敢不敢用你的文章。有的刊物不存在了，所以不能發表，有的還存在，但是尺度已經收得很緊了。有的儘管你的文字沒什麼，但是你的名字能不能出現，也是個問題。

鮑彤事件讓人失去信心

安 │ 在這種情形下，你認為香港支聯會、民主黨在「九七」後還會
繼續存在並發揮作用嗎？

羅 │ 民主黨應該還在，支聯會就很難講。因為民主黨是香港的民主
黨，爭取的是香港的民主。支聯會是支援中國的民主運動，
「井水」就犯「河水」了。

安 │ 會不會強迫一些人離開香港？

羅 │ 個別人是可能的，因為共產黨是不講理的。我對「一國兩制」
本來是有信心的，在北京的時候信心最大，回到香港後，信心
變小，因為看到的很多具體的事實，使你的信心只能減少，不
能增加。比如以最近的事實來講，鮑彤出獄後已經被軟禁了兩
個月了，這件事就讓人信心減少。當年判刑已經毫無道理，不
講法理了，後來政治局多數已願意假釋，但是鄧小平一句話，
假釋就沒有了。現在，更莫名其妙的，刑滿釋放後又把他關起
來，哪有這種道理？你怎麼相信共產黨在將來處理香港的一些
具體問題的時候，不會亂搞。所以不可能對它有信任感。

安 │ 首先法理不健全，其次，有法不執法，第三，它可以根據需要
隨便立法，這些東西使人沒有安全感。

羅 │ 最主要的問題就在這裡。對香港前景來講，也是這個問題。如
果真的「一國兩制」，按照基本法去做的話，即使壞，大家也

知道壞到哪個程度，但是現在你不知道底線在哪裡。

現在，香港很多人親共。但在這些親共者中間，也是很複雜的，可能表面上客氣，講你好話，回歸麼，誰也不能說不好。有很多人一邊討好中共，一邊把自己的財產轉移了，在幾個方面都保了險，其中有真有假，有試探，也有希望，說到底，還是對共產黨的信任危機造成的。

民族主義是相對的

安｜現在，隨著經濟的發展，中國人的民族主義情緒也愈來愈高漲，香港回歸和臺灣問題，成了人們宣洩民族主義情緒的焦點，中國當局在這些問題上巧妙地利用這種情緒，化解和轉移國內各種危機。但是，民族主義究竟是什麼？無論新老保守派或者自由民主派知識分子，至今都未能給出一個合乎邏輯的、客觀的定義，對這個議題的討論，大家都很小心翼翼，看來這的確是一個複雜的問題。

羅｜我是個相對論者。民族主義跟愛國主義也不是絕對的。過去我們一講到民族主義和愛國主義好像就是天經地義，比如香港收回是天經地義的，臺灣統一也是天經地義的，沒有什麼討論的。但是也有人敢於講不願意收回香港，甚至有曾在香港做過領導工作的北京幹部提出，八〇年代談判的時候，根本就不應該收回香港，香港還可以放在英國手裡繼續下去。他都有這種意見，可見在中共內部也有同樣的看法。也有人希望臺灣獨立，到底有多少人，且不管它，但是畢竟有相對的影響。

安｜對這些問題，你是怎樣看的？

羅 | 如果西藏要獨立，在我來講，是可以接受的。西藏畢竟是不同的民族。臺灣沒有這個問題。但臺灣從它的各種利益來講，有這種想法，也不是沒有它的根源和道理，這也不是絕對的。其實都是志同道合聚在一起，我不願意住在這裡，我願意到別的地方去，也沒有什麼了不起。比如香港，從民族感情上來講，當然應該拿回來，本來就是我的麼，至於怎麼拿回來，拿回來以後怎樣對待，那是另外一回事。香港在英國殖民統治下，多年來發展的這麼好，各種因素都有，不完全是英國人的功勞。但是今天，我們不能排除英國人的功勞。我也不同意像有的人講的，如果香港搞三國聯制就更好了。畢竟搞殖民主義是不得已的，搞得好是應該的，把不得已當成理所當然是不對的。

民族主義也好，愛國主義也好，也還是個相對的東西。如果你用民族主義和愛國主義來做很多不合理的事情，當然我們應該反對，不管你用什麼主義。

臺灣是民主聖地？

安 | 最近有人提出了民族主義理性化的主張，希望將這種國內民族主義向好的方面引導。但也有人認為，民族主義本身就是一種狹隘的情緒，是不可能理性化的。

羅 | 我對完全排斥民族主義也是不能接受的。很自然的，比如我看到衛星發射失敗，心裡就很不舒服，我很希望它成功，不管它掌握在誰手裡。畢竟是中國人的成功。現在成功了，我就很高興。有的人因為反對這個政權，所以對於失敗甚至有種幸災樂禍的心理。

安｜我想，這種感情不是中國人獨有的，而是任何一個民族都普遍存在的。包括我們這些流亡者，雖然不認同中國政府的許多做法，但是看到中國的發展和強大，也是很激動很高興的。

羅｜海外民運人士使我感受最深的是對於臺灣問題。應該肯定，臺灣本身也有民主進步，它的進步超過大陸，畢竟它有選舉。但是另一方面，它的選舉還有很多問題。臺灣出錢支持過海外民運人士，那麼大家去參觀臺灣總統選舉，有報導說柴玲稱臺灣是民主聖地，我就很有感慨。我承認，以前寫文章，由於過去對臺灣的看法，限制了今天對臺灣民主所能認同的程度，評價得不夠，但是你說它已經到了那個程度，我就不能相信。你看它議會中的打架，有人就說，打架也是民主，好過你那個。是，我承認這一點，但是你不能連打架也要肯定。我認識或者不認識的一些朋友，都那麼過分地去捧臺灣，這簡直不可理解。

1996年9月於巴黎三昧聊齋

＊首發於香港《前哨》。

　　羅孚（1921-2014）在訪談中曾說他回香港後對「一國兩制」信心變小，「因為共產黨是不講理的。……你怎麼相信共產黨在將來

處理香港的一些具體問題的時候，不會亂搞。所以不可能對它有信任感。」

羅孚不幸言中。九七回歸後的香港，從2019年6月的修訂逃犯《送中條例》，到2020年6月底實施的《國安法》，香港發生了根本性轉折。據法國《世界報》報導：該法以懲治分裂、顛覆、恐怖主義以及與外國勢力勾結的模糊罪名敲響了香港的喪鐘。香港中文大學法律教授蘇拉比・喬普拉（Surabhi Chopra）說：《國安法》「把香港從一個法治之地變成了一座恐怖城市。」（引自RFI法國中文廣播電台，2022年9月4日。）

至此，《國安法》取代《基本法》，鄧小平承諾香港實施「一國兩制」、「資本主義制度50年不變」遭到幻滅。民主人士被抓被判，「香港兩家最主要的獨立媒體，《蘋果日報》和《立場新聞》先後被強制關閉，報紙總編被捕，蘋果日報創始人黎智英遭判重刑。」（同上）香港——這個大陸流亡者的「逃港」，變成了「離港」，大批人才流失，移民潮史無前例。

安琪註於2024年2月18日

第三編
祭祀篇

天若有情天亦老
——「黃雀行動」與燕保羅的人道情懷及其他

　　「保羅去世了」——2014年7月31日，距他接應中國八九流亡者25週年的時候，這個聲音穿過蒼穹，打破了巴黎夏日的靜謐。這不可能！儘管年前我們就得知保羅患病的消息，但無論如何也沒有想到竟會是這個結果。不久前，還聽說他將出任法國駐中國大使，那是他很早就有的夢想，我們都為他感到高興。但是，萬萬沒有想到，傳來的卻是噩耗。

　　「對酒當歌，人生幾何？」悼念一位50後的同齡人，讓人心情格外沉重。更何況，這是一位接力「黃雀行動」、與中國流亡者結下不解之緣的異國友人。當日，法國媒體第一次公開報導了保羅在接納大批八九流亡者中所充當的角色。四分之一個世紀過去，滄桑備至的中國流亡者，懷著感傷和敬意，祭別了戈揚、劉賓雁、王若望、方勵之、陳一諮等這些因遭遇六四憤而離國、無憾無悔的抗爭者。今天，緬懷保羅，追憶從香港到法國的逃亡內幕，以及那難忘的流亡歲月，大家思緒萬千，心潮起伏。正可謂：魂系自由路蒼茫，天若有情天亦老。

法國外交部的「中國通」

燕保羅是保羅的中文名，他的法文全名是保羅・讓—奧爾提茲（Paul Jean-Ortiz, 1957-2014），家姓為法國（母親）和西班牙（父親）複姓。我們通常直呼他保羅，只有在中國朋友之間，才稱燕保羅，以區別於其他叫保羅的同名者。

保羅是西班牙共和黨人之子。1939年建立八年之久的西班牙共和國，被佛朗哥（Francisco Franco Bahamonde, 1892-1975）領導的右派在三年內戰中擊敗，數十萬西班牙人背井離鄉，前往法國本土和其在北非的殖民地。保羅的父親是最後一批離開西班牙，流亡到摩洛哥卡薩布蘭卡（Casablanca）的共和黨人。多年顛沛後與當地一位來自法國布列塔尼（Bretagne）的女子結婚。保羅於1957年3月19日在薩布蘭卡出生，是家中的第二個孩子。父親作為共和黨人的政治信仰和流亡身分，在他身上打下了深深的烙印。他在法國南部的馬賽中學畢業後，考入鄰近的艾克斯政治學院（Institut d'études politiques d'Aix-en-Provence，成立於1956年）。坐落在普魯旺斯地區的中世紀古城艾克斯，是現代藝術之父塞尚的故鄉，也是重要的國際大學城。這裡的中文專業，是漢學泰斗汪德邁（Léon Vandermeersch, 1928-2021）於1968年開設的，1972年由他的助手、漢學家戴千里（M. Patrick Destenay）接手。這兩位法國漢學前輩，都有在中國或亞洲其他國家的生活經歷，深諳中國傳統文明和文化，在語言教學方面有很高的造詣。在這裡，保羅經友人指點，開始學習中文，並為此著迷。畢業時他選擇去北京大學完成語言學業，顯然是步其前輩後塵。漢語言和政治潛質，為他的外交職業生涯，奠定了良好的基礎。與此同時，艾克斯這座古城浪漫優雅的人文氣息，日復一日地潛移默化在他的個性氣質中，讓這位西班牙共和黨

戰士的兒子，多了一份沉思和溫情。

　　1977年6月，法國西班牙流亡政府宣布解散，承認國內在獨裁者佛朗哥去世後通過民主選舉產生的君主制，這意味著保羅的父親結束了長達近四十年的流亡生活。青年保羅，從傾心托洛斯基派，到最終選擇法國社會黨（Parti socialiste），他的政治理念是對其父輩的梳理和傳承。31年的外交生涯，他平步青雲，卻步步堅實。從一名法國駐北京大使館的新聞隨員、到部長內閣、亞洲司司長，法國總統奧朗德（François Hollande，臺灣譯名為歐蘭德）的外交顧問──他的外交生涯，可謂一帆風順，而期間大多數時間都是在中國度過的。

　　保羅親歷的中國，是整個鄧小平時代及其延續。八○年代初的中國，是一個有許多種可能和夢想的年代。那時文革剛過，百廢待興。繼「民主牆」之後湧現出的一批以「星星畫展」、「朦朧詩」為代表的藝術家、詩人，如馬德升、王克平、北島、芒克等等，成為西方、特別是法國記者和外交官的座上賓。被「特權」的外國人，非常高興能與這些思想活躍的中國年輕人交朋友，保羅也興奮地加入了這群人中。他曾先後在法國駐北京使館任三祕、二祕和公使銜參贊，在法國駐廣州總領館任總領事。2012年保羅出任總統外交顧問，是奧朗德當選總統後的一個正確選擇。是保羅讓這位從來沒有「涉足中國」（這也是令許多法國人感到不可思議之處）的法國總統的首次中國之行，得以圓滿成功。在整個過程中，保羅充分發揮了他的政治智慧和出眾的外交人脈關係，贏得了中法政界人士的尊重，被譽為法國外交部的「中國通」。

接力「黃雀行動」內幕

　　1989年北京發生六四鎮壓，一大批被通緝或人身受到威脅的

學生領袖、知識分子、工人、企業家等民運人士被迫走上了逃亡之路。一水之隔的香港，以香港支聯會（港支聯）為首的各種社會力量總動員，成為史無前例的大批中國流亡者的首要「通道」。當他們逃到香港，通過港支聯尋求第三國庇護時，或許出於某種不為他人所知的「策略」，美國緊閉大門，除了點名要被中國政府首批通緝的嚴家祺、陳一諮、萬潤南、蘇曉康等人外，其他一概拒之門外。英國緊隨美國之後，嚴守邊關。（最近坊間所謂法、英、美三國的聯手行動，不知從何談起？）而法國則張開雙臂無條件地迎接這些被理想和悲情衝擊的人們，「始作俑者」，是在香港「第一線」的法國駐港副總領事孟飛龍（J. P. Montagne, 1952-2021）。據知情者透露，孟飛龍以「先斬後奏」的方式，當機立斷，解了港支聯的「燃眉之急」。

是時，社會黨黨魁密特朗（François Mitterrand, 1916-1996；總統任期1981-1995）統領的法國，在國際社會頗具大國風範。剛剛三十出頭的保羅，作為一名忠實的社會黨員，是外交部副部長的內閣成員。因了這個「便利」，保羅接應了港支聯轉到法國駐港副總領事孟飛龍那裡，再由孟飛龍送往法國的流亡者。據說支持這一切的，還有一個重要的幕後人物，就是時任法國外交部亞洲司司長的馬騰（Claude Martin）。1989年6月3日，他正好在中國旅行，住在比鄰天安門廣場的北京飯店，與六四屠殺擦肩而過。他們三人的共同點是，喜歡中國，熱愛中國傳統文明和文化，都講一口流利的中文。

同年7月14日，法國政府邀請首批抵達巴黎的中國流亡者參加法國國慶大典，賦予這一行動以正義性和合法性，充分彰顯了自由、平等、博愛的理念。

當時中國流亡者中的大多數，可能並沒有完全理解，法國的人道關懷是具普世價值的一種姿態，並不傾向於某個國家、某個流亡

組織或者個人。

我與保羅的相識,是在那次人生的激流突變中。

1989年8月10日夜晚,我們一行三人(另外兩位是在飛機上見到的,與我的座位同排,之前並不知情)從香港搭乘的法國航班,於次日清晨5點50分降落在巴黎戴高樂機場。懵懂中,一位講著流利中文的西方女士開車迎接我們,一小時後,出現在眼前的,是夢中才有的田園景色。稍後才知道,這是巴黎郊區的一所農業幹部培訓學校(IFOCAP)。據說,校長趁暑期放假,將學校無償提供給中國流亡者暫住,成為初期流亡者的第一停留點。大概與當時的心境有關,看到第一片樹葉飄落,我和朋友們便給這個地方取名叫「落葉山莊」。在那裡,我們第一次發現「外面的世界真精彩」,人與自然,原來可以這麼近:藍天白雲,和平鴿在面前自由嬉戲,金黃色的麥田在陽光下輝映,連空氣都那麼溫馨怡人。然而,恰恰是這種美好,讓我們更加悲傷。幾天後,已經轉移到別處的吾爾開希來見大家,坐在草地上,他向我講述他和「絕食」同學在天安門廣場的情景,談到動情處,他聲音哽咽,我倆都淚流滿面。這正是我們當時的情境:人在法國,心仍在中國,在天安門廣場,在那些死難者身邊,與他們的親人同哭泣。我們真的無法適應這種巨大的反差。幾乎每一個人都真誠地認為:我們的生命已不屬我們自己,我們無權享受這裡的一切。

保羅就出現在這種情境中。從「民主牆」到八九民運,面對這些對他來說並不算陌生的中國朋友,他的感情真摯友好。那段時間,他儘量抽空來看望我們。他性格沉靜、低調,說話時,明亮的眼睛溫和地注視著你,讓你感到踏實。他的到來,總能穩定大家的情緒。陪同他的,是他當時的女友、曾到機場迎接我們的瑞士留學生瑪麗婭娜。

人道情懷與「明星」效應

　　接納流亡者，是一項艱鉅而複雜的「人事」工作。一群曾不自覺地被「共產黨文化」毒害、對外部世界幾乎一無所知，豪情萬丈，但骨子裡卻被「專制」下的「大鍋飯」寵壞了的「菁英」們，語言不通，舉目無親，對於安身立命這些常識性問題，根本沒有概念，對那迫在眉睫的生存危機，渾然不覺。應時而生的艾麗斯（Alice）協會，主要成員是瑪麗婭娜和她的朋友們伏雷（初期曾擔任吾爾開希的祕書）、段杉杉，以及漢學家白夏（Jean-Philippe Béja）、潘明嘯（Michel Bonnin）等，幫助接應和協調中國流亡者的安置問題，包括幫助他們辦理居留，註冊學校深造和學習法語，協助保羅做了大量具體、瑣碎的工作。期間，港支聯不僅在「一線」救人，而且協助第三國安置流亡者。在等待居留和申請獎學金或生活補貼的「空白期」，港支聯提供了數目可觀的捐款，由艾麗斯協會支配到個人。

　　當時整個法國乃至國際社會，對於中國政府的倒行逆施，群情激昂。法國著名知識分子致密特朗總統的簽名信，強烈譴責六四屠殺，第一時間表達了最高的人權理念。社會各界一些與此相關的人權協會或民間組織相繼產生。1989年9月22日，以八九流亡者為主導的民運組織民主中國陣線（簡稱民陣），在巴黎索邦大學宣布成立，嚴家祺當選為第一屆民陣主席。當天的會議，聚焦國際媒體，盛況空前。香港支聯會代表劉千石、波蘭團結工會代表和臺灣代表等都出席了會議。法國各界代表中，年輕的法國國會議員薩科奇（Nicolas Sarkozy），神情嚴肅地坐在前排。我將鏡頭對準他時，絕沒有想到十多年後他當選為法國總統。

劉千石代表港支聯在民陣成立大會上演講。安琪攝於1989年9月22日。

　　這樣一種國際聚焦的明星效應，帶來的不僅僅是鮮花和榮耀。之後，由於自身準備不足、眾多參與者身上根深柢固的共產黨文化遺留，以及個人權欲的膨脹，加之大批捐款和資源分配管理上的不公平、不透明，導致民陣內鬥不斷，公信力急劇下降，民陣自此開始了一個由盛到衰的痛苦過程（見拙著《痛苦的民主》）。在此期間，許多人拿著到手的法國十年居留，以旅遊講學等名義，輕而易舉地移居到美國或其他國家。

　　坦率地說，當時流亡者中的許多人，從一開始就沒打算留在法國，語言是一方面，但主要是那由來已久的美國夢。這讓法國方面非常惱火。據說，時任法國駐香港副總領事的孟飛龍，聽說我已收到美國某大學的邀請函和某報社的工作機會，有可能去美國時，他

激動地將手中的打火機扔向天花板，讓面前那位傳言者非常難堪，驚詫不已。

　　據估計，經保羅接納安置的中國流亡者有兩百多名，迄今留在法國的，恐怕不到三分之一。保羅不僅幫助大家辦居留，也辦家庭團聚。還幫助一些早先來法訪問，因六四屠殺滯留下來的作家高行健（2000年諾貝爾文學獎獲得者）、和他在北京結識的星星畫展創始人馬德升等藝術家獲得法國長期居留。一次，臨時有人從美國來，簽證受阻，我找保羅幫忙，他一聽名字就說：「他是我們的朋友，沒有問題。」即便在他臨終前不久，還幫助旅居美國多年、再度返回巴黎的萬潤南重新獲得法國居留。

保羅（右）邀請流亡者在巴黎寓所包餃子款待大家和專程來法洽談相關事宜的孟飛龍先生（左2）。安琪攝於1989年11月7日。

在苦難中感悟人性

昂山素姬在長時期的軟禁中，深入思考關於人生六種苦難的本質。包括：被欺騙、衰老、生病、死亡、與所愛的人別離、被迫與所厭惡之人共存。她說：「我尤其對最後這兩種痛苦具有好奇心：與所愛的人分離以及與所厭惡的人共存。是什麼樣的生活經歷使得佛祖將這兩種痛苦狀況放入人類所遭受的最大痛苦之列呢？我所想到的是囚犯和難民、流動工人和人口販賣的受害者，以及流離失所的無根的人民，所有這些人都被迫與他們的家園、家人和朋友分離，被迫生活在不總是那麼友好的陌生人之中。」

回首往事，那是一段刻骨銘心的人生體驗。我們在痛苦中經歷苦難，在苦難中感悟人性。

如前所述，許多習慣被「組織」安排一切，沒有自我、沒有獨立意識的「英雄殘廢」，由於無論大事小事，心理問題還是生活安置問題，都要找艾麗斯，使這個協會很快便成為許多人心理依靠的「組織」，甚至「主心骨」，讓他們不堪重負，甚為困惑。加上不可避免的文化衝突和認知差異，人格分裂了。諂媚乞憐者的出現，使得流亡者群體產生了裂變。筆者親眼所見，一根稻草的利益就可以使一個男子漢砰然倒下——那是一種怎樣的情態啊！這些有著「共產主義理想」和「英雄情結」的流亡者，人身自由了，精神仍在桎梏中。對他們中的某些人來說，流亡是一個天大的誤會。好比「葉公好龍」，他們在自由中放棄自由本身，囿於自設的心獄難以自拔。你「不為五斗米折腰」，不想當他們眼中的所謂「難民」，那麼你是「流亡貴族」。你堅守本分、維護尊嚴的結果，就是被排斥、被圍堵。

同時，流離失所的殘酷現實，導致誰掌握資源，誰就有「話

語權」。而對如此宏大複雜的「場面」，有的人不免難以自恃，意氣用事，將道義行為個人化，「圈子化」，以一種不自覺的「施與」姿態表達個人喜惡，甚至以「異見」定取捨。各種流言在「小圈子」中傳播、蔓延，如同一個病灶，沾上誰，誰倒楣。作為流亡記者，我滿懷誠意地對於流亡者中出現的種種不適向對方解惑，希望對流亡者多一些理解。對方不假思索地說：我沒有義務和興趣去理解。這個回答在那個陽光燦爛的午後讓我驚愕無比，尷尬莫名！我曾親眼看到此人幫一路人撿拾掉在地上的東西，並快步追上前交還給他，態度親切自然，是那樣的美好。同為一人，此時卻如此失態，真是匪夷所思。對於這樣一種難言情懷的無知與傲慢，我只能報以苦笑。錚錚鐵漢、吾爾開希的救命恩人懷德的憤懣無奈，詩人老木精神分裂的悲劇，是個人的，又何嘗不是八九流亡者的。

在這種情勢下，「不同聲音」和「清流」被「邊緣」了。問題是，能「邊緣」嗎？在法國這個自由的國度！在這個有著獨立精神的公民社會！！

政治情操與流亡精神

對於這一切，保羅是否知情抑或有什麼感想呢？這個前西班牙共和黨流亡者的兒子，他是否從其父的苦難中感受到中國流亡者內心深處的痛楚？陷入窘境中的人們對他不無期待。

旅居法國的中國第一代流亡者、中國共產黨早期領導人彭述之的女兒程映湘女士，作為反斯大林的「左派」，她流亡初期就避開了各種似是而非的「組織」，清晰地找到了自己的定位。她說：「這也是我自己的尊嚴，既然我沒有投降中國的權勢，我在這裡也不投降任何的權勢。」（本書〈超越者的智慧——記第一代流亡人士、文化使者程映湘〉）——這是值得我們學習和深刻反思的。

事實上，我們本身一無所有，唯一能夠做的，就是堅守道德底線，堅守自己的理念，就是做人。一位哲人曾說：在真理的入口處和地獄的入口處一樣，絕不能有絲毫的怯懦與猶豫。身為流亡者，無論身處何種境地，都不能忘記初衷，都要活得有尊嚴，這是我們不容超越的人格底線！

在那個整體失語的特殊階段，劉千石代表港支聯經常來巴黎，不辭辛苦地到難民營和分散在其他地方的不同落腳點看望大家，噓寒問暖，耐心傾聽每一個人的訴求。這種具宗教情感的關懷，撫慰著大家的心靈，給了流亡者很大的心理支撐。每當他來，保羅都盡可能安排與他會面，商討各種具體事宜，尋求解決辦法。

還是程映湘，她以自己的方式接納和幫助這批流亡者。她和同在法國政治學院國際問題研究所任高級研究員的丈夫高達樂先生（Claude Cadart, 1927-2019），創立了法國政治學院中法人文科學研究會，定期舉辦文化沙龍達三年之久，為流亡者開闢了一個呼喚「大文化」精神活動的自由空間，幫助他們走出困惑，完成角色轉換。對此，保羅自一開始就給予了高度重視和支持。

此外，還有許多伸出援手認識或不認識的個人或組織，從不同角度，伸張正義。據我個人所知的有限範圍內，有參與聲援簽名活動、支持中國民運的法國現代新聞攝影之父布列松；長期致力於促進中法文化交流、幫助阮銘翻譯出版《鄧小平帝國》的讓‧保羅（Jean Paul T.）；在巴黎寓所接納異議人士、關注並報導過林希翎（1935-2009）、高行健以及嚴家祺、阮銘等中國異議人士的原《費加羅報》駐京記者沙博侖（J. L. Sablon, 1942-2012）；多年如一日支持中國海外民運的巴黎「紅寶石」餐館老闆魯念華（1949-2003）；熱忱提供住所、幫助中國流亡者的法語老師雅克琳娜（Jacqueline）等等，等等。他們的介入，平凡而深刻地體現了一種具普世意義的

人道關懷和人文精神。他們中的許多人，都是保羅的朋友，在有些人眼中，保羅是典範。

事實證明，保羅是有政治智慧和情操的。他不以政見對人，也不將自己的意見強加於人。在「毛派」影響深遠，「悲情」碰到「浪漫」的惶惑、迷茫中，遇到保羅，是八九流亡者不幸中之大幸！

親歷流亡的苦難，我深切領會自由民主的真正內涵。中國自然科學史家許良英（1920-2013），在〈走出偽民主誤區〉一文中告訴我們：自由民主，人權是基礎，包括對個人權利的尊重與保護。在「大革命」的故鄉，感受盧梭（Jean-Jacques Rousseau, 1712-1778）的「公意」（「任何人拒不服從公意的，全體就要迫使他服從公意。這意味著人們要迫使他『自由』。」——盧梭語）——遺風，思考和辨識「主流即正確」、忽略個人權利的盧梭式集體大於個人的「偽民主」，對於中國流亡者來說，未嘗不是一件好事？！

月前，我在華盛頓郊外的老人公寓，拜訪了嚴家祺、高皋夫婦。幾年來，高皋患病，健康狀況堪憂。嚴家祺一邊悉心照料高皋的飲食起居，一邊著述寫作。看到他們相濡以沫，本真坦誠地待人接物，寬容樂觀地直面人生，讓我心生敬意和感念。滄海桑田，大浪淘沙。我們看到，包括許多八九民運之前的中國流亡者和民運人士，因了如「嚴家祺們」一樣的堅守者，因了他們的安貧樂道，流亡精神彰顯其不可磨滅的崇高價值。

是所有人的榜樣和朋友

保羅病危期間，馬德升坐著輪椅去醫院探視。這位性格狂傲的藝術家，談到保羅，聲調中顯出少有的虔敬。他說：「保羅走得太早了，他不知幫助了多少人，而且不張揚。我認識他有32年了，可以說他的品行與智慧始終如一。」

法國外交部長法比尤斯（Laurent Fabius）在痛悼中說，保羅「是所有人的榜樣。是我，是我們很多人的朋友」。

交往經歷和細節，讓我真切感到保羅也是我們很多人、是我的朋友。

1994年我離國五年後第一次回國，在北京見過老友牧惠後去西單，經歷過海外文革，身心疲憊的我，一出門就不由自主地改變主意，叫了一輛人力車，請師傅帶著我在當年軍隊進城的地方走一圈。在一個多小時的行程中，我的眼淚洶湧，心潮澎湃。那一刻，我的感覺和當年央視主持人薛飛一樣，像是經歷了一次洗禮。據說薛飛從匈牙利來到北京，撫摸著天安門廣場紀念碑上留下的彈痕，一跺腳又走上了他艱難的放逐路。

返回巴黎前，我在法國駐北京大使館見到了保羅。那天我和兒子從公使先生的辦公室出來，只見他熱情地迎過來與我們見面，親切地和我兒子握手，剛滿十歲的兒子從此記住了保羅這個名字。這正是保羅。他表達友情的方式，細緻真誠，謙虛質樸。早已久違的我，再次感受到他的純粹與真誠。聽到他去世的消息，進入而立之年、正在美國進行工作交流的兒子，深感惋惜。

1997年我回國探親，在西安訪友無端受擾。保羅得知後，表示了極大的關注，派專車到戴高樂機場接我。

原《費加羅報》駐京記者沙博侖，與保羅保持了真摯的忘年友情。沙博侖2012年秋去世後，保羅和妻子薩拉參與安排了追思會。已經擔任總統外交顧問的他，百忙中親臨悼念會場，向這位老朋友寄託自己的哀思。

我最後一次見到保羅，是在他即將出任奧朗德總統的外交顧問之前。那天，我安排一位曾坐過中共監獄、旅居美國的民運人士與他會面。保羅在他任職的外交部亞洲司司長辦公室接待了我們。第

一眼就讓我感到寬慰的是，保羅看上去精神充沛，較之年前訪問緬甸時的健康狀況，要好得多。我們的話題，涉及中國當下的政治、經濟、西藏等問題。保羅的話頭很健，從談吐看，他的信息來源廣泛，接觸過不少來自中國的各方人士，對中國問題有非常深入的思考。如初識時一樣，他對於敏感或有爭議的問題，不爭論也不下結論，只是靜靜地聽著，間或理性客觀地提出問題或自己的看法。原定40分鐘的會晤，超過了一小時。握別時，他一如既往地請我向嚴家祺、劉千石、高行健等朋友轉告他的問候。轉身間，看到他匆匆向祕書安排當天的議程，不禁略感歉意。

保羅（右）出訪期間，在法國駐緬甸大使陪同下參觀仰光瑞光金塔。安琪攝於2010年3月7日。

　　是的，保羅太忙、太累了。從認識他時，他就一直很忙。一直在超負荷地工作。生病期間，他身在醫院，心還是在工作上。經常要從醫院趕到愛麗舍宮（Palais de l'Élysée，另譯艾麗榭宮），為總統出謀劃策，處理要務。他是帶著病軀殉職的。法國總統奧朗德動情地說，保羅「為法蘭西服務了一生」。

向燕保羅致敬

保羅終年57歲。在他身後，留下了妻子和三個正在讀中小學的女兒。幾年前，我與保羅在仰光晤面時，他告訴我，多年來，他一直請中國阿姨做家政，讓孩子們有一個學習中文的語言環境。在那次短促的長途旅行中，他不顧疲勞，前往集市，給妻子薩拉和三個女兒買紀念品。他說：「只要外出旅行，不論到哪裡，不論時間長短，都會給家人帶個『口信』」。愛家舐犢之情，樸素而深沉。

斯人遽然離世，讓人情何以堪！

聽到保羅病逝的消息，遠在香港的劉千石感到非常震驚。正在美國旅行的我，連續收到他發來的幾個郵件。他說：「燕保羅去世真突然，上個月和岑建勳還提起過他。他年紀不大，人生難料。」

他說：「燕保羅去世，主懷安息。」——這是中國流亡者和所有朋友的祈願。

向燕保羅致敬！

向燕保羅的妻子、女兒們致以誠摯的問候！

2014年9月21日於巴黎古道且閑莊

注：相關資料參照筆者《痛苦的民主》、《流亡日記》（未出版）。

＊首發於香港《前哨》。

牧惠──絕不缺席的中國知識分子

　　在北京沙灘後街《求是》（原《紅旗》）雜誌社宅院的一個寓所裡，有一間名為「且閑齋」的書房。齋主牧惠先生在這間面積不足14平方公尺的空間裡，度過了他生前最輝煌的筆耕生涯。

　　作為中國大陸最優秀的雜文家，牧惠一生勤勉，「耍筆」生涯60載，談古論今，針砭時弊，為民呼，與民喊，「辣手著文章」。1988年離休後，更是離而不休，筆耕不輟，平均每年發表或出版二十餘萬字的作品，共出版了雜文集三十餘種。其文「語透紙背」，正義彰顯，道盡人間滄桑。

　　牧惠先生2003年1月出版的回憶錄散文專集《耍水・耍槍・耍筆》，記述了他如何從一個老大學生，成了一個「玩槍」出身的老共產黨員。之後又成了一個在原《紅旗》雜誌社任政文部主任的「筆桿子」──這個過程正是他一生的真實概括。

　　牧惠做人本真，待人誠摯，一生不懈地追求真理。文革期間在長達八年的「牛棚」裡，他有許多思考和反省。在八〇年代的文化熱和思想解放運動中，他一直活躍在「前臺」。當時在他那《紅旗》這個頭號「黨刊」的頭銜前遲疑和戒備過的一些人，後來都成了他的好朋友。有朋友甚至開玩笑說他是「打著紅旗反紅旗」，和

那些極左的保守派不是一回事。

八○年代末的1987年，牧惠做的一件大事，就是與當時任《當代雜文選粹》的主編嚴秀一起促成了柏楊的《醜陋的中國人》在大陸的出版發行，一個月就發行了90萬冊。在中國的思想文化界，產生了很大的影響。

八九學運中，牧惠立場鮮明地支持學運，參加當時首都知識分子紀念胡耀邦和聲援學運的活動。六四屠殺後他寫雜文痛心疾首地批判這種倒行逆施。至此，這個「筆桿子」成了魯迅式的「投槍」、「匕首」。為此，著名漫畫家廖冰兄為他做了一幅漫畫及打油詩，詩曰：

> 京城爬格莫囂張，
> 休碰「中流」八九槍；
> 若到廣東牙刷刷，
> 「語絲」一噴更遭殃。

六四槍聲過後，整個中國陷入一種交織著悲情、憤懣與恐怖的沉寂之中。在這種情形下，牧惠先是被召回單位「講清楚」，後勒令回家「閉門思過」。《紅旗十年》就是在這種投稿無門，只有「思過」的過程中完成的。

作者以自己在中國頭號黨刊《紅旗》工作的親歷，詳敘了整個八○年代衝擊中國思想界的一些事件的發端，以及《紅旗》所扮演的角色和作用。其中對一些大事件的紀錄，以及一些鮮為人知的細節，勾勒了整個八○年代中國思想界的鬥爭脈絡，讀來令人深思。其所揭示的那盤根錯節的共產黨意識形態對人的異化，那無所不在的共產黨文化在某些人的「靈魂深處」所爆發的「革命」及其對思

想的侵蝕，翻開了八〇年代鄧小平所謂改革開放的「另一面」，這就是雷打不動的共產黨的「四項基本原則」掌控下的意識形態。在這個前提下，就有了整個八〇年代改革開放和「反自由化」的交替

左上：牧惠在北京。
右上：牧惠漫畫肖像。廖冰兄書於1993年10月。
左下：牧惠著《紅旗十年》，明鏡出版社2008年11月出版。
右下：牧惠與柏楊（右）在天安門，1993年9月18日。
安琪提供。

進行，就有了當所謂的自由化熱潮超過了當局所容忍的限度時，他們便毫不猶豫地用「槍桿子」鎮壓那僅僅處於「訴求」中的民主。

九〇年代以來，走出幻想的牧惠，面對政治腐敗和社會不公，更是一發而不可收地用自己的行動發出「不應缺席」的呼聲。這一時期，他和他的同道們以大量的雜文和歷史隨筆，聲張正義，重新開啟了中國當代「雜文時代」的景觀。

1997年，牧惠推動促成了韋君宜的晚年回憶錄《思痛錄》的出版。這本書是共產黨歷史上一個老共產黨員的深刻懺悔和反思，有非常豐富的思想內涵，被大陸思想界譽為「『一二‧九』知識分子的絕唱」（丁東語）。

1999年牧惠為被冤殺的鄭州村民曹海鑫聲援，並與戴煌、邵燕祥等十名知識分子聯名控訴這種非正義的行為。大陸學者傅國湧評價說：「面對血淋淋的事實，他們沒有不著邊際的高談闊論，沒有子虛烏有、不知所云的理論，而是發出了『我控訴』的聲音。這是上個世紀末的一次怒吼，也必將繼續感動著、激勵著後來的人們。」

牧惠的控訴，直到他生命的最後一刻。2004年初，牧惠讀到陳桂棣、春桃合著的《中國農民調查》一書後，馬上寫了〈不應缺席〉一文發表看法辯論，重敘了當年他在農村的情況及愧疚。他憤怒地直言說：「老實說，這些人的橫行霸道，比土改中鬥爭的地主惡霸毫不遜色，甚至有過之無不及。我們是不是還得來一次民主改革？」

同年，他在〈夾邊溝證詞〉一文中說：「《告別夾邊溝》（楊顯惠著）讓我們更明晰地看出，勞教是一種懲罰好人、縱容壞官的制度，沒有什麼理由可以保留它。」

2004年6月8日，牧惠在寫作中猝然逝世。他的一生，正如其生

牧惠逝世一個月忌日（2004年7月8日），安琪在巴黎塞納河畔遙祭緬懷。英萍攝。

前好友，著名詩人、雜文家邵燕祥先生所說，是「尋求真理的一生，他的筆墨記錄了他對真理的探索。」

　　牧惠生前委託我在他身後出版這本《紅旗十年》。在此，特別致意並感謝何頻先生和「明鏡出版社」對此書的厚愛。

　　　　　　　《紅旗十年》序，2007年6月於巴黎三昧聊齋

＊首發於香港《前哨》。

堪回首，滄海桑田度有涯
——從報界同人劉達文父親的一生談起

　　今年（2004年）6月8日，大陸著名雜文家牧惠因突發性心肌梗塞而離世，令所有熟識他的人都悲傷不已。中旬的一天，電話達文，他告訴我，他的父親也剛剛去世，「已經94歲了，唉」。除了那個拖得很長的「唉」嘆調外，他的聲音平和、沉穩，就像是在說一件平常的事兒。我一時不知說什麼才好，得知他的母親還健在，話及當年在他弟弟家與他父母相處的情景，心裡悵悵的，很是感慨。

　　時光荏苒，轉眼一月有餘。期間，我沉浸在牧惠送我的多種著作中，緬懷這位幾乎奇蹟般出現在我生活中的忘年摯友。當我開始振作，在整理堆積的報刊信件時，看到了大概是6月底收到的、還沒有拆封的《前哨》7月號。在這一期裡，達文寫他父親的長文〈他帶走了一個時代〉，令人扼腕。隨著作者平靜的敘述，那些塵封但卻並不遙遠的歷史和歷史事件——辛亥革命、香港淪陷、「全國解放」、肅反運動、饑荒年代、深圳「逃亡潮」、十年浩劫、八九民運和六四屠殺一一浮現在眼前。達文父親劉老先生的一生，衍生出一個家庭的悲歡離合。而這個家庭三代人的命運，又折射著中國近百年的社會變遷。

這是第一次聽達文如此詳細地講述他的家庭故事，這讓我對當年達文和他的父母家人對八九流亡者的無私救助有了更深的理解。同時，早年劉老先生一家給我留下的短暫而深刻的印象，一下子變得立體化了。活了。

　　那是15年前（1989年）的一個夏日。那天，八號風球襲擊香港，各公司和行政部門破例提早下班，除了少數餐飲業照常營業外，大多數店鋪早已關門，昔日繁華的街道上罕有人跡。傍晚6時許，我與頭一天剛認識的一位較早流落香港的大陸詩人在我住宿的招待所附近見面，隨後我們在灣仔道街角的一個咖啡館給劉達文打電話。雖然我和達文素昧平生，但一接到電話，他就急急趕來了。幾分鐘後，我們搭乘出租車直達他的弟弟家。就這樣，我與達文的父母家人一起，開始了我的流亡生涯。這是一個非常本分樸素的家庭，儘管我們語言不通，但是他們仍能通過手勢和無微不至地關心照顧，讓我感到那些看似平常的小事上所包含的人與人之間的感情與愛心。在香港輾轉滯留的日子裡，我遇到過許多不同的人，感受卻是相同的。之後的十多年裡，在歐洲、東南亞等不同國度，我接觸過各種各樣不同職業、不同膚色和不同文化風俗的人，他們身上那樣一種自然人的自在和人際間淳樸敦厚的情感，都讓我感到與從大陸出來的人有很大的不同。這不由地讓我想到在那些未被中共「染指」的正常社會中人的正常心態。大概正是這樣一些「緣分」，使我能夠有充足的力量和「底氣」，本能地辨識和拒絕一些夾雜著共產黨文化色彩的所謂民主，不遺餘力地追尋和捍衛人類的終極價值和尊嚴。

人鬼之間，僅「一黨之差」

　　達文稱他的父親是「見孫中山」去了，而不是慣常所說的去

「見馬克思」了（例如，最近在許多懷念牧惠先生的文字中，就有人稱其「見馬克思」去了，似乎有點勉為其難。當然，不排除是為了「幽他一默」），可見達文深諳其父所望。

與天主教的「天堂」（或「地獄」）說有別，無神論的共產國家中人幾乎都以「見馬克思」來喻「自己人」中的逝者。20世紀中期，中共執政之後，「去見馬克思」便成了北京「八寶山」的「基礎用語」，也是死後葬身「八寶山」的「資格考核」。誰能「入主」「八寶山」，誰與「八寶山」無緣，首先看你有沒有資格「去見馬克思」。那麼，什麼人才有資格「去見馬克思」呢？愚拙如我，也能大概明白這與他是否中共黨員、資歷深淺、職務頭銜等等等等有關。

半個世紀以前，毛澤東操著他那極富特色的湖南腔，自豪地向世界宣告：中國人民站起來了！接著，毛澤東與用馬列主義外加毛思想「武裝起來」的「新政權」一道，將「站起來」的中國人置於了怎樣一種水深火熱的境地啊！

毛澤東那句「中國人有自立於世界民族之林的能力」，激勵了多少國內外華人飽受欺辱的民族自尊心。然而，執政伊始，就封鎖邊境，緊閉國門，包括人為地切斷深港兩地由來已久的民間往來。甚至連「鵲橋」都拆了，讓分散在兩地的親友，不要有任何的「本分之想」。由此可見，扼殺人的基本自由，踐踏人的基本權利，是執政共產黨的「基本國策」。

五〇年代出生的達文和達文們，「生在新中國，長在紅旗下」，自小「按中共的模式追求『進步』（達文語）」，身陷苦海而不自知。及至噩夢醒來，已歲月蹉跎，華髮早生。達文的父親劉老先生則不然，他來自於「另一個世界」——一個可以自由思考，自由選擇，可以其才學「懸壺濟世」，將憂患意識付諸實踐的社會

環境。因此，當這一切突然發生變異，當所有「站起來」的中國人，都被迫沒有尊嚴地生活在恐懼中時，劉老先生──這個本來就站立著的中國人，便「選擇了另類反抗」。他一跤摔成「跛子」，拄起了拐杖，從而得以擺脫中共「鐵飯碗」的控制，轉為農村戶口，回到自己的出生地鄉下。極具戲劇性的是，劉老先生這一拐就是六年，直到1962年他健步如飛地出現在大饑荒造成的深圳逃亡潮中，人們才不無驚訝地恍然大悟。

從「假拐」以示抗議，到飛步奔向自由，顯示出劉老先生的驚人毅力和智慧，以及他做人的原則。按照年齡推算，他退身農村時，正當壯年。作為一個醫德載道的專業人士，在其事業的鼎盛時期，完全可以通過自己的醫術，走上一條被共產黨團結、利用並獲得發展的生活道路。但他沒有絲毫的執迷。他不習慣在諂媚和屈辱中沒有尊嚴地活著，他更不願意自己「懸壺濟世」的本事被「槍桿子」利用。他心甘情願地「自貶到底」，回鄉村教幼兒園的孩子識字。

劉老先生生於辛亥年間，年輕時受孫中山思想影響，在香港學醫時接觸過西方科學和政治學說，甚至還讀過馬列著作。香港淪陷後他逃回鄉下，期間還與抗日武裝和東縱地下黨有聯繫，並且參與抗日救亡工作。為什麼這樣一位「進步人士」，對共產黨的反抗如此決絕。對中共政權的統治如此不抱幻想，並從骨子裡表示輕蔑呢？除了上述原因外，恐怕與他1953年從香港返鄉探親，被中共切斷了回家之路，並以歷史反革命罪名（17歲時因家境衰落而輟學，以其德才被鄉眾推舉為鄉長）將他投入牢獄的經歷有關。這種飛來橫禍想必對劉老先生的打擊是巨大的，特別是他這樣一個先是受中國民間傳統社會文化的滋養（其時，中國傳統的社會和文化組織以及人倫關係，並沒有受到摧毀而變成共產黨統治下的一個「絕對專

制性的政治組織，從中央一直貫穿到每一個家庭，甚至個人」——余英時語），之後在香港自由環境中讀書行醫，為人正直，富同情心，追求科學進步的人士來說，更是毀滅性的。其間他經歷了一種怎樣的心歷路程，思想發生了怎樣的巨變呢？達文是這樣陳述的：「父親被抓去坐牢，他當年東縱的朋友都在臺上，卻沒有人伸以援手；只有我媽媽一個人回了香港，我和姊姊就這樣被滯留在大陸，發了30年噩夢」。這裡，達文雖然沒有描述他父親的心理活動，但這樣一個家破人散，自由盡失的客觀現實，是足以讓劉老先生「臥薪嘗膽」，冒著生命危險（萬一被抓，除重提「舊帳」，外加欺騙和叛逃兩項現行反革命罪），退居最底層，並最終走上逃亡之路的。

「專制使人冷嘲」（魯迅語）。如果說先後醒悟的大陸知識分子在較長時期裡對專制的冷嘲大多是隱諱曲折、顧左右而言他（「暗度陳倉」者不在此例）等被迫「消極型」的話，劉老先生的嘲諷則是澈底的，是拒斥式不留餘地的——這不能不讓人擊掌深思並產生由衷的敬意。

劉老先生的經歷，證明了兩種社會「兩重天」，人鬼之間僅「一黨之差」。

拒絕被「包」，做一個普通的自由人

九〇年代以來，中國大陸有一個非常流行的新名詞，叫做「包二奶」。意指那些被有妻室者「包身」的情婦。在深圳沿海一帶的新建宅區裡，就有被稱作「二奶村」的寂靜小區。記得香港回歸後不久，曾有過要求修改憲法，將港人在大陸的家眷身分合法化，爭取香港居住權的訴求，其中就有許多是港人在大陸的「妻室」及其子女。當然，「包二奶」者絕不僅限於去大陸發展的港澳臺商，其

中也有許多大陸權貴和各類新老暴發戶。可以說，在這個物欲橫流，貧富懸殊，浸淫聲色的中國社會裡，到處可見「紅樓夢」書中劣跡斑斑的「下三濫」薛蟠。中國社會對女性的不尊重和人格踐踏，從來沒有今天這樣氾濫，這樣無所顧忌，這樣深重。離題遠了，打住。

但是，除了「二奶」這個與「開放」同步，在權錢交易和情欲之間曖昧不清的「詞語」外，其實，五、六○年代和之前出生的人，不分男女老少，都有一些被「包」的記憶。例如，被所在街道辦事處「包」、被組織「包」、被單位「公家」「包」，進而被國家「包」。而且這種「包」是與「管」相連的，是「包管到底」。這種「包」是「窮包」——不管溫飽，不讓你發展致富、走「資本主義道路」；是「硬包」——不由你願意不願意，是不由分說地強制性的；是「愚包」——用共產黨那一套意識形態天天給你洗腦，不讓你獨立思考；是「全包」——包括婚娶喪葬，甚至還有組織出面干涉的婚姻，包括不讓你有任何的隱私。在這樣一種情況下，誰都沒有任何個人空間，更不要奢談自由。只要你身在這個「無產階級專政」的國家，那麼你就被「父母官」管定了。只要你在「黨的紅旗下」，你就被「黨娘親」包定了，也被「打」定了，絕無例外。牧惠先生曾疾呼：收攤吧，「父母官」！他說：「我們都有自己的父母，都不需要另找一位父母。什麼公僕主人的說法也許要求太高了。官也好，民也好，最少應當都是一個全面自立的人，擁有一定自主權力的人，沒有哪一個願意別人把自己當兒童對待。」（引自牧惠〈且閑齋雜俎〉。）

令人觸目的是，長此以來，這樣一種被「包」的狀態，萎縮了人們、特別是一些知識階層的思維功能和思辨能力。整天攪和在「大鍋飯」裡，惰性上升，人性退化。除了被馴化的絕對奴性和與

之相適應的「鬥爭性」外，作為個體的人並不存在，因此那些足以顯示個體力量的獨立性與自主性也不復存在。這些用《毛語錄》「武裝起來」的人們，「關心他人比關心自己為重」，使這塊土地上滋生了多少「要求進步」的「無辜」告密者和窺探他人隱私的心理變態者。同時，由於想「黨」之所想，思「黨」之所思，人們變得如機械般麻木不仁，習慣苦難和冷酷，個個都成了「用特殊材料造成的」。記得15年前剛跨出國門時，在外部世界所聽到的頻率最高的一句話就是「Comme tu veux」（做你自己想做的）。一些無論大事小事上都習慣於「隨大流」、「服從組織」的身（心）不由己的「套中人」，聽到讓自己選擇時，頓時像「沒娘娃」一樣惶惑不安，不知所措。面對自由社會所展示的自由和獨立相依的真相，這些本來就「缺氧」的人們，既不能自主，又不敢真誠地面對自己，有的沉淪，有的失常，鎂光燈如魔鏡一般，閃過之處，在自由民主的錦旗下，展示出來的卻是一些野心膨脹的「小毛澤東」（劉賓雁語），以及令人瞠目的「領袖」囈語。真是盡顯「英雄殘廢」本色。

這就是共產黨治下的「順民」和反對派。這些被共產黨專制文化「致殘」的所謂反對派。說到底，是「黨娘親」的「棄兒」。是被「黨娘親」縱慣過度而不慎「闖禍」的失寵者；是其忠誠不被「黨娘親」理解的臣民。是的，他們經歷過苦難。但是，在他們身上只有苦難，沒有輝煌，因為這種苦難是甘願被奴役的苦難。一個甘願被奴役的人，是不會有照亮靈魂的惻隱之心和悲憫情懷的。

這正是我們民族的悲哀。

達文在文中不無遺憾地將其父輩視為「逃避的一代」。作為長子，達文當然可以有更高的期待和反思。但我認為，放在當時的歷史背景下看，這種看法似乎簡單化了，有失公允。重要的在於你是

反抗還是屈從於那個強權，而反抗的方式是可以不同的。作為人，誰都有做「良民百姓」的自由。但在共產黨治下，這些最基本的權利被剝奪了，那麼逃避便是一種不受奴役和拒絕專制的反抗形式。如果說林昭、遇羅克、張志新等人的反抗是輝煌的，是當之無愧的英雄行為，那麼，劉老先生拒絕被「包」，繼而遠離「惡土」，選擇安居樂業之地的反抗同樣是堅實有力的，是自然人的正常行為。何況他自開始就清醒地對共產黨政權保持了距離。可以說，英雄是一個時代的靈魂，自由人則是一個時代的基石。

「沒有共產黨，就沒有『腥』中國」

　　與長期處於封閉、奴役中的國人所想像的不同，自由並不是隨心所欲。自由是要付出代價的。當年，劉老先生捨命奔赴的香港並不是人們想像中的理想國。在他被扣的十年間裡，他的妻子常年勞頓，往返兩地，艱辛備至。在香港出生的小兒子小學畢業後，還未成年就開始工作，以補家用。而他在香港是否能重拾那被耽擱的專業，還是個未知數。但他還是義無反顧地走上了不歸路。

　　由此可見，劉老先生是真實的，他有作為人的真實感覺和性情。他接觸到的現實使他覺得不對頭。在正常社會生活過的經驗告訴他，這不是作為人應該有的生活。他不能接受。他要拒絕。於是便「心生一計」，以一種簡單卻決絕的方式表示自己的不妥協和對專制的抗議。正是這一點讓人對他敬佩有加。當時多少人被中共的宣傳所迷惑，包括挨整的和整人的都懷著一種或虔誠或僥倖的心理卑微地活著，甚至沒有人可能直視一個最簡單的做人的道理──是否對自己誠實？中共執政後那些轟轟烈烈的運動，難道不正是由千千萬萬個真假「積極分子」轟轟烈烈地參與完成的？！

　　劉老先生不迷信，不信邪。他以最樸素的人的直覺來感受生

活，他想要的僅僅是一個人應該有的天賦權利。他感到被剝奪的憤怒。他不能忍受這種剝奪。他一下子就診斷到了這是一個患有邪惡症的政權。他的反抗是自然人的反抗，是平凡的，也是真正難能可貴的。

然而，並不是所有的人都像劉老先生那樣幸運。半個世紀前，多少海外學子，受中共的宣傳蠱惑和新政權的感召，懷著滿腔的報國熱忱，返回祖國效力。但是，他們被宣傳機器利用之後，很快就被當作賤民一樣被踐踏、被摧殘，讓他們上天無路，入地無門，真是生不如死。聖者老舍，飲恨投身太平湖，以自殺相抗，可以看作是「殉魂」而死。活來下的，大多在「失魂落魄」中度過一生。素有中國的莎士比亞之譽的戲劇大師曹禺，遭遇過各種思想改造運動、特別是文革的磨難之後，沉痛地說：「真難說，我們寫的東西最初出現的時候，還有人說過我們進步。他們逼著你招供，供了以後不但別人相信，甚至連你自己也相信，覺得自己是個大壞蛋，不能生存於這個世界，造成自卑感，覺得自己犯了大錯誤，不要寫戲了，情願去掃大街。這種自暴自棄的思想就產生了，這種思想上的折磨比打死人還要厲害。」（梁秉坤《在曹禺身邊》。）這位早在三、四〇年代就以《雷雨》、《日出》等經典劇作，為中國戲劇事業作出卓越貢獻的藝術大師，文革中身心和人格尊嚴受到極為粗暴的踐踏和侮辱。在「深重的絕望中」，他經常獨自一人流著淚向毛主席像懺悔、認罪，否定自己的一切。他的「靈魂」被「大革命」深深地「觸及」了。在他獲得平反後的20年間裡，已是「魂魄」盡失。他那被極度恐懼而封閉的藝術才華再也發揮不出來了。他那罕有的創造力消失了。正如曹禺自己所說：「明白了，人也殘廢了」——這恐怕是他那一代人都難以釋懷的終生遺恨。

諷刺的是，曹禺最終的歸宿也與被先迫害、後平反的許多藝術

家一樣，進了「八寶山」。這就是共產黨給這些被「廢」了的非黨派人士的最高「殊榮」。代價何其大，實在令人不忍思之。

應該看到，劉老先生之所以不願意被奴役，正是因為他有自由人的意識。這在當年乃至今天，都是中國人所缺少的作為獨立人的基本素質。客觀地說，這種情況並非共產黨始，而是幾千年的中國傳統封建文化造成的惡果。儒學經典四書五經，形形色色的文學作品，包括四大古典名著等等，所弘揚的典範是克己復禮，個體的存在從來都是缺席的。民間社會之所以仍有自己的傳統文化空間，從社會學的角度說，除了以土地為生的自耕農世代相傳的、以對天地的敬畏為核心而衍生出來的豐富的、對人的行為具有約束力的習俗文化外（在這樣巨大的寶藏裡，起教化作用的儒家學說並不完全占主導地位），顯然，這與當時的政治體制以及其運作範圍的侷限不無關係。所謂「天高皇帝遠」。但是共產黨執政後，將封建遺留與共產極權揉和為一種反人類的共產黨文化，並將其滲透到中國的每一寸土地，將人性擠壓到了極端。中國人遭受到了歷史上從來沒有過的如此深重的人為的災難。最慘烈的事例，如文革紅衛兵的暴行，那一個個本應天真純潔，充滿朝氣和希望的在校學生，一夜之間就被「最高統帥」及其「洗腦機」「脫胎換骨」成了嗜血「狼孩」。那種瘋狂，那種恐怖，那種人向「非人」的蛻變，真是刻骨銘心，銘心刻骨！實可謂「沒有共產黨，就沒有『腥』中國」。

甘願被奴役的惡果

一種被奴役的人們從來不願真誠面對的現象是，無論過去還是現在，非獨立自主的反抗都是從一個奴隸主到另一個奴隸主的過渡。他們所爭取的無非是「奴隸坐穩了」（牧惠語）與否，與個人自由與獨立背道而馳。這樣一種沒有自由意識的群體，當然是滋生

封建專制和共產黨極權的溫床。試想，如果中國大陸到處都是劉老先生那樣一種個人對專制的「不合作」反抗行為，倒行逆施的共產黨政權能熬多久？在此基礎上，如果以社會良知自許的中國知識分子不是那麼一盤散沙，其中一些在公共領域有一定發言權和影響力的活躍人士，不是那麼急功近利地在「體制內」找「靠山」，根據政治風向和「小道消息」給自己定位角色，而是站在歷史的高度，反思這個民族所遭受的苦難，並且不失時機地在「民主牆」以及八〇年代開始的改革開放和思想解放運動中，逐步形成一個具有「獨立的思想，自由的精神」的知識分子群體，發展到八九民運，很可能會是另外一種結局。退一步講，按照共產極權的特性，即使六四屠殺不能避免，覺醒的中國社會絕不會容忍這樣一個政權繼續作威作福。

問題在於，一切都如專制者所願。沒有對它形成壓力的社會力量。沒有獨立的知識分子群體。沒有真正的反對派。一句話，沒有對手。可謂「專制無敵」！在國內，零散的反抗者，或被收買，或被隨意冠個名稱進行封殺；在國際，中國政府以中國市場的潛在誘惑日益輕熟地玩「人權牌」，並將國際社會逐步納入自己的「遊戲規則」中。同時有節制地、心照不宣地「欽定」一些「反對派」，以所謂的「不同聲音」和對其的「寬容」（如允許自由入境並在國內獲得一定的發展空間等），向國際社會標榜自己的「開放與民主」。時至今日，一些在八九六四後的沉寂中先「紅」起來、繼之再「先富起來」的「幫閒學者」，利用中國人的民族虛榮心和自卑感，還在以一種似是而非的「學說」，為執政當局文過飾非，迷惑視聽。將與人文相關的學問，變相為向權力中心邀功行賞的工具，古今中外都有，總地來說，都落了個被世人恥笑的下場。但像在今天的中國這樣有「市場」，有「賣點」，以恥為榮，爭相邀寵，並

冠以「知識菁英」的現象，實乃國民之不幸者大矣！

坦白地說，中國社會從來沒有今天這樣墮落淪喪。由於國際化的實用主義，由於美伊戰爭所導致的國際秩序的混亂，以及維繫以西方文明為主流的國際價值標準的下降，加上那令西方社會垂涎的市場做後盾，中國政府較之以往更加肆無忌憚，更加「工具」加「理性」地封鎖媒體，控制新聞自由，鎮壓異議人士。一切都在控制之中。包括毫無顧忌地關押拘放如天安門母親丁子霖和講真話的老軍醫蔣彥永，包括用利益要挾國際社會休要對其不良人權紀錄說三道四。甚至包括不加掩飾地掠奪勞苦大眾，以保障「先富起來」的「一部分人」的「既得利益」，從而澈底顛覆了共產黨自己制定並以此起家的社會階級結構。我們看到，除了「臭老九」仍然處於社會邊緣外，在共產黨意識形態中居中心地位的工農階層重返社會底層，回到其被剝削與被壓迫者的角色。

有人說，當今中國社會，形成了一個政治菁英、經濟菁英和知識菁英的聯盟。這是大可質疑的。何謂政治菁英和經濟菁英？其指標究竟是什麼？掌權者是否等同於政治菁英？這些問題有待另文商榷，這裡暫不贅述。但所謂知識菁英，則完全是一種虛幻。就知識分子的定義來看，所謂知識分子須具備獨立自主性與社會批判精神。可以說，近年來中國新生代知識分子菁英正在產生，但他們往往是處於邊緣的、受權力中心排拒的和被打壓的一群，何聯盟之有？而且，嚴格意義上說，知識菁英的使命與政治、經濟菁英的使命是性質不同的。知識菁英的使命，只能由知識菁英獨立地去行使，去完成。不可能與其他社會菁英共同去行使、去完成（在某一階段或某個方面會有共同的交叉點，僅此而已）。法國作家左拉著名的〈我控訴〉就是一個典型的例子。今天法國知識分子之所以乏菁英可言，正是由於上個世紀八〇年代初代表法國社會黨理念的總

統密特朗執政後，法國知識分子被相同的理念迷惑以至被權力中心同化而喪失了其批判功能有關。再有，從常識上講，在當今中國這樣一個非正義可言的社會裡，知識菁英何以能與政治菁英和經濟菁英聯盟？換句話說，能與控制中國社會的上述兩個菁英集團聯盟者有資格被稱作知識菁英嗎？

不錯，是有一些有知識、有理論的人服務於這兩個菁英之間，如果一定要冠以一個什麼頭銜，我認為稱作「智能階層」比較切合角色。是智能階層（而非知識菁英）服務於技術官僚（而非政治菁英），這就是中國社會「上層建築」的現狀。從上個世紀末鄧小平時代的「智囊」，到新世紀「第四代」領導人的「智能」，一字之差，卻也顯示出一種不同或曰進步。然而，儘管滄桑變遷，但他們為當權者獻計獻策的功能都是不變的。由是，中國真正的知識菁英仍然、也只能靠邊站了。

當然，也有少數「望洋興嘆」的「知識菁英」。他們以一貫的「軟性」的和觀望的態度，充當著政治「反對派」的角色。與「智能階層」相比，他們是先行先覺者，占有道德優勢，缺少的是在「體制內」參與政治。與國內知識菁英相比，他們享有免於恐懼的自由，以及西方社會可能給予的資源。不足在於他們在國內的影響力和號召力在逐漸減弱。加上他們本身並不想走得太遠，因為他們已經走得太遠了——這似乎是個悖論，西方現代文明一經染上「中國特色」，一切就都「走樣了」。某些年輕學子，在西方「深造」後，會「理直氣壯」地高舉「中國可以說不」的愛國大旗，用諸如什麼「話語」之類的「生詞」，挑戰西方的所謂「霸權」（究竟是什麼，連他們自己也說不清楚。套用時下已被用濫的「新鮮詞」，就是患了所謂的「失語症」）。一些異議人士，離中共控制越遠，思想跨度越小（這不僅僅是地理概念。從「基因學」的角度分析，

似乎不能排除其中「黨娘親」文化「血緣」的潛在因素）。難怪近年來這種流放式的「洋插隊」，也變成了中共懲治異議人士的一種手段。對中共權力（而非制度）更替的關注與期待，使得他們中的許多人不知不覺地曖昧起來，並繼續扮演著用「繞口令」般的套話重疊起來的反對派角色。

正是這樣一些曖昧與不清楚，使中國真正的知識菁英和政治反對派的日子越來越不好過了。

傳統的神話中國製造了毛澤東神話。鄧小平神話。市場神話。現在又在製造無所不能的專制加民主神話。在這些神話中，凡人不存在了，大家都是造神運動的參與者和製造者。芸芸眾生呢，則是被「眾神」用來顯靈的「道具」。他們不斷地將災禍降臨在眾生頭上，讓這些被盤剝殆盡的小民百姓成為天地間龐大的、任其宰割的「弱勢群體」，在受難者的痛苦呻吟中，頻頻傳頌「眾神」的「仁慈」與「神通」。

「重新上路」

與父親當年被扣不准離境相反，達文則是不准「入境」（在這一點上香港果然堅持「一國兩制」原則）。在內地與港澳之間的往來日益便利的今天，這似乎讓許多朋友感到不解。其實，原因很簡單。同其父一樣，達文對中共從不抱幻想。同時，而立之年才移居香港的達文，對故土感情深厚，他無法不去想那些「仍然生活在恐懼中的億萬大眾」，因此他選擇了與中共面對面地「鬥爭」。他以獨立創辦的《前哨》為陣地，無情地批評和鞭撻中共暴政。他認為中共是真正的反動派。中共一黨專政是變相復辟的封建主義，是對民主革命的背叛，是對現代文明的反動。

鑑於此，達文上了中共「禁止入境」的黑名單。在回歸後的

香港，作為一介中國公民，達文卻不能返回近在咫尺的家鄉探親訪友，僅此，就不能不讓那些和劉老先生一樣的恐共者心有餘悸；不能不讓達文和真正的政治反對派「重新上路」。

常聽說，災難也是一筆財富。那麼，人為的制度性的集體災難也是如此嗎？

讓我們拒絕這些「財富」吧。讓我們以自由人的姿勢而不是以被奴役者的躬勢昂首直立吧！

2004年8月於巴黎古道且閑莊

＊首發於香港《前哨》。

摒棄六四衣缽，
維護流亡者回家的權利
——謹此悼念病逝他鄉的劉賓雁先生

　　在中共前總書記胡耀邦先生的九十冥誕之際，1987年與胡耀邦互受株連而被開除黨籍的劉賓雁先生，在身患絕症，多次要求返回故土而遭冷遇的情況下，於2005年12月5日，在萬里之遙的太平洋彼岸，「無言地走向死亡」。

　　噩耗傳來，我的心情非常沉重。儘管劉賓雁早已病危入院，但是我們還是希望他能活到回去的那一天。特別是最近看到國內為胡耀邦冥誕舉行紀念會，雖然是比較低調和小型的，我仍然感到上個世紀八〇年代與胡耀邦相關的一些人與事大概要開始解凍了，第一個直接的反應，就是覺得劉賓雁不久就可以回家了。記得2003年11月下旬，我去普林斯頓探望劉賓雁時，他想要回國而不得的焦慮溢於言表。他告訴我，已經幾次託人轉信給中央領導，但不知為什麼，沒有任何回音。

　　當時，中共高層正處在權力更替的微妙而緊張的階段。我安慰他說，再等一等看吧，過了這個敏感期可能會有個說法的。熟悉劉賓雁的朋友都知道，他太想回家了。他的生命與那片土地息息相

關。大家都盼望著他能夠如願以償，在有生之年回到自己的祖國。可是沒有想到，這一等就是永別……

人生苦短亦苦長

劉賓雁的一生是短暫而漫長的。他19歲加入中國共產黨。1957年反右時，在《中國青年報》工作的他，因兩篇報告文學〈在橋梁的工地上〉和〈本報內部消息〉，被毛澤東指為「想把中國搞亂」而被打成極右派，下放到農村長達22年之久。1979年獲「改正」後，他即以《人民日報》記者的身分干預現實生活，寫出了中國當代新聞的震撼之作《人妖之間》、《第二種忠誠》等報告文學，在全社會產生了極大的影響，成為啟動整個八〇年代思想解放運動的先驅。由是，在1987年的反自由化運動中，劉賓雁與黨的總書記胡耀邦一起，成為鄧小平強人政治的犧牲品。1989年發生舉世震驚的六四屠殺，當時應邀在美國哈佛大學訪問的劉賓雁，對中共暴行進行無情鞭撻和批判，並因此被拒之國門之外，至死也沒能踏上那片他日夜眷戀的土地。

在劉賓雁長達60年之久的記者與寫作生涯中，兩篇文章，遭受22年的苦役。幾篇報告文學，招致17年的流放。先後近40年，都是漫漫長夜中的無盡磨難，都是在痛苦、絕望交織中的上下求索。真正屬於他發揮自己創造力的時間，僅有十多年，可謂人生苦短亦苦長。

可以說，劉賓雁的一生是無私奉獻的一生。他為祖國，為人民，甚至為這個黨所鼓吹的「共產主義理想」嘔心瀝血，付出了巨大的代價。但他臨終前唯一的心願和要求，希望回到他深深眷戀著的祖國的懷抱，落葉歸根——這樣一個最普通的常人的要求，也被專政機器吞噬了。諾大中國，竟然容不下一個老人的葬身之地。生

於斯,卻不能死於斯,情何以堪?理何以容?

　　令人痛心的是,從黨的最高領導人胡耀邦、趙紫陽,到「講真話記者」劉賓雁,他們都是「以黨的事業為重」的典範。都是共產黨內有人道關懷的「好人」。他們將「哀民生之多艱」的悲憫情懷,融入在「黨的事業」之中,並為此鞠躬盡瘁,死而後已。最終卻「壯志未酬身先死」,都被這個黨推上了祭壇,成為「一黨政治」的殉難者。

　　今天,劉賓雁的悲劇,再次向世人揭示了中共政權對人的基本權利的不尊重與踐踏,昭示共產專制下「黨的同路人」都沒有好下場。

六四鎮壓的權力遺患

　　為什麼號稱強大的中共政權,對劉賓雁這樣一位已手無縛雞之力的老人如此防範,甚至唯恐提到劉賓雁這個名字呢?

　　稍作思考,就不難明白,一個建立在六四屠殺基礎上的權力是沒有合法性可言的。因此也絕無自信可言。在這裡,殺人者的內心恐懼與虛弱,與他的殘酷暴虐成正比。

　　我們看到,從八九民運至今,中國社會的變化猶如世紀的更替,令人瞠目。經濟的發展,並沒有帶來精神世界的理想與追求,反而犬儒主義在中國大地盛行。從整個共產黨的歷史上看,江澤民時代,都是一個令人沮喪的頹廢的時代。江澤民作為六四後鄧小平指定的接班人,毫無愧色地繼承了六四屠殺的權力衣缽。特別是鄧小平之後江澤民全面抓權的七年,他無所顧忌地行使了一套回歸封建帝制的亂國之道。在江澤民治下,官場風氣陰晦,腐敗盛囂塵上,正氣抑,邪氣升,並且豢養了一個隊伍龐大的高學歷、低人品的智能階層,顛覆了中國自古以來的仕者之風。整個社會既沒有共

產黨執政初期人們所嚮往的短暫的「新中國」氣象，也沒有鄧小平之初以及胡耀邦、趙紫陽聯盟下八〇年代撥亂反正和改革開放的朝氣。許許多多知恥與不知恥的「英雄」，在這個平庸的時代，被顛倒了。

江澤民的統治，可以用八個字來概括，即：不倫不類，不三不四。解釋這八個字，正好可以借用江澤民自己的「三講」和「三個代表」。

以「三講」為例，九〇年代中期開始的「講政治」，意在填補六四後共產黨意識形態的空白，消解講理想。其結果，就有了制度化的政治腐敗。買官鬻爵，官商勾結，無所不為。「講正氣」，卻正氣亡。八〇年代曾一度張揚的社會風氣，在江澤民治下成為媚氣、驕氣和奴氣。整個社會道德淪落，物欲橫流。「講學習」，結果假話、套話、空話充斥在各種視聽媒體上，黨員幹部中更是假冒文憑盛行。「三講」實質上是「三假」，而且這個「假」是自上而下，上行下效，迅速氾濫的。

就拿江澤民來說，可以說他做秀也是前無古人。1995年江澤民到江西共青城拜謁胡耀邦墓地，當時著實讓很多人看好。但1997年鄧小平逝世後，在江澤民全面掌權的七年間，卻對胡耀邦沒有任何表示。由此可見，江澤民拜謁胡耀邦墓地，也是庸人的權術之舉。而且他一舉三得，首先，他知道鄧小平不會反對。其次，可以籠絡黨內元老派和開明派，讓反對他的人無話可說。第三，蠱惑人心，在社會上樹立其所謂開明形象。

現在看來，江澤民實在拙劣得可以。他玩權術不僅連死人也不放過，而且連至少的遮羞布都沒有。也就是說，連自圓其說的交代，他都沒有。毛澤東挺魯迅，一直挺到底。鄧小平儘管對江澤民的能力有保留，但也是挺到死，使他得以真正成為「核心」。江澤

民呢，他人在胡耀邦墓前，想的卻是如何鞏固他的六四權力。在這個前提下，既然大權在握，胡耀邦作為他這個六四非法權力繼承者的天然剋星，他當然要以權避之，繼而禁之了。

至於江澤民的「三個代表」，（所謂「代表先進生產力」，「代表先進文化」，「代表最廣大人民的根本利益」）實際上是毛澤東之後華國鋒提出的「兩個凡是」（「凡是毛主席作出的決策，我們都堅決擁護；凡是毛主席的指示，我們都始終不渝地遵循」）的翻版。只不過他「與時俱進」地用「江式」浮華語言對堅持共產黨一黨專政進行了理論包裝而已。中共前總書記趙紫陽祕書鮑彤尖銳地指出：「三個代表由一系列神話組成，它代表三個權力：統治人民的權力、統治財物的權力、統治思想的權力。全面貫徹三個代表，是全面造神、全面抓權、全面腐敗。」所謂「三個代表的重要思想」，實際上就是江澤民思想。江澤民思想，說穿了，就是封建帝制思想。啼笑皆非的是，當年的「兩個凡是」，是華國鋒給毛澤東抬轎子。現在的「三個代表」，則是江澤民自己給自己抬轎子，而且一廂情願地就將新的「三座大山」壓在中國人民的頭上了。智昏如此，真是空前絕後。

撥亂反正，摒棄六四權力衣缽

需要指出的是，江澤民時代的結束是共產黨「帝制」時代的完結。江澤民作為共產黨「帝制」的最後一個「小太上皇」，在鄧小平去世後僅兩年，就迫不及待地在國慶50週年大典上用最傳統的方式明確無誤地向國際社會宣告了自己的角色定位。在「紅海洋」一般的慶典中，江澤民試與毛鄧比高低，將他的巨幅畫像排列在毛澤東、鄧小平之後，正好恰如其分地展示出他的真實身分───一個活生生的「現代版」袁世凱───也是他殘存的帝王思想的最後洩露。

同樣，他以這種方式明白無誤地將自己的專制獨裁意志通過媒體強加給了他的同僚和中國人民。這樣一種畫面及其內涵，客觀上使江澤民與胡耀邦、趙紫陽開啟的「新共產黨」劃清了界限，也使中國政治、知識菁英與他拉開了距離。

江澤民的這種定位，本身就是對改革開放的反動，就是開歷史倒車。在他掌權的15年，前中共總書記胡耀邦這個名字成為禁忌，不能提，也不能祭。劉賓雁這個「持輿論之劍」的「講真話記者」，當然更是大忌。誰敢擔當冒犯「天顏」的風險，去為一個遭到貶黜、遠在天涯、行將就木的記者說話呢？更何況其中一些人可能深藏的政治韜晦，甚至肯定不乏歷史上就有的臥薪嘗膽者。

對中共現執政黨來說，最關鍵的問題仍然是權力合法性基礎問題。儘管這個權力在江澤民手中持續了15年之久，但並沒有因其強權暴政而穩固或者強大，而是民怨沸騰，不得人心。在這種情況下，所謂權力「正常更替」（通過黨代會的各項程序產生的，而非黨的「太上皇」一人指定的）後的胡溫新政所面臨的首要難題就是如何正其名，以順「黨心」和民心。

最近，胡耀邦這個名字在江澤民退位後終於得以重見天日，並由中共當局正式提及，開了中共歷史之先例。這是否胡溫新政的「項莊舞劍」之術，自然見仁見智。根據分析，這一舉措本身所包涵的政治意向和思想是非常深遠、耐人尋味的。

回顧中共政治傳統，當局的每一個舉動，無論大小，都是有其深刻的謀略或背景的。其目的，都是為現實政治服務的。當年胡耀邦主持發起的「實踐是檢驗真理的唯一標準」的討論，意在否定毛澤東指定的接班人華國鋒所堅持的「兩個凡是」，從而開啟了八〇年代的思想解放運動和改革開放。今天，中共當局紀念胡耀邦，無論如何低調迂迴，都有某種程度上撥亂反正，肅清六四後遺症的內涵。

筆者認為，這裡至少傳遞出這樣一個信息：因六四屠殺而令「黨國」蒙辱的時代該結束了。江澤民之後，恐怕誰也不願承繼六四那個由鄧小平以帶罪之身指定的「江核心」政權，即使對中共執政黨本身，也是一個不光彩的可恥記錄。連強硬派李鵬都著書為自己脫六四干係，更何況當年的改革派和黨內開明人士。對中共權力層來說，中共權力的合法性基礎，不是六四後江澤民執政的15年，而是自六四前推至中共黨的十一屆三中全會的11年。

　　這就提出了一個關鍵的問題：或者沿著江澤民的路線走下去，或者越過江澤民的15年，秉承八〇年代改革開放的路線往前走。據上所述，江澤民路線顯然是一條走不通的死胡同。那麼，擺在胡溫新政面前的只有一條路，就是從六四的權力陰影下解放出來，重整旗鼓，延續八〇年代包括思想解放運動在內的改革開放。

　　應該強調指出，江澤民庸政下15年的鬱積，從中央到地方，都有強烈要求政治改革的呼聲。不否認六四，不摒棄江澤民的六四權力衣缽，就沒有辦法往前走。可以說，中共執政黨的政治資源已經到了窮途末路，不改弦易轍，將難以為繼的地步。

維護流亡者回家的權利

　　顯而易見，當江澤民的「三個代表」的幽靈仍在徘徊時，胡耀邦仍是新時期撥亂反正，否定六四權力這「千鈞」之「一髮」的關鍵所在。

　　當年胡耀邦「抱著糾正共產黨的錯誤，維護共產黨的名譽和事業的決心」，平反冤假錯案，落實知識分子政策，成為十年「浩劫」後的代表人物。胡耀邦曾擲地有聲地說：「再不能通過我們的手去製造冤假錯案。」一句話，撫慰了千千萬萬中國知識分子慘遭蹂躪的心靈，重新煥發了知識分子的理想精神。許多知識分子再次

成為共產黨的「同路人」，甚至躋身「體制內」，夢想與胡耀邦所領導的這個黨一起，建設一種避免「通過我們的手去製造冤假錯案」的制度。

儘管六四槍聲中斷了中國這一歷史發展的重要階段，但是胡耀邦輝煌的歷史功績是不會磨滅的。今天，紀念胡耀邦，就是紀念八〇年代的改革開放，就是肯定胡耀邦開始的政治改革探索，就是為八九民運正名，也就是否定六四屠殺，就是要理所當然地澈底肅清江澤民「槍桿子」政權的餘毒和瘴氣。

誠然，江澤民已經退位，且年高體衰。對這樣一位該退休時卻被鄧小平推上前臺，唯諾數年而一仿毛澤東的「孤家寡人」，當然應持寬容態度。畢竟、也是最重要的，他已經不在其位，因而也不能繼續謀其惡了。但是，15年間，尤其是江澤民的後七年，他以共產帝國的末代「看門人」之威，所行使的一套弱化國民精神的「江式獨裁」，應該清理並予以清算。非如此，不足以真正地撥亂反正，重振八〇年代改革開放的正氣和理想。

我們看到，江澤民延續六四屠殺傳統，一手抓政治，一手搞鎮壓。在他任期，通過權力，「程序化」地「製造冤假錯案」，而且從境內發展到境外。至今仍在獄中的旅美學者楊建利就是一例。還有許多動輒以「洩露國家機密罪」被拘留或遭逮捕的海內外異議人士。江澤民掌控下的「黑名單」，恐怕是破歷史記錄的。

最令人難以容忍的是，江澤民顛覆中國幾千年傳統文明的孝道倫理，發明了一種保護其獨裁統治的「新工具」。這就是以親情關係相要挾，阻擋異議人士和持不同政見者的回家之路，以致多少生命垂危中的父母望眼欲穿，想見兒女一面而不得，最終死不瞑目，令生者永含泣血之痛。在其標榜的所謂「太平盛世」竟出此招，實在有悖中國文明之傳統，令人不齒。有的人得以回國，代價是簽署

所謂的「保證書」。在這個過程中,江澤民無視相關國際法規,讓執行者大出其醜。真是國格受辱,尊嚴盡失。

這種「滅天理」的「新工具」,對於重親情倫理的血肉之軀來說,是極具殺傷力的。當年與胡耀邦同時遭到貶黜的劉賓雁和王若望(還有現居美國的方勵之)已先後在飄流中離世。他們都是這個「新工具」的直接受害者。

逝者已去,「恢復一個已死者的名譽,有什麼用呢?不,現在最根本的是保護活著的人。給不人道的行為打上恥辱的烙印,這樣才有可能防止無數同樣的行為。」(茨威格《異端的權利》。)

八九民運迄今已經16年了。當年的一大批流亡者中,有的抱憾作古,有的貧病交加,有的在艱辛中倍受不能略盡孝道的煎熬,只能揮淚遙拜風燭殘年的父母雙親,銘心刻骨地體會親人在生命最後一刻的悲情、凜然與超脫。

這種人為的不人道行為造成的悲劇,難道不是炎黃子孫的恥辱嗎?難道不是人類共同的恥辱嗎?

這裡我要提及一位卓越的女性——戈揚女士。作為當年自由派聚集的《新觀察》主編,戈揚在八九民運期間,因主持悼念胡耀邦專題座談會而遭到整肅。六四後,這位已年逾七旬的老人,義無反顧地與這個她一生為之奉獻的黨劃清了界限,孤身一人憤而流亡異國他鄉,用自己的餘生,宣告了與六四槍桿子政權的徹底決裂。

同時舉義的,還有年近90的原中共黨史研究專家司馬璐先生,年過80的原資深馬克思主義研究學者蘇紹智先生,年屆古稀的著名美學家高爾泰先生,以及一些業已六、七十歲的流亡者。這些本應在自己的家園,享受兒孫繞膝之天倫之樂的老人,卻在「失去大地」的天空下艱辛備嘗,甚至不得不事必躬親地為最細小的生活瑣事勞心費神,承受著國內同行同齡者無法想像的生存壓力。然

而，無論境況如何，他們都仍在堅守著，沒有一絲的動搖或猶豫。為了人的尊嚴，為了公正與正義，他們昂然挺立，絕不低頭。

這樣一種群塑般的形象，悲壯滄然，感天地而泣鬼神。莊嚴而明確地標示出有「恥感」英雄與無「恥感」「英雄」那永遠不可逾越的鴻溝！

劉賓雁——這位年逾八旬的老人，就這樣走了。在他身後，在那片令他夢魂牽繞、傾注了全部熱情和生命的熱土上，他曾經高舉的「輿論之劍」的理想之光已經黯然，他奇蹟般地在專制統治下闖「新聞禁區」，發出的那些振聾發聵的「真實的聲音」，已經成為絕響。但是，上個世紀八〇年代那座由他樹立的中國新聞自由的里程碑，將與劉賓雁這個名字一起，永遠長存。

在此，我要向與劉賓雁風雨同舟，患難與共的朱洪女士表示最高的敬意和最真摯的慰問。

同時，我要向倡導以人為本的胡溫新政呼籲，請尊重流亡者回家的權利，結束這種非人道的暴行。讓劉賓雁的悲劇，永遠不再重演。

撥亂反正，摒棄六四衣缽，是時候了！

2005年12月8日於巴黎三昧聊齋

＊首發於香港《前哨》。

戈揚──翱翔的自由鳥

上：戈揚在紐約的陋室。安琪攝於1992年3月6日。
下：戈揚、安琪、司馬璐1993年12月5日於華盛頓。安琪提供。

2009年1月18日，我們敬愛的戈揚大姊在紐約去世了，享年94歲。

戈揚大姊是我所遇見過的一位具有高尚品質的堅強女性。她從延安時代的「紅衣少女」，到長期從事記者生涯，擔任《新觀察》雜誌主編，這位將自己的一生奉獻給共產主義事業的女革命者，當她所維護的那個執政黨將槍口對準自己的人民時，她毫不猶豫地採取了最果決的態度，永遠地與這個黨澈底決裂了。

八九六四後，戈揚年逾七旬流落異國。她從零開始，身處逆境而從不言悔，樂觀開朗地面對生活中的各種困難和繁雜瑣事。她甚至獨自一人踩著沒膝大雪去洗衣店；搭乘地鐵時，手裡總是拿著抄在紙條上的英語單詞邊走邊記。此刻，國內許多與她同時代的人，大多正在溫馨的家鄉故里，兒孫繞膝，享受著天倫之樂。如戈揚一樣寥寥無幾的「老革命者」，無一不是滿載榮譽——包括受盡屈辱後的平反，和與之相關的優厚待遇，煥發著經濟利益帶來的精氣神，日子過得有滋有味。而戈揚，在她最應該得到關懷和照顧的高齡，卻義無反顧地走上了不歸路。那樣決絕。那樣從容。那樣大義凜然。儘管她在陌生的國度，一無所有，但她最終擁有一顆自由的心靈。她的獨立意志和在大是大非問題上絕不苟且的精神，賦予她一種高貴的氣質。上個世紀九〇年代初，我有幸去看望老人，距我1987年在深圳特區第一次見她相隔近五年，感到她精神面貌上的大變化。那是一種得以解脫枷鎖、還原為人的坦率和真實。見到我和同去的朋友，戈揚大姊一邊爽朗地大聲聊天，一邊燒菜做飯。隨後，她拿出幾首詩讀給我們，詩中有一種澈悟和超然的哲思，我當即照抄下來，保留至今。十多年來，我在美國訪問時，曾多次拜訪過她，每次都讓我感慨不已。2003年11月下旬再見戈揚時，她已與欽慕她一生的原馬克思主義理論家、早年脫離革命定居海外的司馬璐先生於兩年前成婚。長達半個多世紀的愛情故事，在兩位老人八

旬之年才「終成眷屬」。個中悲歡與歷史滄桑，令人泣歌。

戈揚青年時代投筆從戎，參加革命。歷經風雨和磨難，榮辱備至。半個世紀後的古稀之年離國出走，在美國完成了人生的最後歷程。這種結局本身，為我們譜寫了一首生命的讚歌——自由之歌！

戈揚的身世可謂非凡傳奇，她的一生，是有尊嚴的一生。由衷的欽佩和驚歎，讓我對這位老人懷著深厚的感情和敬意。

戈揚，請一路走好！

2009年1月20日於仰光

附戈揚打油詩三首

其一

家其和高皋，你們兩位好；
熟人都問候，一群自由鳥；
我宿大西洋，君棲香榭島；
故國雲天隔，相思何時了？

其二

我愛睡，我愛睡，
不臥氈，不蓋被。
片石枕頭，蓑衣鋪地，
震雷掣電鬼神驚，
我當其時正酣睡。

閑思張良，悶想范蠡
說甚孟德，休言劉備
三四君子，只是爭些閒氣。
怎如我，展開眉頭，
解決肚皮，且一覺睡。
管什麼玉兔東升，
紅輪西墜。

其三

糊涂詩

黑漆皮燈籠，半空螢火蟲。
粉牆畫白虎，黑紙寫烏龍。
茄子敲泥磬，冬瓜撞木鐘。
昏天無明日，哪有是非公？

安琪於1992年3月10日
抄錄於戈揚在紐約的陋室

＊首發於香港《前哨》。

那個叫鐘文的人，走了！

1991年5月初巴黎友人的布塔尼亞文化之旅。前排站立者右2為鐘文。安琪提供。

（左起）鐘文、高皋、嚴家祺、安琪1993年12月11日於巴黎。安琪提供。

法國五月第一個長週末的第三天，得知鐘文（鐘錦文，1944-2017）於前一天（5月7日）在上海病逝，不禁悵然悲傷，思緒萬端。

　　朋友希望我寫點什麼，卻不知從何說起。

　　我與鐘文相識於1986年8月的全國詩歌討論年會。是時，作為《甘肅日報》副刊記者，我陪同來自全國各地的青年詩人和評論家約三十餘人，乘坐一輛大巴專車，一路西行前往敦煌。往返七天的行程，讓我們有足夠的時間，相互認識，結成友誼，在蒼茫雄渾的西域塞外。

　　1989年夏，我離國出走，定居巴黎。次年一個憂鬱的夜晚，突然接到鐘文的電話，說他已流落巴黎。「你怎麼這時候還出來？」我的話如一盆涼水澆在他頭上，他的聲音一下子低落了。沒過多久，有著非凡經歷的他，見識了海外相關「圈子」魚龍混雜超越底線的人與事，親歷人前人後待他謙恭有加、說他如「再生之父」，而後將他的創業心血全部吞沒、人去無蹤的沉重打擊後，他來找我深聊，感悟又感傷！

　　自那之後，他也變得堅硬起來了。商場如戰場，這個文人，有了盔甲！

　　1990年代中，他往返中、法兩國，一邊經商，一邊促進中法文化的雙向交流。

　　我和他的交往，從不言商。但我得知，幾年前的一次失手，讓他損失慘重，並且直接影響到了他的健康。「文火烤心」是他的關鍵詞，我能體會。

　　2015年春節期間，我同他談及大陸詩歌現狀，他很驚訝：「安琪，你還竟然關心大陸的詩歌！」他說：「今天中國詩壇上的大腕們只是熱衷於舞臺上作秀⋯⋯這一切與我們的體制有關，總之當今的中國詩壇已呈廢墟化趨勢，這是我在兩個月前由北大召開的全國

詩歌研討會上的發言主題，反對者與贊同者一樣的激情。」

他還說：「謝謝你對詩歌的關心，一切藝術，唯音樂與詩歌是可以接近上帝的。」

「對詩的純淨的追求也是靈魂的。」我答，深感欣慰。

——這個在商場歷經滄桑的人，他的精神世界依然有光，依然純粹！

在2016年的一次電話長談後，他來信說：

　　安琪：

　　　　你好！昨晚的暢談很廣但也很少，沒辦法，隔著遠洋，我現在的惟一之憾是沒有可深談但又融心的人，只有寫紙上。面對這個世界，享受它但無需太多，經歷它你要正正的良心，但也要粗粗的神經，後者我是缺的，但又有什麼辦法，你想做個有意義的觀察者記錄者，從皮膚的疼到靈魂的疼你都要挨得起，這樣才能成為歷史的化石，你這才叫享受其間，活著，即便痛的活著，我們終究對這個世界喊出過痛，才配活著

　　　　你有顆金子般的心，又曾經浸淫那段歷史，寫吧，隨心所欲地寫，隨心所欲，一定要進入這樣的狀態才佳。

　　　　謝謝我們的相識相知。

沒有想到，這段話竟成訣別，今日讀來，尤為動容。

事實是，在那次電話長談中，他驚歎：「你一點都沒變，經歷了那麼多，還那麼單純，沒受汙染。」寫在信裡，則成了「你有顆金子般的心」。但我分明知道，就是一個大寫的「傻」字——那些刻骨銘心的人與事，那些諂媚卑微挺不起脊梁的背影，以及莫名其

妙的種種！唯有如此，必須如此，才能有尊嚴地活著，並且心存悲憫。

斯人已矣，此時此刻，我也想說：鐘文，謝謝我們的相識相知！願你的靈魂，接近上帝。

謹此為鐘文先生頭七祭。

巴黎老友萬申、香港老友千石、達文，以及流亡者諸友同此拜祭。

2017年5月13日於巴黎三昧聊齋

＊首發於香港《前哨》。

超越者的智慧
——記第一代流亡人士、文化使者程映湘

　　庚子年2020，新冠病毒引起的封城、封國、遠離親友，自閉避人，每天報播的感染和死亡人數，讓每個人不分身分族群，都置身於這個偌大的生死場，直接（感染病毒者）或間接（非感染病毒者，在養老院被與世隔絕）地被病毒捲走的人們，多為老年人，結

程映湘、高達樂和他們的沙龍朋友。左起：高皋、嚴家祺、祖慰、金觀濤、高達樂、劉青鋒、林希翎、程映湘。1993年6月2日，安琪攝於法國高等社科院。

局都是孤獨至死，沒有臨終告別，沒有正常葬禮，真是生死兩茫茫，逝者難以瞑目，生者心有不甘。

程映湘（Cheng Ying-Hsiang，1929-2020）女士就是被新冠病毒捲走的。

程映湘為前中共元老、托派領袖彭述之（1895-1983）的女兒，1950年代初流亡法國，為法國政治學院研究員。我認識的程映湘女士，知性溫婉，氣質優雅，寬容悲憫有個性。在她住院的探視期間，我們得以有更深的交流。病房小櫃上擺放著她與其夫高達樂先生（法國政治學院著名漢學家）傾心完成的《彭述之回憶錄》，對此，她深感欣慰。

1996年程映湘曾送我一本其母陳碧蘭的著作《我的回憶——一個中國革命者的回顧》，問她自己有沒有寫點什麼，她笑著說：「他們（指其父母）的人生很輝煌，有歷史價值，我是一個小人物，沒什麼可寫的。」她孤身一人躺在異國的病床上，念念不忘的仍是她終其一生都在為之奮鬥的革命事業，讓人震撼動容。

程映湘逝於2020年4月8日，享年93歲。褪去所有的色彩，她的人生底色是善良、本真、高貴。

程映湘在最後的日子裡，對我說過一句頗有意味的話：巴黎不大，但是每個角落都有她自己的文化。

程映湘本身就是一位自覺的文化使者。她為1980年代的流亡後輩創辦的「文化沙龍」，彰顯出這位超越者的智慧。

安琪題記

2023年11月

流亡三年，「沙龍」亦三年。

三年前的今天（1989年秋），當一群「持不同政見者」被迫遠離自己的祖國，呼吸在和平鴿與人群共徜徉的法蘭西共和國時，即被所面臨的選擇所困擾：「國是情結」尤為深重，語言和生存也如泰山壓頂，代替「獲得自由」的輕鬆感的是「失去大地」的失落迷茫，思維結構和心態平衡，同時受到巨大的衝擊。

人們渴望交流，但不是走夜路相互壯膽的那種簡單的吼叫；人們渴望碰撞，但不是勾心鬥角的那種內耗。

沒有哪一種形式比「文化沙龍」更積極、更有效地幫助人們吸收一種國際文化，並從國際平面的角度來思考中國問題，擺脫困擾，重新認識自己了。1989年10月，「文化沙龍」一經誕生，便以其自身的磁力吸引了大批流亡學者和國際友人。

「文化沙龍」的全稱為：法國政治學院中法人文科學研究會。它的創立和發展，受益於法籍華裔程映湘女士的全力投入和孜孜不倦的探索。

第一代流亡者，反斯大林主義的「左派」

頗有意味的是，這位年逾六旬的法國政治學院研究員，是「新中國」建立伊始的「第一代」流亡者。她流亡，多半受累於做過共產黨元老的父親彭述之。

其父彭述之早在1920年即是中國共產黨的前身共產主義小組成員，曾留學蘇聯，先後任中共「四大」中央委員會常務委員和宣傳部長、北方書記黨，是共產黨的五個重要領袖之一。由於彭述之意識到蘇聯第三國際對中國的政策方面有問題，而投向了「左派反對派」，因此被共產黨清除出黨（包括陳獨秀在內，共有八十多名中上層老幹部被共產黨除名）。至此，他開始了漫長的亡命生涯。

國民黨要拘捕他，共產黨又仇恨他，斯大林派要整他，他走投無路東躲西藏，1932年因有人告密被國民黨關進監牢，後僥倖逃走。第二次世界大戰後，彭述之還是堅持自己的主張，不贊成中國走蘇聯的道路，贊成走由民主過渡到一個新的社會主義的道路。但各方政

左上：病房小桌上放著映湘和高達樂合著的《彭述之回憶錄》。安琪提供。
右上：映湘專注閱讀安琪代轉的老朋友高皋、家祺伉儷寫給她的信。2019年8月26日。安琪攝。
左下：映湘轉到療養院後第一次、也是最後一次探視，2020年2月7日。安琪攝。
右下：探視映湘喜遇其子全家從柬埔寨專程前來看望她，2019年7月22日。安琪攝。

治力量都反對他，罪名是「托、特、偽」（編按：即托派、特務、偽政權分子），這種罪名在那個年代是足夠處以極刑的。因此，在「建國」禮炮的硝煙中，他攜家眷逃亡國外。

流逝的歲月伴隨著瑟瑟風雨，回憶依然艱澀。是時，正當年華的程映湘不得不中斷她所酷愛的英美文學的大學學業，離開自己的國家，開始了一種非常人的顛沛流離的生活。她認為世界上有那麼大的不公平，這個國家有一種斯大林主義的專權，這是非常可怕的。既然逃亡了，就要有勇氣面對新的現實。起初幾年，她在越南、香港、法國、英國等地到處流浪，不能接近任何中國人，完全生活在所在國最普通的民眾當中。為了生計，她做過翻譯、祕書等工作。1950年代初，出於個人取向，她決定留在法國，一邊半工半讀，一邊投入法國的社會生活。

由於父輩的傳統，程映湘是一位富有理想主義的國際主義者。她認為民主不是資本主義獨有的東西，真正的民主是要在資本主義的基礎上再要擴大的民主，並且她認為這樣的民主具有典範的力量。在這種理念下，她以一種樂觀的精神參與社會活動，無論在哪裡，她都積極地與當地的先進力量合作，做自己力所能及的事情。

「當時我還是一個年輕的激進分子」，她直言不諱地說，「這也是我自己的尊嚴，既然我沒有投降中國的權勢，我在這裡也不投降任何的權勢。」

為什麼是激進者？

程映湘說：「我是『左派』，是反斯大林主義的『左派』。開始，因為父親的緣故，我與托派的第四國際有了一些關係，但後來我不承認他們是我的領導，覺得他們不能夠在政治上滿足我，所以我就變成了一個游離分子。幾年後，我找到了自己的定位，『具體參與一些我認為有價值的社會政治活動，但不參加任何政治組

織。』」

　　是反思，抑或是承認失敗後的超然，大概二者都有吧。這裡揭示著一個中國知識分子的人格獨立問題。不知自己立足之所在，是中國知識分子的一大弱點，口頭上要自己人格獨立，但實際上很難做到。比如和政治的關係，知識分子要不然就是全部陷進去，不能自拔；要不然就是怕投入進去，是一種很矛盾的現象。這也是中國的社會政治環境造成的困境。知識分子的自我完善，首先取決於人格的獨立。在此，程映湘女士不愧為一位有勇氣的先行者。

主體意識與歷史縱深感

　　中國知識分子對社會有一種很強的責任感，這個優點也可能反過來變成弱點，變成無條件地為當政者服務，而不去思考為什麼要這樣做，有一種狹隘的愛國主義。愛國當然是對的，但是「中國知識分子有時會『混血』，把國家、民族與政府、政黨混為一談，很難把這幾者分得很開，他們的困惑和心理不平衡，也來源於此。」基於這種認識，程映湘在多年的學術研究中，始終把握住一種主體意識，並將這種主體意識貫穿於整個歷史脈絡，使其研究更具客觀性和人文色彩。

　　程映湘女士研究的重點是中國「五四」以來的歷史，七〇年代初既見成果，並進入法國國際政治研究所。她的博士論文《中國與古巴的親睦和中國與蘇聯的紛爭──1956-1962》，一方面批評毛澤東的對內政策，另一方面又贊同毛澤東有關蘇聯的論點，贊同毛支持第三世界革命。同時，她敵視美、蘇，同情古巴。在她的論著裡，什麼帳都不買，既不買幾個強國的帳，也不買什麼黨派的帳，而是站在歷史的角度分析這幾個國家之間的關係及其在國際中的角色，因此博士論文出版成書前就引起了很大的爭議和風波，但也奠

定了她研究生涯的主格調。

程映湘與法國丈夫高達樂先生合著的《毛澤東的兩次死亡》，（*Les Deux Morts de Mao Tsé-toung, Seuil, 1977*）以1976年天安門「四・五」運動為背景，從文革十年的歷史角度闡述了毛澤東政權的垮臺及其對局勢的影響，第一個為「四・五運動正名，理直氣壯地稱其為革命事件。此書1977年初出版，在國際、尤其在法國社會深受關注。

她研究周恩來，興趣在於這個人物具有雙重的代表性：「他代表中國政界最好的和最壞的兩個方面，是傳統文化和官僚文化的代表；同時他也有自己獨特的方面。」

她寫父親彭述之的傳記，嘔心瀝血，第一卷於1983年出版。後因父親去世，第二卷尚在哀思之中。

她也是一位富有強烈責任感的愛國主義者，但她的責任感和愛國心是獨立的，是更具國際主義精神的，而不是依附式的「效忠」。

1979年，程映湘第一次回到闊別30年的祖國，對大陸文革以後非常貧窮、非常蕭條的印象很深，另一方面她也看到了發生的變化，感到有一種希望。回到巴黎不久，聽說北京要審判魏京生，她又驚奇又失望，擔心中國這一步走錯會一錯再錯。於是，她與丈夫共同發起呼籲釋放魏京生等政治犯的簽名活動，有兩百多名法國著名知識分子簽名，並將簽名信寄給中國政府，引起了國際輿論的重視。而她，也被中國政府視為反華人士，取消了原定由中國社科院邀請的訪問。

但這並沒有中斷她和中國的往來。1981年出了白樺「事件」，她寫文章聲援。1984年國內情況稍有好轉，他便和丈夫冒險以旅遊的名義去了北京，並與中國的學界知識分子、作家建立了長久的來

往和交流，終於在1988年，她組織接待了由中國12名作家組成的代表團訪法活動，從某種意義上實現了在文化層面上跨越一大步的初衷。

　　然而，真正了卻夙願——創造一種自由環境，讓中國有前途的知識分子和學者平心靜氣地思考一些基本問題，融入世界文化的大潮之中，卻是在「國將不國」了的六四之後。

超越角色困惑

　　逃亡，也是一次自我放逐。「角色困惑」，似乎是那一特定階段中國流亡知識分子的必然。為何困惑，程映湘深有感受：「語言不同，文化背景迥異，再加上知識方面的交流非常有限，對中國、對外國的事情的分析與我們的看法有很大距離，因而精神彷徨，不知所措。」但程映湘認為這種距離雙方都有缺陷，「因為你們從裡面看，自己看自己，很難看得清楚；我們從外面看，也有我們浮淺的地方」。她未改初衷，依然故我地不介入政治的或其他什麼組織，但她願意為這批「角色困惑」者開闢一個精神活動的自由空間，想通過「文化沙龍」，使「裡面的人」能「跳出來」看自己，使「外面的人」能「走進去」看裡面，雙方有一個互補。

　　三年過去了，收效是顯而易見的。平均每月一次的沙龍討論，內容包括從中國本土到國際環境，從政治到經濟，還有文化結構、歷史遺留、生態平衡等方面的問題。主講者有流亡學者、法國漢學家、法國有關專題的權威學者，以及訪問學者等。論題領域廣泛深入，被流亡者稱為學習民主的學校。在這所學校裡，當年的「角色困惑」者不知覺中完成了自己的角色轉換，「國是情結」不再成為一種制衡的心理障礙，思維方式和知識結構的調整，同時呼喚了一種大文化的智慧，一種超越語言、種族、國土、地域的昇華。

至此，大概不難解釋為什麼程映湘女士要創建法國政治學院中法人文科學研究會，並且為什麼她能把這樣一個沒有經濟資源，沒有政治背景的「文化沙龍」頗有成效地做了三年，這與有的「牌子亮」、「底子厚」，資源豐富卻喪失公信力的「組織」相比，的確是值得發人深省的。

1992年8月於巴黎三昧聊齋

＊原載《民主中國》1992年10月，收入安琪著《痛苦的民主》1994年版。

第四編

他山石

從「世紀婚禮」到「世紀葬禮」
——戴安娜悲劇與現代社會的整體精神匱乏

　　8月31日，正當盛年的英國王妃戴安娜（Diana, Princess of Wales, 1961-1997；另譯黛安娜）因車禍在巴黎猝然離世，噩耗傳來，舉世震驚。

　　16年前，那個純真羞澀的處女，以其稀世的儀容披著婚紗款款地依在查理王子〔Prince Charles，臺灣譯名為查爾斯王子，現為英王查爾斯三世（Charles III）〕身邊時，就產生了全球性轟動效應。戴安娜自此從一個幼稚園老師變成舉世矚目的英國王妃而成為媒體寵兒。

　　16年後的9月6日，戴安娜的好友、流行歌手艾爾頓（Elton John）曾為瑪麗蓮・夢露（Marilyn Monroe, 1926-1962）譜寫的名曲〈風中之燭〉（Candle In The Wind）卻成了戴安娜的安魂曲。艾爾頓為這首歌填上新詞，在戴安娜的安葬儀式上自彈自唱。真摯、憂傷的情感旋律，激盪起數以百萬計的悼念人群和25億電視觀眾的哀思與共鳴。

　　命運是不可逆轉的——這似乎是一個悖論！從「世紀婚禮」到「世紀葬禮」，戴安娜緊緊攫住了世人的心。她流星般短暫的生

命，就像她身邊不停閃亮的鎂光燈一樣，讓我們身處的這個世界澈底曝光！

戴安娜的個人悲劇

1982年，當我在中國西部的一家青年報工作時，我主持編輯的關於英國王妃戴安娜生活側面的一個整版報導，曾招致宣傳主管部門的批評，理由是宣揚資產階級自由化。那期報紙，卻因戴安娜而銷售一空。

剛剛開放的中國讀者，帶著某種虔誠和期待，渴望瞭解「全新世界」的各個方面。在人們心目中，戴安娜既不同於中國傳統王妃，也不同於中國現代「王妃」（如江青）。她幾乎是一個完美的象徵——美麗、高貴、善良，有著天使般迷人的微笑。她身為王妃，卻自己外出購物，也被看作西方人自由獨立的特徵。似懂非懂地哼著「外面的世界很精彩」的中國青年，一個戴安娜就足可釋放出他們對西方世界的全部想像力。

事實上，那個傳統的大家規範教導出來的女孩，與中國傳統的大多數閨秀沒有多大差別，知識範疇並沒有超出「女學」之界：知書明禮，溫良謙恭，舉止適度，克己復禮。在這個以男性為主的世界上，「女子無才便是德」具有驚人的相似處和普遍性。

縱觀戴安娜傳奇的一生，她實非一個完全意義上的現代女性。在她將要側身王室之時，恐怕並沒有設身處地地想過，一旦成為王妃，就難免要為公眾犧牲個人隱私和幸福。在長達十多年的王妃生涯裡，她最初的反叛即盲目又無奈，有時還帶有很大程度的自虐。她的孤獨無助，使她把熱情投向周圍對自己稍有慰藉的男性，然而她的尊榮是不允許她的哪怕些微的輕鬆。那個馬術教練給她帶來的傷害，遠遠超過了她當初所渴望的安慰。怪誰呢？馬術教練並不是

唯一的例外。在世俗眼中戴安娜無與倫比的王妃地位，將她等同於一個好萊塢式的超級巨星。美貌、金錢、名利——戴安娜無意間將這三者導向了極致。這種人間少有的誘惑，使她的一顰一笑，舉手投足間，都被那些「擁有」或「接近」她的人貼上了標籤。追逐者最大限度地滿足了男性的虛榮之後，又將這種虛榮轉手拍賣！這是一個可詛咒的男性社會，這個社會所裸露出的人性的黑洞，足以吞噬所有的血肉之軀。

戴安娜的悲劇在於，她並不僅僅是一顆遙遠明亮的星，她有著作為一個女人的全部需要。因此她必要為人的七情六欲所傷害。她忽略了自己並沒有真正隱私權的現實，當她試圖同另一個男人分享情感的時候，情感便被出賣了。

這種傷害似乎喚醒了戴安娜的獨立意識。經過自我掙扎的心歷路程，她向世人和盤托出她那不為人知的婚姻痛苦，包括她的暴食症、五次自殺未遂，以及並不成功的婚外戀等等。她似乎如釋重負。然而她的坦誠同時招致了更大的爭議，她身不由己地陷入了大眾媒體的又一輪誤圈。即使在同情者中，也對她有負面質疑。

離婚是她所不願的，但已不可挽回。經過多次談判，最終由查理王子付給她一千五百萬英鎊外加每年四十萬英鎊的祕書費而了結。這種金錢糾葛與所有離婚案如出一轍，很多人感到平庸而不可思議，儘管有人寧願相信扳倒查理王子的輿論效果要大於金錢本身。

戴安娜離異後，自由地投入慈善事業，在那裡，她好像找到了內心的平和與精神依託。但是她的個人生活依然是孤寂的。她並不幸福。否則她不會恨意難消，巧妙地讓攝影記者拍下自己和男友法伊德（Dodi Fayed, 1955-1997；另譯法耶茲）在法國南部度假時的休閒照片，在第二天——查理王子為其女友卡蜜拉〔Camilla Parker

Bowles，現為卡蜜拉王后（Queen Camilla）〕祝賀生日的同一天「占領性」地出現在報紙上。

　　崇尚真情的戴安娜，並沒有接近一個常人應有的愛情，當然也很難獲得真正的愛情。在上流社會的名利場中，生命的本質被浮誇消蝕，瀟灑和排場掩飾著寄情聲色的尷尬，戴安娜自然也難逃此劫。

　　作為王妃，戴安娜應有盡有；作為女人，戴安娜卻一無所有。幸乎？！悲乎？！

明星、媒體共媚眾俗

　　戴安娜在8月27日接受法國《世界報》訪問時，最後一次批評英國媒體說：「媒體是凶猛的，它從不寬恕，它只要抓人的錯誤。你的每一個意圖都被扭曲，每個舉動都受到批評。我想在國外就不一樣。在國外大家親切地接待我，照我本來的樣子看待我，沒有成見，不會緊盯著我走錯一步。在英國就正好相反。我想在我這個位子上，不論哪個健全理性的人早就離開了，但我不能走，我還有兩個兒子」。然而，四天之後，她卻在塞納河畔與媒體的最後一次「遊戲」中香消玉殞。

　　戴安娜車禍遇難，尾隨其後的攝影記者成為眾矢之的。憤怒的人們將所有的辱罵和怪罪都指向了俗稱「狗仔隊」的攝影記者。不僅美國、法國、英國、香港等地那些曾千方百計靠媒體打知名度的影視界明星們藉此發表議論，抨擊攝影記者，一些立體傳媒如電視、廣播也嚴厲斥責攝影記者及獲取明星照片的圖片社，應驗了中國那句俗話：「牆倒眾人推。」這種一邊倒的「集團打狗」熱潮，使9月4日在法國南部佩畢揚市舉行的世界攝影記者節蒙羞含辱。

　　與此同時，各報刊圍繞著媒體自身的自律問題展開了討論。

《解放報》社論說，「首先是被拍攝的目標人物本身，多少明星以向媒體透露私生活內情的方式來打響知名度，後來又無法制止在他們默許鼓勵下所造成的偏差。王室本身雖然顧忌較多，但在一個並不真正需要他們的民主國家裡，不也是靠媒體來替他們提高聲望，確保永恆嗎？至於大聲譴責攝影記者的民眾，也就和打擊妓女卻寬恕嫖客的情形差不多。」

　　《費加羅報》評論認為：「媒體已足夠成熟，懂得自律。」並且表示：「媒體謹於此道歉。但它是情有可原的。」報導說：「事實上，每個人都知道該如何解決問題，只要名人們放棄享受榮耀，報刊放棄巨大的發行量，民眾不再要求知道別人想向他們隱藏的真相就行了，但到時候也就什麼都不剩了。」

　　戴安娜的弟弟史賓塞伯爵（Charles Spencer, 9th Earl Spencer）在戴安娜的安魂彌撒上說：「此事顯示，每位擁有她照片的所有權人、主編，每一家曾購買這些照片的刊物，等於鼓勵貪婪無情的人冒一切危險追逐拍攝戴安娜的照片，今天他們的手都沾滿血腥。」

　　但早有媒體抗議：戴安娜變成攝影機的焦點，多半是她自己造成的。她和法伊德的照片，最近就在世界各地賣了大約四百萬美元。英國《每日鏡報》（*The Daily Mirror*）記者費塔克（音譯）說：「在相同的情境下，戴安娜24小時之前可能對記者毫不以為意，24小時之後卻避之唯恐不及，這怎能全怪記者。」

　　舉例來說，1995年12月，戴安娜在英國媒體BBC電視前傾訴不幸婚姻的鏡頭令人難以忘懷，即是她個人對媒體的主動。她也經常利用新聞媒體報導自己所從事的公益活動，如推動愛滋病的研究和反對地雷運動等。在此，明星與媒體間的「互動」關係配合默契，共同迎合了大眾的心理需求。

　　再看戴安娜去世後的媒體效應：

巴黎各日報的銷售量增加百分之二十至四十。《解放報》的售量增長了百分之七十至七十五。

英國所有小報銷路大增，《太陽報》（The Sun）增售百分之五十，《每日快報》（Daily Express）增加百分之二十。民眾仇視的八卦小報幾乎銷售一空。

讀者是誰？當然是「罵了又想看」的民眾。

在這裡，民眾主導市場需求，而「狗仔隊」則是市場需求下的產物。一個頗具諷刺的事實是，躲避苦難的現代人，他們對多次換皮的美國歌王麥可・傑克森（Michael Jackson, 1958-2009）和以展示獨特性感而驚世駭俗的瑪當娜（Madonna Louise Ciccone，臺灣譯名為瑪丹娜）的興趣遠比流離失所的非洲難民和以巴戰爭要大得多。最近發生的聳人聽聞的阿爾及利亞大屠殺（編按：指1990年代阿爾及利亞內戰中的衝突）即是一例。兩百多人死於非命，大眾媒體卻無動於衷。

據悉，在法國輕罪法院以「過失殺人」和「見死不救」起訴的七名事發後被警方扣押的攝影記者中，有一人曾拍過八九六四之夜的天安門，也在波斯灣戰爭中出生入死，拍下許多珍貴歷史鏡頭。但是這些照片所得，僅夠一張往返機票，充其量只能滿足記者的所謂事業心。而戴妃的任何一張照片，都可使讀者慷慨解囊。

《新聞週刊》（Newsweek）的評論意味深長：如果說特洛伊的海倫娜可以發動一千艘戰船，戴安娜至少可以占領一千期雜誌的封面，造成數以千萬計的報章雜誌熱賣。雖然「狗仔隊」不因她而興，而她卻把這種追逐帶入新的高潮。如果這次「狗仔隊」並未追死戴妃，並且拍到她與男友接吻的照片，全世界大部分的報紙都會一邊罵狗仔索價過高，一邊刊登照片。

結論是令人沮喪的：被消費市場主導的媒體終究是難以制衡的。

隱祕的民意

　　戴妃之死，打破了向以理性克制為名的英國人的心理平衡，悲哀的人們用鮮花和眼淚寄託自己的哀思，9月6日的葬禮更是盛況空前。

　　實際上，人們悼念的首先是作為王妃的戴安娜。這樣一個傳統和現代完美結合的尤物，無論對英國王室或是英國人來說，都是絕無僅有的。她的死在潛意識中使大英帝國失去了它那極具象徵性的最後一顆明珠，造成了不可彌補的精神空缺。於是乎，「先前把她視為罪人的媒體與公關業者」在憤怒、失落與愧疚之感趨勢下，重新「製造」出一個「戴妃目前的聖人形象。」（社會學家語），反映了英國人對君主立憲政體始終如一的耿耿忠心。據最新民意測驗顯示，絕大多數英國人仍然堅定地支持這一制度。

　　假如婚姻破裂的戴安娜已經找到了個人幸福，並在她的名字前冠以再婚丈夫的姓氏，那麼這種哀悼還會如此豪奢如此莊嚴嗎——儘管這種假設非常荒謬！

　　記得法國前總統密特朗去世後，十萬民眾聚集巴士底廣場舉行燭光追思晚會。美國著名歌星芭芭拉（Barbara Hendricks）悲淒地演唱〈櫻桃成熟時〉（Le Temps des cerises），餘音未了，一年後在同樣的人群裡卻出現了「揭發」密特朗醜聞的聲音。一時同仇敵愾，甚至有人大呼上當。但從所「揭發」的內容來看，都是密特朗生前就被媒體間斷披露或爭議過的，並不是什麼新話題。情感的不一致性及其複雜性於此可見一斑。幾乎可以認為，在所有的情感宣洩過程中，都隱藏著個人的祕密。人們對戴安娜的情思，同樣寄託了自己的願望和訴求，包括許多不可語述的心理需求。

　　問題是，人們到底想要什麼？

一個印在記憶深處的鏡頭突然閃現：那是剛到巴黎不久的一個秋日清晨，我乘地鐵去索邦大學讀法語。在國家（Nation）地鐵站轉車時，一個下肢殘疾的流浪漢突然喊道：「我需要愛！沒有人愛我！」聲音嘶啞、絕望，令人心悸。上班的人潮好像被這聲音驚呆了，重複的呼喊在地下鐵的長廊裡久久迴響。

　　這是一個精神空虛的世界！這世界需要愛！

　　在這方面，也僅僅在這方面，人們與戴安娜息息相關。誠如英國著名心理學家庫波（音譯）所說：「我們還認同她，視她為在許多方面跟我們沒有兩樣的一個人。她不但具有同情心，而且是個需要愛、容易受傷害，因而展現她的脆弱的人，而我們大家也都是這個樣子。」

　　倘若我們揭去情感面紗，或許我們會為自己赤裸裸的自私而羞愧：我們實在是太偽善、太缺乏愛了。我們把我們自己所做不到的一切，都寄望於這個已經離去的人。而且在我們的希冀裡，仍有那樣多的邪惡與貪婪，就像我們一邊流淚，一邊毫不覺悟地掏錢去買那些被我們詛咒的報刊雜誌，窺視他人隱私，尋求新的刺激一樣。今天，當我們用自己的想像力神話戴安娜時，誰敢說我們不是在為下一次的中傷尋找藉口呢？

　　轉嫁情感是人的本能。被虛無狂熱所驅使的民意，也是會殺人的。從某種意義上說，戴安娜最終被民意推向了祭壇！

　　有這樣一個細節：因擔心戴妃陵墓安葬在她的故鄉大不靈頓（Great Brington），接受記者採訪的當地村民憂心忡忡，害怕他們小村的寧靜會被瞻仰戴妃墓地的觀光客侵擾，「變得像貓王墓園一樣。」這個具體的真實，使當日的葬禮顯得鋪張。人們委實是在為自己哭泣！（事實上，為避免世俗的喧囂，戴安娜王妃被祕密安葬在其家族莊園的湖中小島上——作者註。）

民意的偏頗從查理王子和卡蜜拉的戀情中也很突出：

公眾輿論對查理王子與青梅竹馬女友卡蜜拉重續戀情，比對戴安娜的婚外情更不能容忍。但是從本質上說，查理王子何嘗不是另一個犧牲者呢？

卡蜜拉則注定要在戴妃的陰影下生活。輿論對這位生性聰穎的女性幾乎到了仇恨的地步，不惜對她進行人身攻擊。她的皺紋和樸素裝束，也受到嘲笑。輿論所反映出來的「民意」對卡蜜拉這一同樣追求個人幸福的女子，竟毫無同情可言，相比對戴安娜的極盡推崇，實在令人齒寒。

永遠的戴安娜

人非聖賢。褪去所有的色彩，還原戴安娜的本來面貌，她確是一個值得愛戴、值得懷念的人。

首先，她是個人反抗傳統、挑戰王室的典型。她的勇氣包括對自我的否定與更新，轉折點似是1995年底向媒體公開個人婚姻不幸，表明她終於戰勝自我，直面人生。同時，她拒絕受制於某些禮儀規範，是促進王室向現代化轉型的第一人。

她又是一個成功的人道主義者。她的人道關懷出於她對社會疾苦的同情，她與愛滋病患者握手，傾聽無家可歸和殘疾者的苦難，親臨安哥拉和波斯尼亞（Bosnia，臺灣譯名為波士尼亞），考察地雷對人類的傷害並予以反擊。她以誠摯的愛和娓娓輕語撫慰著那些受傷的心靈。儘管她生前的反對者曾以微辭譏之，但不可否認，是她將鎂光燈從貴族華殿引向社會陰暗角落，她的基金會為那些對生活失去信心的人們給予了直接的幫助。從英國王室到貧民階層，戴安娜縮短了二者之間的距離。

像是某種神示，戴妃去世後三天，被世人譽為「貧民窟聖人」

的德蕾莎修女（Mater Teresia, 1910-1997）在印度加爾各答病逝，享年87歲。這位諾貝爾獎獲得者，終其一生俯身在病危弱者身上，用「靈魂的真善美完成了這個世界的一切善行」。她的葬禮，隆重莊嚴。哀悼民眾中，包括「窮人中的窮人」，其中有雙目失明的乞丐，也有殘障人和瘋癲病人。德蕾莎曾向他們「傳達了生命的價值和尊嚴」的偉大信息，他們神情肅穆地來為她送行！一切都如此順其自然，無須渲染也不要誇張，就像事情的本來面目一樣。

　　如果說美麗、善良和人道主義關懷，構成了戴安娜的不朽魅力。那麼，德蕾莎修女用瘦弱的身軀耕耘的人類博愛的田野，將使她的靈魂獲得永恆！

　　　　　　　　　　　　　　　　1997年9月於巴黎三昧聊齋

＊首發於香港《前哨》。

失衡的天平

——從密特朗私人醫生大揭密風波說開去

　　1996年1月17日，在法國人為前總統密特朗舉行國葬後不到一個星期，原密特朗私人醫生古布萊（Claude Gubler，另譯古布勒）撰寫的洩漏密特朗病史的《大祕密》（*Le grand secret*）一書即問世。次日，巴黎大事法庭向全國宣布了一項裁決：禁止普隆出版社（The Éditions Plon）繼續發行和再版《大祕密》，理由是該書作者古布萊構成了侵犯個人隱私和違反職業保密的原則。

　　這一事件的發生及其過程，造成了法國社會輿論的迭宕起伏，在法國各界和法國人的情感世界中，激起了水火不相容的認知反差和紅與黑之界糾纏不清的心理矛盾。幾天前，已逝總統密特朗高達93%的民意擁戴，瞬間就發生了微妙的轉移。記者注意到，輿論對密特朗私人醫生古布萊，幾乎眾口同誅，但是，對巴黎大法庭的裁決，卻又不以為然。在這場情與法的大爭辯中，法國人不無憂慮地意識到，法國這個民主社會的各種價值底線——包括道德、言論自由、政治規範、公民權益等，正在經歷一次前所未有的危機。

　　這一風波，觸及到這樣幾個層次：

道德審判

巴黎大事法庭應密特朗遺屬的要求,採取緊急審理程序,查禁密特朗私人醫生古布萊的《大祕密》一書,並著重指出:此事尤其令人不能容忍之處,在於密特朗總統去世和安葬才幾天,書便已售出。此言看上去似乎情理大於法理,但在侵犯隱私權和妨礙職業祕密兩項原則下,這一判決在很大程度上迎合了法國人對前總統「屍骨未寒」的悲情。在這一基調下,密特朗的私人醫生古布萊被逼到了道德的審判臺上,除立之有據的上述兩項觸犯法律的「侵犯」之外,古布萊同時也受到了公眾輿論的譴責。法國全國醫師工會理事會決定向紀律仲裁機構以「違反職業祕密」的罪名,起訴古布萊。

古布萊自1981年至1994年一直任法國前總統密特朗的私人醫生,這一任期,幾乎占據了密特朗連任總統的整個時期。

古布萊在《大祕密》中揭露:密特朗總統於1981年11月即診斷患有前列腺癌,並已擴散到骨內,而非總統府正式宣布的1992年9月。在這個過程中,古布萊扮演了一個「保守國家機密」,說假話的角色——簽發每半年一次的假健康公報長達近12年之久。

古布萊醫生拋出的這一爆炸新聞所產生的轟動效應,包括人們對這種做法本身的根本否定。古布萊自知違背了醫德,但他自認問心無愧,他的依據是密特朗生前曾對他說過:「我生病的經過有朝一日一定要公諸於世。」

但這並不能解釋法律。刑事法規定,醫生洩漏職業祕密,可判刑兩年監禁;造假文件,可判刑五年監禁。近日來,法國醫學界、法學界、哲學界、政界及新聞媒體,在這一辯論中,都毫不含糊地指出古布萊在書中無法避免地觸及到的這兩點。法國醫生工會主席戈洛里翁(Bernard Clorion, 1928-2007)向新聞界明確表示:所有的

醫生，不論其患者的身分如何，都必須堅守醫療祕密。因為這是對病人的尊重，對其人格的尊重，對其個人生活的尊重。

儘管古布萊醫生所揭露的真相，意味著戳穿了一個謊言。但是，從任何角度看，古布萊醫生被法律鎖定都是一個難以更改的事實。

密特朗的「另一面」

毫無疑問，前總統密特朗私人醫生的所為，揭去了密特朗這位民意與戴高樂（Charles André Joseph Marie de Gaulle, 1890-1970）齊名的神祕面紗。誠然，任何一個個人，包括總統在內，都有權為自己的病情保密。但是這一條不適用於密特朗。因為密特朗1981年上任伊始，即宣布每半年向公眾公布一次自己的體檢報告，以避免蓬皮杜（Georges Jean Raymond Pompidou, 1911-1974；臺灣譯名為龐畢度）在任期猝然去世的刺激。事實證明，密特朗濫用了民眾對他的信任。如果說，密特朗當選總統半年後即患癌症，使他進退兩難，不得不違背初衷，採取保密措施的話，那麼，1988年他再度入主愛麗舍宮，其騙局就是有意為之了。正是在這一層面上，《大祕密》所揭示的真相給密特朗的道德形象打上了一個問號。

深而究之，法國人進而發現，密特朗身上一些原來曾被他們所推崇的東西，其實也包含著令人費解的象徵意義。

比如，密特朗每年初夏都要登上索呂特山（La Roche de Solutré），時間、地點多年來保持不變，適時地傳遞著這位領袖的健康訊息（直到去世前的最後一次）和精神面貌。有所變化的是隨員，出現在密特朗身邊的老面孔和新面孔，準確地傳遞著法國高層複雜人際關係的平衡和政治風向。在這裡，密特朗就好比一個高明的舵手，敏感的政治家不難從中預測其航向。而這樣一種不變的

習慣本身就隱含著一種至高無上的權威，甚至可以追溯到路易十四（Louis XIV, 1638-1715）時代。

不隱瞞與其夫人分居並長期擁有情人、私生愛女的事實，堂而皇之地與兩個家庭分享節假日；密特朗逝世前的最後一個聖誕節就是與「外室」一起在埃及渡過的，幾天後的元旦，則是與其夫人及兒子在自己的別墅渡過的。據記者分析，是時，密特朗已經為自己選擇了死亡的日子。雖然，法國公眾人物的私生活「豔聞」屢見不鮮，而且法國社會有一條約定俗成的規定：只要不妨礙政務，公眾人物有權保護自己的私生活，輿論不得隨意報導。但是，像密特朗這樣「透明」，甚至達到讓兩個家庭在他身後的宗教葬禮上「團聚」的效果，不單讓常受「緋聞」之苦的美國總統克林頓（Bill Clinton，臺灣譯名為柯林頓）和英國王室瞠目結舌，即使法國的眾多風流雅士們，也是望塵莫及的。對此，一位法國友人輕描淡寫地對記者說：這不算什麼，路易十四就是這樣，甚至更厲害。美國沒有歷史，也沒有傳統，不能與法國相提並論。

情與法之間的價值判斷

其實，把權力擴大到極致，這只是一些微末細節而已。密特朗也並不是第一人。早在戴高樂時代就開始形成了。例如法國第五共和憲法規定，總理由總統任命，改變了第四共和總理由國會選舉產生的條例，卻保留了總統有權解散國會的條例。在這裡，總統的權力顯然是大於國會的。仍以密特朗為例，古布萊醫生在書中說，密特朗在1994年就喪失了治理政務的能力。這種說法雖被各政界要人否認了，但是這些對密特朗的肯定卻都來自於感性的判斷。從中可以看出，密特朗晚期是否有能力視事，完全取決於他的個人意志，沒有任何一道程序可以對他進行有效監督。

縱觀法國政壇，黨派相爭的激進色彩往往掩蓋著非理性的情緒。1968年的「五月風暴」（Mai 68）和風行一時的「毛澤東熱」，就很具典型性。1980年代初，當密特朗將法國社會黨帶入一個黃金時代時，一些親社會黨的左派知識分子從此喪失了傳統的批判精神，對已經出現或可能出現的社會危機和意識形態上的偏差視而不見——這不啻是法國知識分子難以彌補的過失和遺憾。

如果將密特朗看作一位成功地過渡為民主社會的「君主」，那麼，法國選民無疑是其最忠實的「臣民」。在更多的法國人看來，戴高樂時代，是時勢造就了戴高樂那樣的英雄。密特朗時代，則非密特朗莫屬。法國人能夠寬容地對待密特朗，不僅僅因為他的卓越的政治建樹和超群智慧，還包括那些光環邊緣的灰色斷面，那些辨認不清的缺點或失誤，使得密特朗更具親和力。密特朗長達50年的政治生涯，正好是法國半個世紀歷史的縮寫：光榮與傳統，強盛與衰落，以及難以釋解的二戰情結。今天，密特朗的舊居、安葬地，以及他登過的索呂特山，已經成為法國人的「朝聖」之地，有歷史感的法國人，以傳統的方式，紀念這位進入歷史的偉人。《大祕密》所能提供給人們的，只能、也僅僅是一種茶餘飯後的消遣談資。

新聞自由與知情權

《大祕密》真正的風波是關於新聞自由和公民知情權的再討論。雖然輿論大多認同對古布萊醫生的譴責，認為即使揭露真相有功，也不該是這個人在這個時間。但是，巴黎大事法庭禁止《大祕密》一書的發行，卻引起了輿論的譁然。

《大祕密》第一版印刷了五萬本，1月17日上市第一天，就賣掉了四萬五千本。此外，《巴黎競賽》（Paris Match）畫刊搶在該

書出版之前大量轉載了書中的主要內容，第一天的發行量達到了一百萬冊。稍後，為了抵抗巴黎大事法庭這一「妨礙新聞自由」的判決，一家咖啡館將該書的全部內容輸入了國際電腦網絡，自1月23日的統計，平均每小時有一千人通過電腦網路讀取該書。由此可見，「禁令」所引起的反彈要遠遠大於其實效性。

公眾有沒有權利知道政界要人的健康狀況？揭露一個曾承諾要公開的祕密算不算侵犯私人生活？癌症和治療會不會影響到一個人的性格和工作能力？《大祕密》被禁是否限制言論自由？所有這些問題的大論戰，早已超過了《大祕密》本身所具有的意義。一位法國知名學者對記者說，這場辯論的深入，將重新燃起法國知識分子的批判精神和熱情，再樹價值觀，並引起全民對新聞自由的高度重視。

「壞事」變好事，這是民主社會的優越。

再談毛澤東私人醫生李志綏

同樣是領袖私人醫生揭密，毛澤東私人醫生李志綏就要比密特朗私人醫生占布萊幸運得多，一本《毛澤東私人醫生回憶錄》，李志綏不但未遭非議，反而名利雙收，並獲得了國際聲譽和有關獎勵。當然，這種肯定和獎勵不可能來自中國大陸，但是，正因為它來自於西方世界，任何一個超越「殖民話語」的中國人，都會對這樣一種「優惠」的內涵提出質疑。我認為，中國人、特別是追求民主、崇尚自由的中國知識分子，如果能夠站在世界的價值準線上衡量和判斷自己的所為，而不是輕易地接受西方人賜予中國人的特權——低於西方價值觀念的另一種標準，那麼，我們才可能真正從精神上站立起來。

首先聲明，這裡，作為記者，我抨擊的對象，並不是李志綏本

人。與一個已入黃泉，喪失辯論能力的人討論，不是記者所好。何況，李志綏在《回憶錄》出版後，也並不是沒有顧慮，他常說「對得起自己的良心」，就是他個人內心搏鬥的結果。更何況，在法律不健全的中國，還沒有較深層次上的「醫德」一說。

問題出在旁觀者身上，能充分表達新聞自由的海外文人墨客，在這個問題上，卻又為毛澤東所誤，陷入了「凡是敵人反對的，我們就要擁護」的泥沼。海外輿論關於《回憶錄》的討論，依然是情緒模糊了是非，與共產黨、毛澤東的對立，使人們忽視了天平的另一端，少數「不同聲音」很快就被淹沒在各界「壇主」——民運的、新聞的、理論的聲浪中了。人們看到的是那樣一種低人一等的標準褒獎下的自我膨脹，那樣一種不分層次的「媚俗」，以及沒有尊嚴感的自慰。

我認為，對死者的審判固然必要，但是堅守一定的價值底線，對生者來說，尤為重要。放棄了這一點，就等於放棄了真理。用一種錯誤去否定另一種錯誤，用一種自毀的方式，去批判另一種醜行，展示的不過是墮落的另一種形式而已。

中國的事果真可以這樣，也可以那樣；可以說成這樣，也可以說成那樣嗎？

在經濟改革中揚眉吐氣的中國人，難道真的甘心在精神上仍處於西方文明的「另冊」嗎？

回答無疑是否定的。

1996年3月於巴黎三昧聊齋

＊首發於香港《前哨》。

緬甸「無冕之王」溫丁

　　2014年4月21日，緬甸被關押時間最長的記者、反對黨全國民主聯盟（全民聯）元老溫丁（U Win Tin, 1929-2014）在仰光病逝，享年84歲。

　　原「八八民運」流亡學生、2012年攜《伊洛瓦底》（*The Irrawaddi*）英文月刊回歸本土的昂梭（Aung Zaw）撰文說：「溫丁在臭名昭著的英盛（Insein）監獄度過了七千個日夜，但他從不言悔。他堅定地繼續扛起民主旗幟，幫助和堅持反對派的民主運動。」正如溫丁在監獄中所說：「獨裁者只能囚禁我們的身體，而不是我們的靈魂。」

　　全民聯黨降半旗以示哀悼。緬甸人民的精神領袖昂山素姬、原「八八民運」代表、西方駐緬使節、新聞界人士、以及各民間團體或個人，都相繼發出唁電和輓聯。全民聯發言人年溫（Nyan Win, 1943-2021；臺灣譯名為那溫）沉痛地說：溫丁作為全民聯的中間力量，在緬甸政治改革的重要時刻離世，不僅是全民聯的損失，也是國家的損失。4月23日，溫丁的葬禮在仰光隆重舉行。溫丁的大幅照片極具符號特徵：他身著作為政治犯標識的藍色上衣，如宣誓般舉起的右臂，掌心上寫著昂山素姬的名字。靈堂正面的橫幅是耶穌的

名言：我是道路、真理、生命（I am the way, the truth and the life）。

　　靜靜流淌的伊洛瓦底江，見證了這位靈魂記者為自由民主不屈抗爭的一生。人們在這裡向「傳說中的上一個時代的最後一人」，表達最高的禮讚。他的名字，就是一份特殊的遺產，融入緬甸母親河，成為不朽。

挑戰黑暗年代的殉道者

　　溫丁生於1929年3月12日，當時的緬甸，雖是英屬殖民地，卻受英屬印度管轄，是英屬印度的一個省。這種「殖民地的殖民地」之屈辱，激盪著緬甸人的血脈，民族獨立的反抗運動層出不窮。今天那些壁壘森嚴、關押政治犯的監獄，就是殖民時代英人用來監禁民族志士的。1937年，緬甸脫離印度，成為英國直屬殖民地。那一年，溫丁七歲，開始識字讀書，接受標準的英式教育。二戰之後的1948年，繼日本侵略者的敗退，英人也從緬甸撤離，緬甸成為主權獨立的聯邦共和國，開始了長達14年的史稱最輝煌的時代。政治上實行三權分立的議會民主制，文化多元，經濟繁榮。豐富的石油資源和優質農作物，吸引著鄰國的人們，大批的中國移民，就是那時走進緬甸的。青年溫丁，於五〇年代初，以文學、現代歷史和政治學學位畢業於仰光大學，隨即投身於新聞事業。他曾任法新社（Agence France-Presse）等報刊記者，並擔任緬甸多家報社總編。那時他可能並沒有想到，記者成為與他生命攸關的「殉道」生涯。自1962年發生軍事政變，奈溫（Ne Win, 1910-2002；臺灣譯名為尼溫）篡權登基，幾經易位，到2011年丹瑞（Than Shwe）退位的50年間，緬甸在軍政權統治下，實行專制獨裁。對外閉關鎖國，對內實行高壓政策，政治壓迫，經濟瀕臨崩潰，人民生活水平處於最低貧困線以下。

臭名昭著的英盛監獄。安琪攝於2008年1月4日晨6時13分、在前往緬甸政府新遷首都奈比多（Naipyidauw）的飛行途中。

　　嘗試過民主政治的記者溫丁，注定與這個專制社會格格不入，他別無選擇地投身於民主運動，成為黑暗年代的親歷者和挑戰者。1988年，他積極參與聲勢浩大的學生運動，配合回國探親而捲入運動的昂山素姬，成立了反對黨全民聯，反抗軍人統治。「八八民運」被鎮壓後的第二年，昂山素姬遭到軟禁，年屆花甲的溫丁被當局以「反政府宣傳罪」逮捕，重判20年，關進英盛監獄。

　　位於仰光北郊的英盛監獄，與緬甸其他主要城市殖民時期的監獄一樣，被歷代統治者用來囚禁政治犯。這些由英國人設計的建築，呈環形放射狀，層層相圍相扣，壁壘森嚴。從獨立運動的民族英雄、學運領袖，到反抗專制的民主鬥士、政治犯不計其數。緬甸的異議人士，都以坐過英盛監獄而自豪，被視為經歷過考驗的「政治文憑」。與其他某些專制國家的政治犯不同，在緬甸這個篤信佛教的國度裡，被關押的異議人士，幾乎都在獄中養成了修煉的習慣。被軟禁十多年的昂山素姬也不例外。每天凌晨的冥想和修煉，鍛煉了他們的心智，讓他們能夠以更強大的精神來戰勝孤獨和肉體上的痛苦，意志更堅強，少有那些常見的精神狂躁或心態失衡等「監獄後遺症」。這種情形讓每一個親眼目睹者驚異之餘均敬佩不已。

關於獄中生活，溫丁在2010年出版的《那是什麼？人間煉獄》（*What's That? A Human Hell*）著作中，以自己的親身經歷描述了英盛監獄的種種非人待遇，以及惡劣的醫療條件。包括遭受嚴刑拷打和折磨，關在直不起腰的「犬室」裡，被隔離關押，長期忍受飢渴，連續五天不准睡覺，接受審訊等等，引起國際社會的震撼。尤為讓人動容的是，早在1996年，在獄中飽受磨難的溫丁，冒著極大風險，將監獄的非人道待遇，寫成文字設法傳遞出來，引起聯合國人權委員會和國際紅十字會的關注。當局惱羞成怒，將他單獨拘禁，限制他每兩週與家人見面15分鐘，並一度阻止國際人權組織探監。對此，溫丁表示：即使已經一無所有，仍將保持民主旗幟飄揚。

2011年，世界報業協會（World Association of Newspapers and News Publishers，縮寫WAN-IFRA）向他頒發了自由新聞金筆獎（Golden Pen of Freedom Award），並希望「把公眾關注的焦點轉到專制政府打壓記者上」，為遭受迫害的記者提供保護。同年的世界新聞自由日，溫丁獲得了聯合國教科文組織吉列爾莫‧卡諾世界新聞自由獎（UNESCO/Guillermo Cano World Press Freedom Prize）。

以「囚服」警世，追求真正的自由

據知情者透露，當局幾乎每年都以釋放為誘惑，讓溫丁宣布退出全民聯黨，或者承認自己是昂山素姬組黨的出謀劃策者。但每一次溫丁都以沉默作答，從不為之所動。2007年，溫丁與其他九名政治犯一起列入當局釋放名單。這一次，溫丁一反常態，首先向當局開出了他的「出獄條件」：必須同時釋放包括昂山素姬在內的所有政治犯。遭拒絕後，他再度被解回牢房。當年8月中旬，緬甸爆發盛大的遊行示威，僧侶走上街頭，為民呼喊，反抗專制獨裁，抗議物價暴漲。這一運動很快遭到當局鎮壓，大批僧侶和無辜民眾被抓

捕，監獄人滿為患，仰光實行緊急戒嚴，嚴令禁止五人以上的僧侶結隊出行。次年5月，白色恐怖中的緬甸遭受熱帶風暴襲擊，大片房屋倒坍，死傷不計其數。苦難深重的緬甸人民，苦苦掙扎在死亡線上。正是這時，國際社會信守人道第一的原則，通過談判，說服軍政權，由緬甸政府出面，接受美、法、義、英、德等西方國家以及周邊鄰國提供的緊急救援物資，向受災地區和災民發放。這一有力的人道援助，真正救民於倒懸，同時，間接地使緬甸政府有驚無險僥倖「過關」，暫時避開了來自國際社會的政治壓力。從之後緬甸的發展來看，西方社會的救災行動，某種程度上軟化了緬甸軍政權的對抗態勢，成為與西方社會展開對話的「契機」。

正是在這一背景下，2008年9月23日，溫丁獲當局「大赦」，提前一年出獄。當他身著藍色囚服走出英盛監獄時，難以置信自己已經獲得了自由。是年，他年近八旬。

一位在溫丁出獄後即與他晤面的歐洲駐緬甸大使說，從他身上，看不到這是一位坐了19年牢房、被病魔纏身的老人。溫丁講一口流利的英語，目光深邃有神，氣質猶然。說到他的藍色「囚服」，他表示這代表自己的身分（政治犯）認同，表達對仍被關押的政治犯的聲援，告訴人們緬甸並沒有實現真正的自由。這位熟識劉賓雁的大使先生對我說：他就是中國的劉賓雁。明顯特徵是：坦蕩和勇氣。

2010年11月13日15時20分，溫丁和全民聯、青年學生，以及千千萬萬善良質樸的緬甸人一起，迎來了昂山素姬獲得自由的時刻。

在繼之而來的短短三年裡，緬甸發生了讓世界為之矚目的變化。2011年3月，以丹瑞為首的軍政權退位，通過選舉產生的原位居四號的政治強人吳登盛（U Thein Sein），脫下軍裝，出任總統，成立了被外界看作由軍人支持的文職（又稱半文職）政府。新政

見證昂山素姬重獲自由。2010年11月13日15時18分。安琪攝於現場。

府上臺後即進行政治改革，如放寬新聞管制，允許民間辦刊，呼籲流亡者回國，釋放政治犯等。同年5月，昂山素姬獲得自由出行他國訪問的自由。2012年11月，當美國總統奧巴馬（Barack Hussein Obama，臺灣譯名為歐巴馬）訪問緬甸時，仰光可以用萬人空巷來形容。隨之，國際社會解除了對緬甸長達20年的經濟制裁。緬甸政府實踐承諾，至2013年底，約有2000名政治犯獲釋。

　　面對這些急劇的變化，身為反對黨全民聯資深黨員的溫丁，給自己的定位仍然是記者。對他來說，記者，意味著勇氣和良知，意味著輿論監督的權利和獨立精神。這位永遠的持不同政見者堅持認為：只要軍方仍然主導政治，民主永遠不會到來。

擔憂偶像崇拜消解「不同聲音」

　　毋庸置疑，緬甸的和平轉型，是緬甸人民的福祉。但是應該看到，緬甸的改革，都是在「可控制」範圍內發生的。其中有三個不容忽視的基本指標：宗教、社會基本結構、民族性與政府構成。（由於內容所限，這裡不作贅述。）在這個過程中，外部社會對昂山素姬參與競選議員和將會參加2015年的總統競選，持不同看法，甚至批評昂山素姬接受「招安」等等。對此，昂山素姬的代表發言說，昂山素姬需要的是一個合法的平臺，一個小小的制度內的權力。只有這樣，才能讓她和全民聯進入權力中心，為在全社會推動和實現真正的民主，起主導作用。從專制國家的轉型歷史看，這種理性地尋求和解，而不是推倒重來的做法，是具政治智慧的顧全大局之舉。在緬甸這個多民族、宗教矛盾衝突不斷，經濟落後，生活極度貧困的國家，不考慮民生和政治後果，一味地追求一黨之利或「實現自我」的做法，將會是緬甸的災難。50年前的奈溫即是前車之鑑。從這個意義上說，緬甸的社會和解，為專制下追求自由民主的人們提供的借鑑是豐富而深遠的。

　　溫丁，這位被大家稱為智者（緬語 Saya 薩亞）的老人，對於人們出於對昂山素姬的偶像崇拜，而沒有「不同聲音」的情形，深為擔憂。他以自己的方式，對昂山素姬與軍方和解提出了溫和的批評，但這並不影響他對昂山素姬的希望與信任。有著自覺民主意識的溫丁，一直以來都非常尊重昂山素姬對民主的承諾。在他生命的最後一刻，再次重申了對昂山素姬的支持。

　　就在溫丁逝世的當天，應中國政府邀請，除昂山素姬之外的緬甸全民聯代表團一行12人啟程對中國進行為期十天的訪問。這是繼2013年春天以來的第二次訪問。昂山素姬和她的黨，列入中國政府

的外交議程，是中國政府在爭取新的「話語權」，還是在自己的政治牌局上加一張籌碼，不得而知。但有一點是明顯的，緬甸的政治轉型，牽動著中國的神經。中國政府能夠公開禮遇昂山素姬和她所領導的反對黨，無論如何都是一種正面的姿態。

「去共產中國化」留下的難題

　　話題至此，無法不拿中國與緬甸相比。例如：「緬甸的劉賓雁」溫丁在自己的祖國合上了雙眼，中國的劉賓雁則沒有那麼幸運。那片讓他夢魂牽繞的熱土，在他生命的最後一刻，仍然國門緊閉，「回歸」的只有白髮老妻捧回的一缽骨灰。劉賓雁之前有王若望，劉賓雁之後還有戈揚、方勵之、陳一諮。

　　例如：緬甸在啟動政治轉型伊始，政府即邀請流亡者回國，並取消長達50年之久的報禁。上文提到的「八八」流亡者昂梭，曾於1992年在泰國創辦《伊洛瓦底》，通過各種渠道，穿過黑幕，向國際社會提供緬甸的信息。2011年隨著緬甸的民主轉型，昂梭和他的同人們將《伊洛瓦底》帶回本土，於2012年10月在國內正式出版發行，成為一家敢於直言、行使批評權利的獨立媒體。更為難能可貴的是，他們並不信任政府的承諾，但是他們絕不放棄任何一次嘗試的可能。另據報導，2013年4月，緬甸有16家民營報刊轉型為日報。而在中國，網絡監控和新聞禁令層出不窮，娛樂新聞和八卦消息鋪天蓋地，真正的新聞自由則百呼不應，一線記者如履薄冰。

　　再例如：緬甸總統吳登盛在「八八民運」24週年之際，批准舉行全國範圍內的集會紀念活動，政府並撥款百萬緬幣，以示贊助，顯示出政府的自信與實力。（以半軍權作後盾？！）微妙的是，集會的發起者和與會民眾，沒有利用紀念活動向政府發出要求平反和追責的呼聲。（這種成熟和理性，在中國恰恰是欠缺的。）於是

乎，這樣一個積鬱多年的政治話題，就這樣輕而易舉地達成了初步和解。中國政府在八九民運25週年期間，仍然禁止一切相關活動和敏感話題，日前並刑拘數位參與小型六四研討會成員，令人瞠目。其他諸如「敏感人士」在特殊時期「請喝茶」、「被失蹤」更是屢屢發生。這一切的一切，都在告訴我們，中國的劉賓雁畢竟不是緬甸的溫丁，正如中國並不是緬甸。那麼中國政府想要借鑑緬甸的和平轉型，如果沒有具體的指標和行動，在中國行得通嗎？

有一個細節值得思量：緬甸當局在給溫丁羅織的罪名中，曾指控他是「共產主義者」，被他嚴辭否認，但對其他如「反政府宣傳罪」等等則照單全收，不置一詞。曾依賴中國對抗西方制裁的孤立的緬甸，一旦「轉身」，第一個要做的，就是「去共產中國化」。由此可見，共產制度如洪水猛獸，連前專制獨裁的緬甸軍政權都視如大敵，與自由民主等普世價值更是風馬牛不相及。那麼，中國的社會和解和民主轉型，不改制行嗎？

2014年6月於巴黎三昧聊齋

＊首發於香港《前哨》。

2010年11月13日，昂山素姬獲得自由，緬甸開始向民主政治和平轉型，如釋放政治犯、開放報禁、取消審查制度等，為之後的民主選舉得以順利進行打下了基礎。但無論如何，緬甸的民主轉型，是在「前台」半文職政府領導下的轉型，實際控制權仍然操控在軍方強人手裡。

智者溫丁早就警醒人們：「緬甸並沒有實現真正的自由。」

2017年，在緬甸軍政府對羅興亞穆斯林（Rohingya Muslims）的

種族清洗中，沒有實權的國務資政昂山素姬成了眾矢之的，受到國際社會、人權組織和媒體的強烈譴責。「女神成惡鬼」，昂山素姬被置於萬劫不復、似乎是比軍政權更令人痛恨的敵人。

必須指出，國務資政——這是軍政府刻意為昂山素姬打造設計的。軍政府用這一虛職讓昂山素姬當他們為所欲為的擋箭牌；西方世界則以此來審判昂山素姬，讓她「坐實了」緬甸軍政府的「替罪羊」。

2021年2月1日，緬甸發生軍事政變，軍方宣布進入緊急狀態，國防軍總司令敏昂萊（Min Aung Hlaing）掌管國家立法、司法和行政三個部門，對國家再度實施控制權。軍政府逮捕、繼而重判昂山素姬和其他政府官員，以及昂山素姬所在黨「全國民主聯盟」（National League for Democracy，縮寫NLD）的主要成員。緬甸進入至暗時期。有超過兩千人在抗議活動中被殺害，一萬四千多人遭囚禁。

緬甸軍政權終於無須「容忍」昂山素姬及其民選支持的反對黨了。

就這樣，昂山素姬用被囚二十餘年獲得的「職權」為緬甸呼籲，解除國際制裁，耗盡了自己的「資源」，成為緬甸軍政權的「完美囚徒」。

事實再次證明，在「槍桿子裡面出政權」的國度，軍政權絕不會放棄「槍桿子」對民主轉型的控制。

被囚的昂山素姬和再度深陷苦難的緬甸人民，給予我們的啟示是多方面的。

安琪註於2024年2月18日

附錄

民族主義與反西化的輿論導向
——訪致力於中國人權、民主事業的
科學史家許良英

我於1996年在北京與許良英先生結識。雖為晚輩，因了先生之前讀過拙著《痛苦的民主》（1994年版），交談中頗多共鳴，大有相見恨晚之感。由此有了這篇專訪，以及先生為《痛苦的民主》全集所寫的序言。許良英先生逝於2013年，重讀先生的訪談，尤感振聾發聵。

——作者題記

在中國老一輩高級知識分子中，許良英先生是敢於公開向專制挑戰並且說不的人！

許良英先生生於1920年，自小受愛因斯坦（Albert Einstein, 1879-1955）思想影響，崇尚科學理性，追求自由、民主的理想。1942年畢業於浙江大學物理系，師從著名科學家王淦昌，具有嚴謹科學的治學精神。許良英先生參與政治，出於他甘願為社會和正義而獻身的精神。

許良英、王來棣夫婦在北京寓所。安琪攝於1996年8月3日。

　　許良英於1941年投身革命，1946年加入中國共產黨。他的後半生，由於敢於直言和獨立的批判精神，長期處於逆境之中。

　　1957年反右運動中，許良英由於公開反對反右鬥爭，被定為極右分子，回老家浙江臨海縣當了20年農民。1960年代開始，與他人合作，編譯了140萬字的三卷《愛因斯坦文集》，撰寫了〈試論愛因斯坦的哲學思想〉等論文。

　　1978年，許良英先生回中國科學院工作，在自然科學史研究所研究世界現代科學史。但這時的他，已經從一個共產主義的忠實信徒轉變成了一個自由民主主義者。他通過各種學術活動和文章，介紹民主理念，闡述科學和民主是現代國家的立國之本，在思想界產生了很大影響。針對「知識菁英」中對民主的模糊觀念，他提出和

強調民主思想的啟蒙，並身體力行，把傳播民主思想當作自己的終生事業。

1989年初，許良英起草並發起了科學教育界致中共中央的公開信，要求進行政治體制改革和言論自由，呼籲釋放政治犯。有42名科學家和作家簽名，打破了共產黨政權下知識分子群體沉默的「傳統」。接著，他撰寫了諸如〈五四和中國的民主啟蒙〉等紀念五四運動70週年的文章。六四後他並沒有退縮。1992年，他針對鄧小平南巡講話，發表〈沒有政治民主，改革不可能成功〉。1994年，他聯合六名知識分子發表〈為改善我國人權狀況呼籲〉。1995年，他再一次發起和起草了題為〈迎接聯合國寬容年，呼喚實現國內寬容〉的呼籲書，有45名知識分子簽名，在國內外引起了強烈反響。次年，王丹被當局判重刑以後，他不顧個人安危，發表了〈為王丹辯護〉一文，抨擊專制政權，伸張正義。

「路漫漫其修遠兮，吾將上下而求索」。許良英先生真誠追求人權、民主，反對極權專制的實踐，使他成為中國為數不多的具有批判精神的獨立知識分子代表。在各種「思潮」風行的今天，他的思考和分析尤其振聾發聵。

楊振寧等人冒充「中國人」的代表

安琪（以下簡稱安）｜你對中國當前的民族主義思潮有什麼感受？

許良英（以下簡稱許）｜我是四年前第一次感受到民族主義思潮的嚴重性的。那年夏天，一位在美國名牌大學當助理教授的中國學者來訪，我談起不久前從「美國之音」聽到作家鄭義關於文革時廣西人吃人的採訪報導，不禁毛骨悚然。想不到這位客人破口大罵鄭義，說他敗壞了中國人的形象，在美華人

都恨他！我覺得十分荒唐，立即予以嚴詞駁斥。

一年後，毛澤東私人醫生李志綏出版了一本回憶錄，大家都認為此書為瞭解毛澤東的人品和研究中國現代史提供了極其珍貴的第一手資料。可是不久出現了海外幾十個華人攻擊李志綏的公開信，說他傷害了中國人的民族感情（大意如此，原文已記不清）。聽說策劃此信的還是我八〇年代初的一個諳於世故的研究生。自己昔日的學生竟淪為戈培爾（Joseph Goebbels, 1897-1945）式的小丑，實在感到痛心。

兩年前又出現了一件直接與我有關的事。那時我起草了一個寬容呼籲書，題為〈迎接聯合國寬容年，呼喚實現國內寬容〉，請王淦昌先生領銜，當局一再迫使他撤回簽名，都遭到拒絕。身為美國公民而反對中國民主化的楊振寧趁機主動為中國權貴效勞，於1995年6月13日交官方人員轉給王先生一封信，說什麼「先生的簽名被利用來製造不利中國12億人民的事也許不是先生當初所料到的。這是嚴重的事，是我認為極不幸的事。」這種大言不慚地以12億中國人民利益代表者口吻的精神威懾，居然震住了王先生，而楊振寧卻討來了天下罵名。

這三件事的發難者打的是「中國人」、「中華民族」、「十二億人民」的旗號，他們維護的是黑暗、愚昧和暴戾，而要求擺脫黑暗、愚昧和暴戾狀況的人，似乎就不是中國人！這些都是那些自命「愛國」的美籍華人或準美籍華人的表演。至於在國內，從1991年以《中國青年報》思想理論部名義發表的代表某一集團利益的綱領〈蘇聯劇變之後中國的現實應對與戰略選擇〉，到最近的〈中國可以說不〉和〈妖魔化中國的背後〉，更是張牙舞爪，凶相畢露了。

人權問題被轉換成主權問題和意識形態問題

安｜這種思潮是怎樣產生的？

許｜這種思潮由來已久。中國自古就以天下中心自居，雖然上個世
紀受到打擊和挫折，但文革時為毛澤東蠱惑起來的夜郎自大的
自我膨脹心態，對一些年輕人的影響依然未消。1993年北京申
辦奧運會失敗，不深究底細的人把這歸咎於美國和西方國家的
阻擾，美國留學人員中間普遍出現了反美、反西方情緒，儘管
他們曾譴責過六四屠殺，並由此拿到了綠卡，而且也不想放棄
美國的生活方式。在國內，這種反美、反西方的民族主義情緒
顯然是六四後官方的輿論導向所引發的。六四後，美國和所有
西方國家對中國惡劣的人權狀況不時進行譴責，當局主要採取
了如下對策：

一、用主權來對抗人權，認為國際上對中國人權狀況的批評是
　　侵犯國家主權，干涉中國內政。──可是，1946年12月聯
　　合國大會通過的《國家權利義務宣言》規定：「各國對其
　　管轄下之所有人民，有不分種族、性別、語言或宗教，尊
　　重其人權及基本自由之義務。」可見尊重人權是國際義
　　務，與主權無關。

二、用中國傳統文化的特殊性來對抗人權的普遍性，並與意識
　　形態上氣味相投的新加坡、馬來西亞等國政府結成聯盟。
　　──可是，1948年12月聯合國大會通過的《世界人權宣
　　言》中明白昭示：「一個人人享有言論和信仰自由並免於
　　恐懼和匱乏的世界的來臨，已被宣布為普通人民的最高願
　　望。」

三、用生存權來對抗言論自由和信仰自由的基本人權。——這是把會說話、有理性、有思想的人降格為只滿足於吃喝玩樂的動物，是對人的尊嚴的嚴重挑戰。

四、開展以經濟利益換取人權爭論相附和的外交活動。——這一招果然靈驗，尤其是對亞、非、拉那些窮困國家，現在連一向以「人權祖國」自命的法國右派政府也見利忘義，熱衷於這種骯髒的交易。

國內反美反西方的輿論導向就是在這個時候出現的，目的是把人權問題轉換成主權問題和意識形態問題，轉換成價值觀和文化傳統問題。1996年發表的關於精神文明的文件中，還公然提出反對「西化」的口號。

反對西化就是反對現代化

安｜反對「西化」是一個什麼性質的口號？

許｜反對「西化」是一個邏輯上不通、自相矛盾的口號。因為自1978年十一屆三中全會以來直至今日，中共向全國人民宣傳的中心口號是：「為根本改變我國的落後面貌，把我國建成現代化的社會主義強國而奮鬥。」全國人民也早已形成共識：「我們的奮鬥目標就是實現『現代化』。」什麼叫「現代化」？「現代化」實質上就是「西化」，就是學習和引進西方的現代文明！即使是「社會主義」，也是來自西方，並不是中國所固有的。因此，反對西化，豈不就是反對現代化，反對社會主義？

安｜那麼，長期以來官方所提出的「四個現代化」是否得當？

許｜「四個現代化」指的是農業、工業、國防和科學技術現代化，是周恩來於1963年最早提出來的，1964年和1975年他又一再提出來。在「以階級鬥爭為綱」的年代提出這個口號是需要很大勇氣的，而且只作為國民經濟發展的目標，在邏輯上無可非議。可是以後官方文件把「現代化」等同於「四個現代化」或「四化」，這就有問題了。我自己過去也曾承襲了這一錯誤，在多瞭解一些當今世界的現實和人類文明發展史以後，發現把國家建設限於經濟建設，把「現代化」說成是「四化」，實際上是重蹈了一個多世紀前洋務運動的「中學為體，西學為用」的覆轍。

幾百年來世界各國走向現代化的無數成功和失敗的歷史經驗教訓告訴我們：要實現現代化，首先要使人成為現代的人，具有現代意識，即具有現代的價值觀。所謂現代人，就是經過14-16世紀文藝復興運動的人文主義啟迪而覺醒了的，並且經過17-18世紀的啟蒙運動，用科學思想和民主思想武裝起來的人。現代意識的核心是科學意識和民主意識。民主意識主要內容有：一、公民意識，包括人格獨立、人的尊嚴、人格平等、人權和公民基本權利的不可侵犯和轉讓，與等級觀念、特權思想和人身依附關係的封建「臣民」意識相對立。二、民主原則，包括主權在民、多數決定、寬容（即保護少數）、權力制衡，與歷史上任何個人或寡頭的專制統治原則相對立。三、法治意識，包括人人受法律保護、在法律面前人人平等、不容許任何不受法律約束的權力存在，與個人凌駕於法律之上的「人治」和個人可以隨心所欲的無政府主義相對立。1979年，我認識到：科學和民主是現代社會賴以發展、現代國家賴以生存的內在動力；要實現現代化，科學和民主是根本，是關鍵。

西方中心論「破產」了嗎？

安｜你對西方中心論如何評價？

許｜從人類的全部文明發展史來看，西方中心論當然是荒唐的。從
古代到中世紀，全世界出現過好幾個文明中心，如埃及、巴比
倫、中國、印度、希臘、羅馬等。在中世紀，歐洲文明還落後
於阿拉伯。15世紀以後，歐洲經歷了文藝復興、啟蒙運動和工
業化，逐步實現了現代化，歐洲（主要是西歐），以及獨立後
的美國成為世界現代文明的中心，這是不爭的事實，誰也否
認不了。這使我回憶起與金觀濤的一次談話。金觀濤於1988年
秋冬發表了兩個聳人聽聞的論點。一是：民主是「朦朧的理
想」，我們不知道它是什麼，只知道它不是什麼。二是：20世
紀有兩大遺產，其一是「西方中心論」的破產。1989年元旦，
他來看我，我向他指出這兩個論點都是錯誤的。我告訴他，民
主概念長期以來都是很清楚的，大概是你自己沒有花功夫讀過
這方面的書，所以覺得朦朧。他倒坦率承認了。至於西方中心
論，我指出當前世界上多數國家都在奮力實現現代化，而現
代化就是西化，因此，現代文明的西方中心論不僅沒有「破
產」，而是影響日益擴大。他辯解說，他說的不是文化方面，
而是指政治方面。我不客氣地指出，這是詭辯。因為在政治
上，自古至今，世界上都有很多個政治中心，根本不存在西方
中心論。所謂西方中心論，指的就是文化領域。

對民族主義和陳寅恪的評價

安｜民族主義的本質究竟是什麼？很多人對這個問題認識模糊。請

你談談民族主義在歷史上的作用及其發展變化？

許 | 民族、民族主義和現代意義的國家、主權概念開始出現於17世紀，對歐洲社會的現代化和民主化起過重要的推動作用。民族主義的最高理想是民族自決，建立單一的民族國家（Nation-State），即國家邊界與民族分布的邊界一致。但由於歷史上民族的遷徙和混居，目前世界上只有十分之一的國家可以勉強稱得上民族國家，而多數國家都是多民族的。當一個民族受到其他民族奴役、壓迫或侵略時，民族主義無疑是正義的，歷史上的民族解放運動都是進步的運動，在第一次世界大戰後和第二次世界大戰後都得到迅猛發展。1810年拿破崙（Napoléon Bonaparte, 1769-1821）稱霸歐洲時，全世界只有15個獨立國。100年後，地球上大部分土地都是歐洲英、法、德等幾個國家的殖民地。如今，殖民地已基本上消失，全世界有一百八十多個獨立國家。當一個民族已經取得自主權，不再存在外來民族的壓迫和侵略時，如果繼續宣揚民族主義，必然帶有排他性和侵略性，帝國主義、種族主義、沙文主義、法西斯主義、納粹（民族社會主義）就是其表現形式，人類歷史上僅有的兩次世界大戰都是在這種民族主義旗幟下發動起來的。民族主義往往成為專制統治者用來鎮壓人民、轉移國內矛盾、發動侵略戰爭的工具。

安 | 仲維光說你和陳寅恪一樣，都是民族主義者，你同意嗎？

許 | 去年十月，仲維光接受BBC關於民族主義的訪談時，把我和陳寅恪相提並論，說我們都是民族主義者。這是極大的誤會。仲

維光把我和陳寅恪並提，是表示他對我的尊重（他是我十幾年前的研究生，在氣質上和志向上與我相近），而陳寅恪的道德文章也確是我所欽佩的，可是陳寅恪在西方學習、生活了十幾年，對西方現代文明無動於衷，卻迷戀於中國傳統文化（雖然沒有像辜鴻銘那樣極端和醜惡無恥），未免使我反感。我原來學物理，青年時代就立志於使中國融入人類現代文明的大世界，這與陳寅恪的「遺少」（胡適當年對陳寅恪的中肯的評語）心態完全相反。我在三〇年代，受「九一八」事變和抗日救亡的影響，無疑是民族主義者。1940年開始全面接受馬克思主義（40年後才逐步擺脫出來），自然也接受了國際主義。社會主義者的名言「工人無祖國」，成了我的信條。但這種國際主義與當時反侵略戰爭所弘揚的民族主義和愛國主義並無矛盾。1962至1963年翻譯愛因斯坦的社會政治言論（1970年代出版時作為《愛因斯坦文集》第三卷）時，我為他終生追求的世界主義所吸引。從1914年的〈告歐洲人書〉到1947年的〈致聯合國大會的公開信〉（希望把聯合國改造成為世界政府，對各國的主權作適當的限制），都體現了這種精神。他對民族主義和愛國主義危害世界和平的犀利的批判，也引起我共鳴。當然，他始終熱愛自己所出身的、幾千年來受盡摧殘和歧視的猶太民族，但堅決反對以色列敵視阿拉伯人的民族主義政策。

安｜世界主義有什麼特徵？

許｜世界主義（Cosmopolitanism）或國際主義（Internationalism）主張政治活動最終應該是為了全人類的利益而不是為了任何特殊民族的利益來組織。這種信念所根據的是超越語言、宗

教、地域、倫理和民族界限的普遍人性觀念。世界主義者致力於以理解、寬容和相互依存為基礎的各民族之間的和平與和諧的共處。第二次世界大戰以後，由於：一、防止可能毀滅全人類的核戰爭的努力——這首先應歸功於愛因斯坦發起的反核和平運動；二、國際經濟秩序的日益擴大，如國際貨幣基金（International Monetary Fund，縮寫IMF）、世界銀行（World Bank，縮寫WB），世界貿易組織，各個自由貿易區，最突出的是歐洲逐步聯合，從歐洲煤鋼共同體（European Coal and Steel Community，縮寫ECSC）到歐洲經濟共同體（European Economic Community，縮寫EEC）和歐洲共同體（European Community）的歐洲一體化運動，正是實現了第一次世界大戰爆發後不久愛因斯坦和三位反戰的德國知識分子在〈告歐洲人書〉中所嚮往的「歐洲人聯盟」的理想；三、全球環境保護運動的迅猛發展。這是1960年代開始的，人們醒悟到自然環境的破壞威脅著整個人類的生存，因而限制國家主權的必要性逐漸成為人們的共識，世界主義的理想日益具有吸引力。

科學史中的民族主義

安 | 科學史領域中是否存在民族主義問題？

許 | 民族主義問題在科學史中也存在，最突顯的是冷戰初期，從1947年開始，由斯大林和日丹諾夫（Andrey Aleksandrovich Zhdanov, 1896-1948）發動的反對世界主義、反對客觀主義、宣揚愛國主義的思想運動。所謂反對世界主義，是指抵制「西方資產階級思想的入侵」，反對「奴顏卑膝地拜倒在資產階級科學面前」，斷言在階級社會中沒有也不可能有「統一的世界的

自然科學」。所謂反對客觀主義，是要求在自然科學中堅持「黨性原則」。所謂愛國主義，主要是爭俄羅斯人在科學史上的發明優先權和榮譽，爭俄羅斯第一，把科學史上許多重大發明創造都歸功於俄羅斯，即使事實不是如此，也要去穿鑿附會，任意篡改歷史。在毛澤東的政治上一邊倒和向蘇聯學習的號召下，蘇聯這股風自然也支配了中國的意識形態。從1950年代至今，我見到過許多研究中國古代科學史的人，其中有些人的最大志願是發現「中國第一」。這種追求是低級趣味的，它偏離了科學研究的最高目標是追求真理。科學是歷史上所有各個民族共同創造並積累起來的，為全人類所共有的財富，不存在民族、國家的界限，真正的科學家不應該是狹隘的民族主義者。可是十年前，有個學美術出身的包裝設計家出版了一本以愛國主義為主題議論科學史的著作，罵我們編著的《二十世紀科學技術簡史》（1983年科學出版社出版，即將出版增訂本）是「崇洋媚外」，理由是書中提到的洋人太多，中國人太少，而他從各色報刊上撿拾到的一大串中國科學家的名字都應該寫進我們的書中。作者連科學ABC都不懂，這種高論自然毫無價值。

儒家傳統果真如此可愛？

安｜你怎樣評價中國傳統文化？

許｜任何民族總有他們可以自豪的文化。有五千年歷史的中國傳統文化，當然有不少有價值的東西。例如儒、道、墨三家的思想都各有雋永的真知灼見，唐詩、宋詞都有傳誦千古的優美佳句，在15世紀以前的將近兩千年內，中國的科學技術處於世界領先地位，特別是中國的四大發明（造紙、印刷、指南針、

火藥）經過阿拉伯人傳到歐洲以後，極大地推進了文藝復興和宗教改革運動，促成了新航路的開闢和地理大發現，並保證了反對封建專制武裝鬥爭的勝利。可是值得深思的是：為歐洲現代文明催生的四大發明，在它們的故土又起了什麼作用呢？51年前我曾為此寫過文章〈三大發明的奇蹟〉。今日，要實現現代化的口號也已喊了二十多年，仍始終未走上現代化的正道，癥結究竟何在，早已為世人有目共睹。奇怪的是，十幾年前從海外颳進來的宣揚儒家傳統文化之風，朝野都有呼應，當年袁世凱尊孔的把戲竟一再重演。而且還有人高喊「21世紀將是中國的世紀」！有人大罵五四運動的倡導者和魯迅，譴責他們是割斷中國文化傳統的罪人，同時恣意吹捧辜鴻銘、杜亞泉之類的復古派。儒家傳統果真如此可愛？果真能在21世紀同化全世界？在意識形態上統治中國將近兩千年的儒家傳統究竟是什麼？說到底，無非是「三綱五常」、「民可使由之，不可使知之」這類維護封建專制的道統，反民主的封建特權和愚民政策，反人性的吃人禮教，它值得我們迷戀嗎？不過，我從來不是一個數典忘祖的人，對哺育我的故鄉和人民，我始終有深摯的眷戀之情。我一向鄙視那些逃避為苦難的民族承擔責任的忘本者。但這種眷戀故土和故人之情和這種倫理準則（即價值觀），是作為理性動物的人所共有的，並非我們民族所特有的，與民族主義無關。

1997年4月於巴黎三昧聊齋

＊首發於香港《前哨》。載入安琪文集《中國民族站起來了？——政治轉型期的民族主義溯源》，夏菲爾出版社2002年出版。

民族主義與中國政治傳統

——專訪美國普林斯頓大學講座教授余英時

余英時教授正在接受安琪採訪，1998年4月23日於普林斯頓。安琪攝。

在中國當代史學家中，余英時先生以「自由的思想，獨立的精神」為中外學界所著稱。

　　余英時，生於1930年，祖籍安徽潛山。1949年考入北平燕京大學歷史系。同年離京赴港，時值錢穆先生創辦香港新亞書院，經錢穆先生親自題試成為該學院二年級學生，從此深受錢穆先生教誨，使他終身受益，並與錢穆先生結下了長達40年之久的深厚情誼。值得慶幸的是，從北京到香港這樣一種轉機，使余先生無意間避開了一場人生厄運，有了一個與老一輩學人陳寅恪先生迥異的學術人生。後者在共產黨統治的大陸歷經磨難，空留「此恨綿綿死未休」的無盡悲涼，令後人扼腕嘆息。

　　1952年，青年余英時自新亞書院畢業後即想赴美求學，但當時國民黨與美國有一協定，任何人從香港到美國必須持中華民國護照。國民黨認為余先生是反國民黨的所謂「第三勢力」的人，拒絕給他護照。後經朋友幫助，幾經輾轉，直到1955年余先生才以無國籍身分來到美國，就讀於哈佛大學歷史系，1962年獲歷史學博士。

　　余英時師承錢穆先生，稱錢穆是塑造了他個人學術生命的宗師，「一生為故國招魂」。余英時承繼錢穆未竟的事業，「從歷史上去尋找中國文化的精神」。他認為：「學術研究本身便具有內在的批判力，學者只要長期從事嚴肅的研究工作，他們的最後創獲自然會對政治與社會透射一種深刻的批判作用，這在人文研究方面尤其如此。」（見《煮酒論思潮》序。）在這方面，余先生堪稱中國知識分子的楷模。

　　余英時先生歷任哈佛大學中國史教授、耶魯大學歷史講座教授。1973年出任香港新亞書院校長兼中文大學副校長。1980年代中後期任普林斯頓大學講座教授兼康乃爾大學首任胡適講座訪問教授。自1974年至今，獲得多項學術榮譽，包括臺灣中央研究院院

士、香港中文大學榮譽法學博士、美國明德學院榮譽文學博士、香港大學榮譽文學博士等。

余先生學術憑藉深厚，治學博大精深。他的中、英文著述多達數十種。其中，中文著作如《士與中國文化》、《中國近代宗教倫理與商人精神》、《論戴震與章學誠》、《中國文化與現代變遷》、《民主與兩岸動向》、《錢穆與中國文化》等，傳承中有創新，其學術思想和研究方法為中外史學界提供了不可多得的重要參照系。

作為一位傑出的史學家，余先生對年青人有著慈父般的關懷與殷切期望。在談到讀書方法時，余先生認為：20世紀以來，中國學人有關中國學術的著作，其最有價值的都是最少以西方觀念作比附的。他說：「『好學深思，心知其意』是每一個真正讀書人所必須力求達到的最高階段。」（見《錢穆與中國文化・怎樣讀中國書》。）此言可見其學術性靈，對我輩的確大有裨益。對於中國大陸近二十年來的各種「文化熱」和各類思潮，余先生有一種「無源之水」的印象。認為是受美國「市場取向」的影響，表示了深層的擔憂。余先生指出：中國知識界似乎還沒有完全擺脫殖民地的心態，一切以西方的觀念為最後的依據。甚至「反西方」的思想也還是來自西方，如「依賴理論」、如「批判學說」、如「解構」之類。「有些所謂思潮似乎是臨時借西方人的杯酒來澆自己胸中的塊壘」（見《錢穆與中國文化》）。從中，我們似乎能夠領會余先生對中西文化的禪悟。

余英時先生為人質樸、平實、感情醇厚，氣質中自有一種人格力量。他的尊嚴在於他從不為現實政治風雲和各種社會勢力所束縛。一代學人胡適、傅斯年與國民黨斬不斷的關係，終為中國知識分子無奈可悲之處。作為一個純粹的學人，余先生虛懷若谷，不為

所動。無論國民黨還是共產黨，他均不與之發生任何關係，也不參加任何黨。他以一種史學家的敏銳透射現實，儘管「一生禍盡文字出」。

　　余先生的風骨還表現在他對共產制度毫不妥協的批判精神。中共六四屠殺後，他多次撰文譴責中共暴行，並誓言絕不回國，不與共產黨有任何層面的接觸。香港回歸後，他連香港也不去了，因為他絕對不去「共產黨所統治的任何地方」。在這個過程中，余先生不辭辛苦地主持普林斯頓中國學社工作，熱忱接納那些被迫流亡的中國知識分子和學生，幫助他們安身立命。可以想見，這些中共治下的學人身上難以掩飾的人格缺陷和共產黨的文化遺留，交往中必會讓人觸目驚心。但是余先生以一種人道主義的寬容精神理解並感化之。他對生命的終極關懷和對黨派的不妥協，顯示出一個真正的學人應有的文化超越和獨立精神。

　　可以說，在余英時先生身上，充分地體現了中國傳統知識分子的「士」精神，那種難能可貴的傳統文化的精魂。這與那些巧妙地將學術融入「權術」、繼而貼上各類時髦的標籤贏得聲名的所謂「現代菁英」來說，余先生可謂是當今社會最後的「士」了。喜乎？憂乎？

民族主義與社會主義是雙胞胎

安琪（以下簡稱安）｜請您首先分析一下民族主義的基本含義及其歷史背景？

余英時（以下簡稱余）｜民族主義是很難界定的。過去西方認為民族主義是一個現代的產物，先有民族國家，之後出現民族主義，他們認為中國過去也有民族主義。其實，文化意義上的

民族主義早就有了，唯一不同的是中國處在一個中心地位，有一種很自大的傾向。中國近代很難適應的原因就是因為自己做老大做慣了，總覺得別人都有求於我，而我什麼都不求別人。文化意義上的民族主義轉成現代政治上的民族主義，這種轉變與國家的處境有關。你老是被侵略、被掠奪，就有反民族侵略的情緒。比如義和團，不能說它沒有民族主義，但它是極端的、非理性的、狂熱的民族主義。

中國20世紀以來的政治，最後面的力量就是民族主義。這種民族主義沒有真正上軌道，有時候是極端排外，回到唯我獨尊的地位回不去，就受挫折；受挫折以後就變成非常自卑。因為中國沒有建設一個真正現代史的國家。比如遵守國際公法，如果自己也是其中之一員，那就比較穩定了。例如西方比較先進的民主化國家，法國可能民族主義還多一點，英國比較少一點，因為英國是第一個現代化國家。現在研究民族主義的專家特別注意到民族主義在西方大國的成長過程中的「羨憎交織」的心理因素，認為英國最早變成被人羨慕的對象。美國當然情況特殊，它並沒有羨慕英國。像法國就是又羨慕英國，又妒嫉英國。德國更是如此，在文化上把法國、英國都看成先進，它的啟蒙運動便是從法國移植過來的。但19世紀初德國在建立其民族國家的認同時，它的政治文化卻遠落在英，法之後，要學習它們，但又不甘心，也有自己的尊嚴。因此德國人對於英，法所代表的西方也由羨轉憎。他們不再向外面尋求現代化的模式，而是從本土文化的內部建立自己特有的民族認同，此即個人完全服從國家，民族的集體主義，希特勒的納粹主義（Nazism）便是德國民族主義的最後結晶。

俄國也是如此。俄國自18世紀初就羨慕英、法，全力西化。但此後一、兩個世紀的不斷挫折終於轉「羨」為「恨」，最後則歸宗於馬克思主義。就是說，越遠、現代國家建立越遲，越有這樣的問題。

中國當然更遠了。中國跟日本不一樣，日本很早就變成一個現代國家了，後來走到軍國主義的極端，是它付出的極大代價。中國則是徘徊在這兩者之間，始終不得其平。中國人在長期師法西方的過程中，由於學來學去，總是學不到家，挫折感與日俱增，便糾結為很深的「羨憎交織」情結。所以在某些時候，如果其他的力量沒有了，它就會訴諸民族主義。這和捷克一樣，捷克剛開放時對西方無限崇拜。中國大陸八〇年代初，對西方也是崇拜到極點，《河殤》就代表了這個態度。中國的全不行了。過去也講過全盤西化，都沒到這個程度。1989年以後一衝突，它又變成民族主義，因為共產黨有意挑動，有計畫地想把原來的社會主義導向一種民族社會主義，實際上就是納粹黨那一套，就是希特勒的國家主義。

安｜就詞義上講，民族主義與國家主義有什麼區別？

余｜民族主義很難翻譯，有人翻成國族主義，有人翻成民族主義，又稱國家主義，實際上是一回事。以德國來講，馬克思也是一種民族主義。他是猶太人，在德國得不到認同，馬克思的父母已經接受了基督教，想轉換卻不被接受，作為唯物主義，他又不能回到原來的猶太教傳統，所以就變成一個怪胎，就用另外一種未來的東西所謂無產階級作他的認同。他的認同是很西方的，骨子裡對西方又羨慕、又恨、又妒嫉。所以，民族主義和

社會主義在根本上講，是一對雙胞胎，希特勒把它們結合起來是一點不稀奇的。在此之前是浪漫主義，就像他們自己說的德國文化有多高，德國的種族有多優秀，這樣就走上了另外一個極端。

安 | 中國的民族認同是什麼？為什麼中國的民族主義總是與一種難以擺脫的文化心理危機相隨？

余 | 中國一接觸西方，覺得自己越來越不行。從五四以來，我們都覺得自己不行。也確實是有問題。這樣你講民族主義就很難得到發展，它沒有一個認同的地方。清末民初大家談國魂，那是受日本和德國的影響。中國早期有少年中國協會，毛澤東就是其中一員。歐洲當時有少年運動，這個運動後來到了中國，在政治上的發展就是後來的青年黨。這個少年中國協會，是以國家主義、也可以說是民族主義為認同的。所以說中國的民族主義始終不穩定。在共產黨統治下，民族主義又不能講，因為民族主義在馬克思主義裡是一個落後的東西，馬克思主義的國際主義消滅了民族主義。但是民族主義消滅不掉，如果不利用民族主義，抗日不用仇外，共產黨起不來。共產黨起來就是靠民族主義，但口號講的是國際主義。而國際主義又不能真正的實行，像第三國際就不服從斯大林。最早接受斯大林的毛澤東實際上是民族主義，並不是真正的國際主義。他對國際還不瞭解，怎麼能變成一個國際主義？他那時只是需要蘇聯幫助他搞革命。

1941年珍珠港事變以後，羅斯福（Franklin Delano Roosevelt, 1882-1945）要把中國提成四強之一，後來變成聯合國的原始創

會會員，所以現在才到安全理事會。那時候羅斯福特別要把中國提上來，想推動中國變成世界強國，這一下子也很糟糕。因為本來力量不夠，忽然提到這麼高，就很難適應。所以，中國的民族主義始終沒有跟現實脫離點關係，而變成了被利用的對像。

共產黨承襲中國舊政治傳統

安｜從政治角度看，共產黨是靠民族主義起家的。那麼國民黨失利的主要原因是什麼？

余｜國民黨的基礎、它的黨員來源是城市、特別是沿海城市，是傾向於接受西方開放的。孫中山有象徵性。孫中山是以華僑身分來革命的，他等於一半是華僑。孫中山早年在香港、夏威夷接受的是西方教育，他對中國的東西知道得並不多。

清民遺留的發展是經濟和文化的發展，是面對大海的，並不是向內陸的。共產黨代表的還是最原始的內陸心態。共產黨的根據地是陝北、井岡山。共產黨內部有兩批人，一批人像周恩來、劉少奇，包括早期的陳獨秀、李大釗，後來的瞿秋白、李立三等城市知識分子，以及城市裡的邊緣知識分子（因為沒有念好書，一開始就搞革命了），都是城市取向的。有的還去過外國，知道一點理性情況，這一方最早是占上風的，也是最早接受第三國際領導的，搞的基本運動是城市暴動，如南昌暴動。要講馬克思主義，就不可能到農村去發展。農村是張獻忠、李自成的傳統，是毛澤東繼承的。毛澤東雖然也在城市待過，但他基本上是一個鄉下人，是農村取向的。他跟城市取向的共產黨人完全不同，為此他最初是挨打的，一直都受懲罰。

他到了延安以後，跟當地的高崗和劉志丹的勢力聚在一起，他們有武力控制局面，那28個布爾什維克（Bolshevik）回來也沒有用了。康生看看不對就轉向支持毛了。周恩來全部投降了，從上司變成了部下，從思想上往後轉，代表中國原來那個政治傳統去了。

中國原來的政治傳統，無論朱元璋政權也罷，滿洲政權也罷，都是一種農村取向，不能開放的。明末、清末人民都早已向海外發展了，東南亞的發展就是這樣。民間的文化經濟活動是面向海外，政治控制是在內部，這個政治控制不能開放。它的繼承在那裡。共產黨剛好代表這兩個傾向。

國民黨代表另一種不同的傾向。國民黨在大陸的失敗就在於它沒有辦法解決土地問題。因為國民黨的取向是城市知識分子，有些地主也在裡面，它不能夠下決心或者怎麼樣把土地問題看得那麼嚴重並且解決掉，讓農民不跟共產黨走。它做不到，它沒有這個力量。因為它的火種都集中在東南沿海一帶，從上海、南京、浙江一直到廣東，是國民黨的基本活動地區。其他內陸像山西是屬閻錫山的，國民黨管不了。東北屬張學良、張作霖，它實際上也碰不著。雲南、四川都是本地軍閥，只是表面上服從它，它不能用那種極權性的控制，從地下革命搞起來。

安｜為什麼共產黨能完成這種革命？

余｜因為共產沒有什麼顧忌。它不代表中國任何利益，它代表一個觀念、一個國際組織，等於是一群劫匪，只要幾個人就把你整個控制住了。因為它的思想意識形態能夠吸引都市青年，所以

在城市開闢第二戰場。毛澤東當時承認是學生幫他開闢第二戰場。北京、上海發展以後，鬧得國民黨根本存不住身，怎麼能不垮呢？當時火車就不可能通，共產黨搞破壞，南北運輸哪裡都不能運，農村的東西也不可以到城裡來，把國民黨搞得一塌糊塗。國民黨要對付外面，要代表一個國家，不可能兩邊作戰。尤其美國談判對國民黨的刺激和影響太大了。共產黨是並不經打的，但共產黨有的是辦法，打不過的時候就利用馬歇爾（George Marshall, 1880-1959）趕快停戰談判，幾次就把國民黨拖垮了。軍隊是不能這樣打的，要打就一鼓作氣。林彪花那麼大力氣拿下長春守不住，後來又被國民黨拿下來了。但是國民黨沒辦法一直打到底，因為美國人在限制它。所以說這也是中國特有的命運。《雅各達協定》（Yalta Accordance；臺灣譯名為《雅爾達協定》）把東北交給蘇聯，這就完了。羅斯福要救美國幾萬人的命，不想到處作戰。蘇聯到了原子彈扔出去以後才出兵，那時日本已經投降了，整個東北都在蘇聯手上，它先把所有工業機器搬走，然後占住那不放，等著共產黨來。在這種情況下，國民黨沒辦法不敗。

安 ｜ 那麼怎樣評價國民黨在臺灣的功過？

余 ｜ 國民黨在臺灣是想有所作為的。首先，第一步是搞土地改革。當時的國大代表又不是從國民黨那裡選出來的，權力分配和它沒關係。但是國民黨沒有採取激烈的手段，沒有殺過一個人，而是政府拿錢買土地，然後再分給農民耕種，讓農民耕者有其田。這是一個很重要的過程。如果不是這樣的話，農村的不安定因素就永遠在。第二，國民黨用政治力量發展經濟，因為經

濟是它在大陸就想發展的。當時有個很重要的資源委員會，共
產黨裡的很多人都是資源委員會的，共產黨早期很看重他們。
這批人在臺灣發揮作用，可以稱心如意地進行建設。從這一點
講，國民黨在臺灣已經相當有功勞了。二二八敗筆是國民黨到
臺灣以前的事情，顯示出它的一種緊張，永遠不放心臺灣人，
想控制臺灣人。臺灣人當然也感覺到這一點，這是它政治上不
安定的一個因素。今天國民黨一選舉就沒機會了，原因就在
這裡。

安｜但是臺灣也經歷了「兩蔣」時代的所謂「白色恐怖」？

余｜白色恐怖是一個名詞，那時候共產黨一直在那搞鬼，國民黨要
不去防止就完蛋了。共產黨不會放過任何一個機會，國防部次
長吳石就是被它利用然後槍斃的。所以說如果有一些敵人永遠
在那裡顛覆你，到哪裡也恐怖。

安｜那一段時間很多知識分子也受到迫害，像柏楊等人還被關進了
監獄？

余｜當然有受迫害的。有一批人是無緣無故陷進去的，這是不可避
免的。國民黨跟共產黨本來是一個母胎生出來的，學的都是共
產主義的制度，它的黨也是一黨治國、一黨專政，它也是每個
地方都有黨組織。不過它沒有共產黨那麼澈底，它只搞個表
面。如果國民黨是白色恐怖和什麼專政的話，那都是從蘇聯模
式來的。不過至少國民黨知道有個限度，不要太過。如果共產黨
那裡有個柏楊，還有機會放出來、還能平反、還能這樣痛罵嗎？

臺灣不能在中共政權下統一

安｜隨著毛、蔣時代的遠去，現在國共兩黨尋求臺灣統一的意向基本上是一致的。問題是臺灣民眾是怎樣想的呢？臺獨意識是不是很普遍？

余｜我認為臺獨在臺灣不會發展到哪去。大家都知道，如果公開搞臺獨，逼得共產黨非打不可，那當然臺灣也不願意打了。但是共產黨想拿過去像其他政府那種統治方式是不可能的事情。因為臺灣已經嘗到獨立的滋味，它現在實際上是獨立的。它從來不在共產黨統治之下，怎麼不是獨立的呢？而且它延續了中華民國的發展，比共產黨還早38年呢。你要說中華民國，那是最早的一個中國。蔣介石宣布中華民國還在，李登輝唯一的改變就是從前是反攻大陸，現在不提反攻大陸了。

安｜在中國大陸的宣傳裡，李登輝是被日化的一個人。

余｜他根本就是日本人，怎麼叫日化呢？他二十幾歲在國民黨來以前都是日本人。他是靠民主起來的，他到底有多少信仰民主，那倒不一定。但是事實上他的出路在民主。他不能不走民主這條路。沒有民主這條路，他怎麼樣抓到權呢？他現在年紀也很大了，知道搞不了多久了，下一步怎麼轉過去就是了。

安｜可能正是這樣一種「李登輝現象」，才使中共在臺灣問題上啟動愛國主義的宣傳得以奏效。

余｜我想這是有計畫挑動的。我不認為中國人有多少民族情緒。日本侵略中國的時候，對打日本也不見得有那麼大的興趣。你看日本人占領以後有多大的反抗情緒？我倒感到中國老百姓是很可憐的老百姓。我最近看到上海出版的明末清初鄉村小知識分子的日記，他們不見得對滿洲人有那麼多仇恨，不像宣傳所說的那樣。中國的民族主義多半是製造出來的，沒有多少自動自發的民族主義。過去說列強要瓜分中國了，根本沒有這回事，查看國際外交檔案，哪一個國家計劃過要瓜分中國？一點根據也沒有，就這樣自己嚇唬自己，就變成了英雄。

安｜據您瞭解，臺獨與臺灣的族群矛盾有關嗎？是否像外界說得那樣嚴重？

余｜族群矛盾沒有那麼嚴重。少數是政治上過去有勢力的人，好多都跑到外邊來了。因為覺得在臺灣不舒服，就難免在情緒上有誇張，說臺灣在搞臺獨，排斥大陸的人。但總的來講，族群問題我不認為有那麼嚴重。不能說沒有，南部可能有一點，臺北根本看不見，甚至還有一大批臺灣大商人，都願意跟中共打交道，願意跟大陸打成一片。極少數是要臺獨的，但不是不得了的事。

安｜在中國政治轉型的過程中，臺灣問題有沒有可能成為一個權力鬥爭的賭注？如果有，臺灣會處於怎樣的境況？

余｜不敢說沒有。但如果那樣的話，首先國內危機會很嚴重，比如軍方直接動手。這就要看共產黨能不能控制軍隊。如果軍方突

然之間發起威來，那就是另外一個局面。有些人要立功，拿下臺灣來證明自己應該做領袖，每個人都想拿臺灣做自己的政治資本，臺灣沒什麼辦法。

我也不希望臺灣獨立，我覺得臺灣還是中國的一部分。但很坦白地說，我希望絕對不能在共產黨的統治下統一。我幹嘛要跟你中國大陸這種政府有關係呢？在你的陰影之下，我活著有什麼意思呢？要瞭解臺灣人的心理。我很同情他們，如果我是臺灣人，我也會贊成臺獨，沒什麼好說的。並不是說正義一定在中國大陸那裡。從前中國把臺灣割讓給日本了，已經沒有了，你什麼代價也沒有付過，什麼也沒有管過，你現在說是我自己的遺留問題，我要怎麼樣怎麼樣，招之即來，揮之即去，這是不可能的事情。臺灣也沒有什麼理由要對你中國那麼忠心。我們不能用大陸的語言，傳統的大中國的思想來看，那是很壞的思想。

將來談統一方式，那要看共產黨。共產黨如果不改變，像拿香港一樣來拿臺灣，那是不可能的。除非你用武力。問題既很簡單又不簡單。你看美國現在好像沒事一樣，萬一你要真正動武，美國的民意是可以發動起來的。如果臺灣挑釁還有可說，臺灣不挑釁的話，它只是保持中華民國，你有什麼藉口說我就是要打？除非大陸政局突然發生劇變，內部危機逼緊，除此是不大可能的。因為一打，你也不可能一下子就拿下臺灣，兩邊打起來，你也吃不消。臺灣一下子完了，你也一時恢復不了。而且打了以後又怎麼統治呢？所以我認為只有和平。現在聽說要簽訂一個什麼協議，50年之內和平發展，不談統一不統一。臺灣將來也是中國的一部分，但是不是中華人民共和國的一部分，將來再說。現在唯一的辦法是這個，否則不可能接受。你

要共產黨跟非共產黨談判，是不可能的事情，你談判就是被它吃掉，它吃不掉你就談不成。它沒法吃你的時候，沒法用武力拿下你的時候，才跟你談判。共產黨只懂得一個權力，沒有說是它好好地無緣無故地跟你談判的，等到它占了上風的時候，它就沒什麼好說的，拒不和談。像蔣介石1948年底要發通報，要談和時，它談嗎？

安｜也有人提出用民族自決的方法解決臺灣問題。您認為是否能夠成立？

余｜我認為共產黨不會接受。民族自決你讓它自決投票根本不是問題，它一定自決獨立了。那有什麼好自決的？共產黨不會答應這一點，根本就不在考慮之例，只是外面人說說而已。

西方媒體誇張中國民主進程

安｜有一種說法認為中國的改革開放，消解了共產黨的傳統意識形態，這樣一來民族主義就變成被利用的一個政治資源。在這種情況下，國際社會與中國建立全方位的戰略夥伴關係，包括西方國家對中國採取的「人權外交」政策，無形中也助長了中國的民族主義情緒。對此，您有什麼看法？

余｜這是利害問題。歐洲也如此。它們覺得中國的市場那麼大，誰也不甘落後，要趕快搶占位置，以後才有機會。這一點對美國白宮影響很大。說老實話，美國企業界的保衛力量，他們嘴裡喊的是人權，但是很難說他們心裡有多少尊重人權。費正清（John King Fairbank, 1907-1991）時代他們跟中國人是從來不講

這一套的，只要有一個很好的政府跟工人打交道就行了。國民黨時代，他覺得你國民黨靠我們，然後他就拼命用人權。人權就是他看你很弱的時候，才來跟你講，你起來以後就不講了。因為起來以後他講人權要付很大代價。比如說飛機我買法國人的，不買你波音的了，那他就吃不消。這種利害的考慮，也不能光怪美國，我們中國人也是以國家利益為第一優先考慮的。很難要求國際政治完全根據正義的理論、公平的理論，不考慮現實利害。那恐怕少數個人可以做到，作為一個國家，作為一個社會集體，我看很難做到。

所謂戰略夥伴，也只是說美國有些地方想把中國拉住不要跟中東國家建立一種買賣武器的關係。因為美國認為禍亂在中東，如果中國把原子彈技術等高科技轉輸到巴基斯坦，或者伊朗、伊拉克，那美國人受不了。這裡還有政治的考慮。美國人算是考慮人權的了，但是人權不會放在第一優先，除非在六四剛剛屠殺那一、兩個月，因為那實在是看不過去的，但慢慢大家就淡忘了。很多人覺得這件事情已經過去了，中國已經進入另外一個階段，也許它可以改變，現在它又要簽署《人權宣言》了，簽署以後就會有後果了。實際上中國方面以為簽字以後還可以混。西方的法制傳統很深，真簽字以後是會有許多麻煩的。表面上看起來好像中國政府老在討便宜，從長期來講，這個便宜討了之後自己是消化不了的。像金融風暴，人民幣不貶值，硬頂下去，是要付很大代價的。香港也是如此，不敢動不見得是一個好的方法。

安｜ 您認為中國社會有沒有發生結構性的變化？江澤民會不會進行民主化，健全法制？

余｜中共在根本上從來沒有改變。所謂改變就是意識形態沒有了，經濟上已經崩潰了，除了少數像鄧力群那樣的極左派以外，不可能起作用了。現在思想精神上是空虛的、破產的，有的就是實際利害的維持。這是共產黨政治控制的必然減弱，而不是有意放鬆。現在經濟犯罪等社會問題，多的不得了，不像過去關起門來，就是幾個政治上的異己分子，那是「四人幫」時代的狀態。現在要把所有的人都這樣管，言論自由你要管，講一點民主也去管，你就沒有時間做其他事情了，經濟犯罪也沒有辦法動了。因為人很多，你不能一個人盯一個人。第一做不到，第二你的人本身也靠不住。我認為共產黨高級幹部包括政治局的子女都看得很清楚，都要往市場上移。他們心裡有種感覺，萬一政局有變化，我們還有錢，還可以生存。江澤民絕對不會進行民主化，但他不能不多容忍一點。他是逼不得已才動一下，並不是有系統地大刀闊斧來改革。幾千萬黨員家庭的利益都在他手裡，一改把自己的特權給改掉了，那行嗎？

實際上共產黨自己現在也沒有什麼東西了。到底什麼是真正的共產黨員呢？是江澤民嗎？是朱鎔基嗎？有什麼理論呢？當然，共產黨的政治權力還在江澤民手上，大家想發財，不能不利用一點政治權力，這恐怕是許多人還跟共產黨發生關係的原因。現在也沒有什麼真正的民族主義，因為民族主義一定是在你被欺負時才會出現，你現在還趾高氣昂，哪裡還有民族主義出現呢？你在美國能看到什麼民族主義？共產黨拼命想往民族主義上掛鉤，填補精神上的空虛。你說共產黨代表什麼呢？既不代表馬列主義，又不代表一黨專政，也不代表國營企業，到底代表誰的利益？事實情況是，現在從香港到國內，共產黨所到之處全是大資產階級專政，只不過口號還是無產階級專政。

安 | 那麼外部看好的中國民間的基層選舉會不會成為將來民主化的前奏？

余 | 這都是西方媒體的一種誇張，西方觀察人員難免不受形式主義的影響。我看了很多《紐約時報》（*New York Times*）有關這方面的報導，例如東北村民選舉的講話，說我給村裡賺錢，不用錢請客，不招待上司。從這些話可以看出，他的身分已經有很大的變化了。村民選舉本身不可能變成一個民主的開始，臺灣的全國性選舉和村民選舉也不是一回事，不是那樣來的。

安 | 這種選舉本身的意義是什麼？

余 | 實際上是共產黨控制不了了，就拉當地有勢力的人來管。臺灣也是這樣，土豪劣紳什麼的，你有勢力你就是國民黨的人了。表面上看好像它能控制這個地方了。其實過去傳統社會就是自治的。

安 | 是不是說現在的村民選舉在某種意義上說是向過去的宗族制的回歸？

余 | 是一定程度上的宗族制。頂多是回到傳統，並沒有什麼進步。傳統皇帝的官吏都是到縣為止。縣以下還是靠地方紳士撐著，老百姓也不敢到縣城打官司，跟美國人賦稅一樣，只要你按時交糧就行了，跟國家沒有關係。如果你沒有糧又沒有錢，那你的一生跟國家都毫無關係。它不會管你的。

「最西化的是共產黨」

安 | 為什麼某些中國知識分子會發出「21世紀是中國人的世紀」的口號呢？

余 | 那是沒有常識的話。只是某些中國人在十分可悲可憐的情況下羨慕西方所做的夢。這還是民族主義，好像是在受西方壓制，我們民族要出頭。你想想你這一百年來自私自利，專糟蹋自己，像希臘神話裡的火鳳凰自己焚燒，只剩下灰了。其他民族包括美國一般的人，都是很努力地建設自己，然後到了下一個世紀忽然都成了你的了，這從何說起呢？

安 | 您曾說「21世紀將是中國知識分子贖罪的世紀」。為什麼？

余 | 我們這一個世紀都是知識分子犯的罪。共產主義的觀念都是知識分子帶進來的，老百姓怎麼會有這個觀念呢？列寧（Vladimir Lenin, 1870-1924）也是個知識分子。他把法國的許多激進觀念加上馬克思的觀念，就認為自己發現了真理，發現了歷史規律，要組織起來造反。許多人受他的影響。中國也是這樣。中國五四以後儘管科舉制度沒有了，士大夫也在變化，但是中國社會對讀書人總是尊敬的。到農村就可以發現，你是讀書人，你懂道理，我就聽你的。你說中國有什麼歷史規律逼得共產黨非上臺不可？但幾個知識分子就要把這個局面拉開。我認為中國知識分子要負很大責任。

安 | 從這個意義上怎樣評價五四？

余｜五四是很雜的聲音，不是一種聲音。五四提倡白話文、反對巴
　　黎和會出賣中國利益，本身是積極的。那時候還沒有共產黨，
　　也不是什麼馬克思主義知識分子領導的。傅斯年、羅家倫，這
　　些後來在共產黨看來都是右派的，原來是單純的一個國家的國
　　恥的觀念，是民族主義的情緒。民族主義情緒本身就不可能完
　　全是打倒中國傳統的。包括胡適在內，他也是提倡古文研究
　　的，而且充分評價中國文化。是共產黨一代人把五四往魯迅和
　　李大釗身上引，變成是共產黨的人領導的、沒有共產黨就沒有
　　五四這樣一個邏輯。五四的意義好像很快從資產階級民主跳到
　　了無產階級革命。

安｜九〇年代知識分子和五四時期的知識分子有什麼不同？

余｜現在的知識分子還是有新的人想在自己的領域之內做點工作，
　　對六四受害者基本上是同情的。但是會不會有真正站出來說話
　　的人，我不覺得目前的將來有這種聲音。在八九之前，誰也沒
　　有想到天安門會有那麼多人，但是六四屠殺使人警惕。在我看
　　來現在是一種消極反抗，積極支持。當然想為人民做好事的人
　　是永遠會有的。有的人離開政治搞錢或者搞別的事情去了，發
　　了財拿出錢來支持一點文化工作，這種人也會有的，我認為現
　　在是一個多元化的局面。

安｜中國知識界關於現代化和西化的爭論一直沒能充分地展開，因
　　此在觀念上比較混亂。例如西化與現代化的關係問題，西化是
　　不是等於現代化問題等等，存有很大的分歧。

余｜現代化在某些方面跟西化有關，但不能等於西化。因為所謂現代化也只能現代化某些部分，某些層面，不能一切都現代化。一個人怎麼能什麼都現代化呢？你說我要守法，我在政治上要投票選舉，這是現代化，是跟西方學來的一種技術。像我們學的自然科學，從小學、中學到大學，都是西方的，但是這可以說是一種工具性，是具有普遍意義的。電影也是西方的，中國人的電影跟外國人的電影還是不同吧。你的工具可能是西化的，但你的精神還可以有中國精神。現在把這些問題都搞得太簡單化了，好像接受一點點西方就全部西方了。更荒唐的是，有的人說什麼接受西方文化就是接受梅毒。中國16世紀就有梅毒了，並沒有接受西化。我認為不能把文化問題看成簡單的什麼西化、中化，中國實行民主並不表示西化。最西化的是共產黨，完全是外國來的，包括革命的歷史，從列寧開始，那一切恐怖手段、制度、言詞，全是照抄的，沒有一點點創造性。從前國民黨還沒有那樣子，孫中山總想把中國傳統也包括進去，組成一個政府，沒有百分之百的西方式。組織形式跟它的實質不一定就叫西化。尊重人權，人權就是人的尊嚴問題，根本不是別的。中國從前也講人權，不過不叫那個名字而已，士可殺不可辱，那就是尊嚴。共產黨想壓制價值觀，實際上就是給自己專制找藉口，市場一崩潰就都崩潰了。

中國知識分子的奴隸道德

安｜您認為明清時代是士魂商才的時代，今天呢？

余｜現在中國已經談不上士了。知識分子邊緣化了，靠邊站了，根本不在社會中心，也不在政治中心。從前士大夫首先在社會中

心。例如，在鄉下如果你讀書明理，鄉下人有什麼糾纏不清的事情，就找你來說句話仲裁一下，他信得過。政治上，非科舉、非讀書不能夠得到官位。今天哪有？今天都是黨棍，不要任何知識，只要你會混，你有關係。知識分子一部分下海，打出另外一條路，就是不要靠入黨，也可以有辦法得到我要的某些東西。這一點很像明末清初的很多知識分子，叫棄儒救國。那是一個很大的發展。儒家也到商人階級，商人也發展儒家。這些到現在好像是重複，好像是一種形態的再現。其實也不稀奇，傳統中國的毛病就是一切都在政治上，政治是最重要的，政治上沒有就完了。西方的發展從來不是放在政治上。我上次到普魯賽爾（Brussels，臺灣譯名為布魯塞爾），你看那個城市，一個教堂，二個市政府，各種工會，各種人物代表，它這個社會從中古時就如此。中國從來都集中在政治上，沒有一個教會可以跟政權分庭抗禮，什麼東西都是皇恩浩蕩，你只有跟皇權發生關係，才會有地位。這個傳統被共產黨發展得更厲害，全是政治，政治人物是第一等人物，其他人再好也是第二、三等的。

明清以後慢慢出現了商人也有自己的地位。在西方你如果沒有錢，你就不可能搞政治，政治是一個比重最輕的東西。一個社會文明不文明，民主不民主，自由不自由，就看這個比重。如果政治比重占得很高，那個社會絕對好不了。或者是神權跟政權合一，像伊朗這樣，也不可能的。中國將來如果要發展的話，要慢慢把這條路打破。這條路倒不一定是民主不民主，共產黨自然越來越被解構，它自己也不可避免地參加這個解構工作。我認為共產黨垮臺有兩種形態，一種像蘇東波，另外一種就是崩潰。問題就是怎麼樣維持政權？還有個統一的目標，那

就有很大的困難。共產黨現在對左派的攻擊一句話都沒有答覆，因為從理論上講，人家左派是對的。你國營企業不要了，市場經濟占第一位了，你違背了所有馬克思主義的學說，還算什麼共產黨呢？這個問題不能永遠逃避，遲早要面對。

安｜關於知識分子的邊緣化問題知識分子自己有沒有責任？

余｜邊緣化也不是不合理，你憑什麼老占中心呢？一般來說每個知識分子都要有自己的專業，自己的基地，你不能什麼都不幹，專挑別人的差，哪也沒這樣的知識分子。我想這有兩個方面，首先，你對專業要有貢獻，有研究，給學生教的知識是可靠的，最新的。而社會責任的層面是業餘的。作為一個公民，起碼你要投票吧，那是公民責任。讀書人的公民責任就變成了知識分子，就往往要出位直言了，是站在一個社會立場上說話。我想這樣的人任何社會都會有的，但他不成為一個特別階級，而是一個社會的批判性力量，社會需要這種力量。

安｜大陸有沒有這種力量？

余｜大陸從前有，現在看不見，還是控制得太嚴了。政治上還是一把抓的。中國人也很聰明，一看這樣嚴就算了。但是你要放心，一旦鬆了以後批評會多得很。共產黨也知道，所以抓得特別緊。但是到底能抓多久，我看不是那麼簡單。天道是循環的。

安｜回過頭看香港回歸以來的學術思想界的狀況，您以為如何？

余｜很多人又從美國回到香港教書去了，因為那兒待遇很好，他還能隨時回來。學術界都不敢大膽說話，慢慢地反對的聲音可能就沒有了，批評的聲音會越來越少。當然，有的人也受到警告。坦白地說，中國人是一種奴隸道德，不要共產黨有什麼暗示，就會自己表功。香港新聞界現在一塌糊塗。所以我說，共產黨統治的大陸我不能去，現在連香港我也不能去了。共產黨所統治的任何地方，我絕對不去。

安｜為什麼您對共產黨有這樣強的情緒？您當年出來時，對共產黨印象怎樣？

余｜那時候對共產黨沒有多少壞的印象，也不是太好。在北京還好，一到上海，就聽到多少朋友的不滿之辭。我的一個親戚在銀行做事，有一天下班回來就哭，說：今天銀行偷了錢，每個人都被搜身，但是黨團員不用搜身。黨團員的道德是有保證的，搜的是普通群眾。共產黨真是厲害極了，它開始什麼都沒有，鬆得不得了，完了慢慢地緊，到最後你根本就透不過氣來。參加共產黨就跟入鬼門關一樣，你一進去就死了，再也出不來了。我對共產黨的瞭解也許是錯誤的，但是我自己是不可能動搖的。我的一個親戚是地下黨員，後來還當過北大黨委書記，他們當年參加共產黨還是帶有理想主義的，不能說參加共產黨的就都是混蛋，也有很多很好的人。但共產黨是一個邪惡的組織，跟最壞的黑社會一樣，你進去以後不可能活著出來。要不就跟它一樣，好人你就靠邊站。要想還在臺上得意，你想想什麼樣品德的人才能得意起來？

安 │ 那麼您自1949年離開中國以後，是否回去過？

余 │ 1978年美國國家科學院送我去做漢代研究代表團團長，我去了一個月，到敦煌、長沙、昆明、成都做考古研究，跟政治沒有關係。以後再沒去過。但最初不是別的，是我怕熱鬧，許多人請我到北京，我都推了。六四以後就不想再去了。我一個表妹的兒子就是在長安街二十八中學旁邊被他們殺死的，年僅19歲。兩年以後他父母親才給我寫信託日本的朋友轉來。他只是想進去照相，留個鏡頭，一下子就被子彈打中了。而且當時解放軍不許救護車搶救，就埋在那個坑裡，三天以後他的父母才知道。我還有一個親戚是共產黨員，在兒童醫院負責，他說光他們那個小醫院，就來了幾十個屍首，都是開花彈。如果這種事情都可以原諒，那麼什麼事情不可以原諒呢？有些人為了利益所在願意不要尊嚴，那我們也沒有辦法。我們自己能夠不必這樣的話，就不必去受這個委屈。第一我根本就不可能到共產黨的大使館申請護照，我從來不認為這個政權合法，我不可能向它請求批准。我第一次去也沒有填表，是美國人一手處理的，給了我一個特別護照。我跟共產黨官員不做任何層面的交往。沒有別的目的，我又不搞政治，但是我的情緒在這方面是很強烈的，我沒有辦法。

安 │ 非常感謝您接受我的訪問。

1998年4月23日訪談於普林斯頓
10月成文於巴黎三昧聊齋

＊首發於香港《前哨》。載入安琪文集《中國民族站起來了？——政治轉型期的民族主義溯源》，夏菲爾出版社2002年出版。

2006年11月，余英時榮獲美國國會圖書館頒發的有「人文諾貝爾獎」之稱的克魯格人文與社會科學終身成就獎（Kluge Prize）。

2014年9月18日，余英時獲得第一屆唐獎漢學獎，以表彰他超過半個世紀以來研究和關注中國歷史、思想、文化，以及推動儒家思想上的貢獻。

2021年8月1日，余英時在美國普林斯頓寓所安詳離世，享耆壽91歲。

安琪注

心靈自由與獨立人格
——訪自由撰稿人安琪女士

文／亞衣

多年記者生活造就的嫻熟文字，投身民運又不是民運組織成員，勤奮筆耕但不以此謀生，充滿六四悲壯情懷卻對「民主玩家」直言批評，對獨立人格的追求和對新聞自由的鍾情，構成了安琪獨

安琪在華盛頓白宮前，1990年10月20日。安琪提供。

特的個體。在即將離開歐洲大都會巴黎前往東南亞島國開始新的生活之前，她與同行敞懷細談。

苦難中的求知

亞衣（以下簡稱亞）｜1989年事件之後許多中國新聞工作者來到海外成了自由撰稿人，你是相當突出的一位。我想即使沒有發生去年你被中國當局驅逐出境的事件，人們對你的經歷也會很感興趣。

安琪（以下簡稱安）｜我祖籍浙江，生於甘肅蘭州。小學畢業時正好是文革開始。由於家庭關係，我的整個中學時代蒼白無聲，每天處在擔憂和驚恐之中。我的外公是甘肅禮縣著名教育家，三〇年代北大畢業後騎著毛驢回到禮縣致力教育，也因此成為共產黨政權的第一屆甘肅省政協委員。跟很多同期的民主人士一樣，外公在1957年的大鳴大放中成為被「引出洞」的「蛇」而打成右派，文革中更受摧殘；1977年聞訊自己獲得平反時中風癱瘓，他那滿腹經論至死也沒有幫他解開「罪之謎」。外婆是一個溫婉淑雅的傳統女子，也在飢餓中死去。大姨抑鬱致病，死時年僅36歲。原為高材生的兩個舅舅被貶為「賤民」，歷經磨難。我父親曾參加過國民黨、又有涉外親屬，在文革中自然受到衝擊。我目睹了父親受批鬥挨打和外公一家的淒慘變遷，深切地體驗了家境的艱難，也感受到學校中本來單純的同學關係被不同的家庭出身所扭曲的不公平。

亞｜真是非常抱歉。我的採訪經常會觸動被訪問者痛楚的回憶。似乎在不同年齡層次的人中間，都會遇到這樣的情況。也許在中

國的過去，好幾代人都被痛苦的歷史籠罩。

安 | 沉重的精神壓抑使我較早開始對社會有了一種成年人式的思考，我在繁重的家務以外盡可能讀書。1972年高中畢業後我待業在家，讀了大量中國古典文學作品。歷史人物給了我很多精神滋養，當時背得最熟的是屈原的《離騷》和司馬遷的人物傳記。期間斷斷續續地當過臨時工。1976年分配到蘭州市安寧中學校辦工廠，後來經過考試擔任了中學語文教師。這一段經歷基本上奠定了我的信仰基礎，包括面對苦難的態度，對人性善惡的敏感。1977年我考入西北師範大學中文系，比較系統地接觸了俄羅斯文學、法國文學和英美文學，也接受了許多西方的社會政治思想。1982年畢業，進入《蘭州青年報》當編輯、記者。1984年參與創刊全國第一家《青年晚報》，1985年創辦《西部晨報》，1986年調入《甘肅日報》，1988年進入深圳《蛇口通訊報》。1989年參與民運之後被迫流亡法國，長年居住在巴黎這個人文色彩濃厚的自由之鄉。1992年進入法國高等社會科學研究院從事新聞研究，獲碩士學位，成為博士候選人。

亞 | 對很多人來說，大學生活常常是最有波瀾的階段，何況你當年還是一個出色的運動員。請你把在中文系創辦《求知》雜誌的事情談一談。

安 | 當時正是由文革向改革開放的過渡期，我整個大學時代都處在這樣一種反思求變狀態中，其中交織著興奮、緊張、驚喜和憂患。《求知》雜誌就是在這種情況下創辦的。這是一個油印的學生刊物，我們組織跨年級的學術講座，請有關教授做專題報

告，之後整理成文字在《求知》上發表，同時也刊登一些學生的習作，很受歡迎。不久《求知》與所有大學生刊物一樣被迫停刊。我想，我當年辦刊物的衝動和我後來選擇記者工作的原動力是一致的，就是想參與社會和干預生活，有很強的理想色彩。

從黃土地到陽光帶

亞 │ 你的新聞從業生涯時間不長，卻歷經磨難。劉賓雁先生曾經讚揚過你創辦《西部晨報》的壯舉。

安 │ 1978年的民主牆運動在某種程度上拓開了在共產黨嚴密控制下爭取新聞自由的空間。在這個過程中，共青團系統主辦的青年報刊充當了開路先鋒。當時，長期從事青年團工作的胡耀邦出任中共黨的總書記，一些在團系統工作過的人也被選拔到中央和地方擔任重要工作，青年團的工作受到前所未有的重視。到了1985年，各種特色的青年報就從文革後復刊的三家（《中國青年報》、《天津青年報》、上海《青年報》）發展到了30家，創造了中國有史以來的最高記錄。《西部晨報》就是在這種情況下創刊的。從地緣上說，甘肅這個地方在歷史上是一個發配流放之地。1957年反右以來的歷次政治運動被治罪的人，很多都被下放到甘肅和西北其他邊遠地區，而這些人大都是讀書人。因此，在甘肅就出現了一種奇特的現象：文化思想意識的「超前」和經濟發展的落後之不平衡。八〇年代初甘肅出現的幾種有特色的刊物如《當代文藝思潮》、《讀者文摘》以及後來的《青年晚報》、《飛碟探索》，在全國產生了很大的影響。

亞 | 這些內容對我來說頗感新鮮，《西部晨報》與青年報刊又有什麼關係？

安 | 《西部晨報》的前身是《蘭州青年報》，它的出現本身就帶有改革的意味。當時新任蘭州團市委書記決定在報社實行「總編負責制」，採用「招標」的辦法招攬人才，改變層層任命的傳統組織結構。經過投標競選，原《蘭州青年報》代理副總編成為《西部晨報》總編，我這個非黨員當選為副總編。《西部晨報》無論在思想意識的開放程度上還是在版面安排和報導內容上都有突破，將批評文章上頭版頭條就是一例。《西部晨報》誕生的時候正值1985年的反自由化運動。看來有點奇怪，實際上這是由於甘肅的地理位置遠離政治中心造成的，因此在執行中央政策時甘肅常常「慢一拍」。其他地方早已改革開放，甘肅還在「左」的圈子裡打轉；當人家改革偃旗息鼓而「反自由化」時，甘肅的改革才剛剛鋪開。也因為這樣，《西部晨報》的改革新面貌恰好碰上了全國範圍內反自由化的浪潮，被新華社甘肅分社記者「參」了一筆，而胡喬木恰好對這篇「內參」有「興趣」，於是便決定了《西部晨報》的悲劇性結局。《西部晨報》從正式創刊到被迫停刊僅僅發行了四期，只有一個月，創造了共產黨執政期內壽命最短的報紙紀錄。記得那年我在廈門參加一年一度的全國青年報年會，前一天與會的各青年報負責人還請我介紹《西部晨報》的經驗，為我們感到振奮，第二天我就得到了報紙停刊的消息，大家感到情況不妙，散會時個個心情沉重。回到報社，等待我的是長達六個月的「學習班」整頓。最後總編輯被一紙公文逐出甘肅新聞界，報社解散，大家各奔東西。

亞 │ 你後來去中國改革的「陽光帶」特區辦報了。

安 │ 我去特區之前在《甘肅日報》文化副刊工作。這是省級報紙，福利待遇要比《青年報》好得多，但是辦報要僵化得多，還有那種森嚴的等級制度、人事制度。像我這樣從《西北晨報》出來的非黨人士，慣常被人稱為「開放型」，是不予重用的。環境令人窒息。1987年深秋的一天我在河濱散步，凝視奔騰的黃河，思緒萬千。就在一剎那，我決定走出甘肅，南下求職。次年夏天，我利用剛剛開始實施的幹部休假，來到《蛇口通訊報》。試用期滿後，年底正式調入蛇口，任《蛇口通訊報》的編輯、記者。《蛇口通訊報》創刊於1984年，它所實行的「總編責任制」確立了該報具有的獨立性。《蛇口通訊報》所奉行的基本原則是當時蛇口領導人袁庚講的一句話：只要不反對共產黨，不搞人身攻擊，什麼聲音都可以容納。這句話雖然有很大的侷限性和專制意味，但已經是一個很了不起的進步。由《蛇口通訊報》主辦的每月一次的蛇口新聞沙龍，是蛇口決策層接受民眾輿論監督和批評的對話場所，也是蛇口人自由討論的思想陣地。

蛇口風波──亡命天涯

亞 │ 所謂的「蛇口風波」，是否發生在那個時候？

安 │ 就是在新聞沙龍上發生的。1988年初，中宣部樹立的曲嘯、李燕杰等所謂青年教育專家來到蛇口進行學雷鋒的政治說教，在新聞沙龍上因態度專橫激起青年們反感，致使會場出現僵局。《蛇口通訊報》如實報導了這一內容，在全國新聞界、思想理

論界引起了討論。「蛇口風波」的意義在於報紙第一次對共產黨的傳統政治思想教育提出質疑，對雷鋒這一榜樣提出質疑。對此《人民日報》記者曾憲斌以〈「蛇口風波」答問錄〉為題做了專題報導。《人民日報》開闢了「關於『蛇口風波』的議論」專欄，引起廣泛爭論。同年底，該報記者馬立誠將一千五百多件信稿和有關文章編輯成《蛇口風波》，由中國新聞出版社出版。我從內地黨報到開放地帶的開放報紙，有一種前所未有的輕鬆感和解放感，思想碰撞最多，壓力最大，成效也最大。那個時代的新聞從業者為了追求有限的新聞自由，有一種理想主義的獻身精神，不懼怕冒政治風險和失去工作。這與後來新聞界引進商業機制以後的一些庸俗化狀況相比，就像來自另一個世紀的童話。

亞｜能不能說一說你是如何介入八九民運的？你曾經說過自己「從沉湎於個人享樂的圈子裡面衝出」，進入了這個歷史事件。

安｜我所說的是八九民運期間在個人享樂與支持絕食學生、伸張正義之間所作的選擇。我1989年4月剛剛買到坐落在海濱的蛇口福利房，5月份在裝修期間就有一個十分天真的想法：如果逃亡學生過來，我要幫助他們躲藏並且保護他們。當時我們天天收看香港電視關於天安門廣場的實況轉播，有的朋友還專門做了錄影。5月17日，北京學生絕食的第五天，《蛇口通訊報》全體成員上街遊行募捐，晚上在蛇口最大的階梯教室舉行新聞沙龍，聲援北京天安門廣場絕食的學生，有對現政權的批評，對官僚腐敗的痛斥，也有對鄧小平老人政治的點名批判，可謂群情激昂。我一向不善演講，但我當時所作不到五分鐘的發

言，幾次被掌聲淹沒。當天我們就募到十萬元人民幣，派專人送往北京。5月19日，與李鵬發布戒嚴令同時出版的《蛇口通訊報》，以整張報紙四個大版報導了蛇口的聲援活動和理論文章，題目赫然，如「蛇口人與北京學生心心相連」、「政治民主離不開新聞自由」、「民主運動宣告人治步入窮途」；還有雜文和募捐遊行的圖片報導，以及聲援北京學生的新聞沙龍紀要。報紙剛上市就被搶購一空。

亞｜六四慘案之後你還在《蛇口通訊報》抨擊過當局。

安｜1989年6月12日出版的《蛇口通訊報》的第四版雜文專版是我主持編輯的。這些雜文以引喻的手法譴責了六四屠殺。其中有題為〈貓的屁股摸不得〉、〈法律不是兒戲〉的雜文，再配以畢加索反法西斯主義名畫為刊頭，寓意非常明顯。這期報紙一出版就被當局從郵局收回不准發行。《蛇口通訊報》盡最大的勇氣爭得了最大限度的新聞自由，卻無意間違背了「不反對共產黨」的老原則。按一般邏輯，批評並不等於反對。但是在共產黨的歷史裡，批評黨一向以「反黨」論處。最後，《蛇口通訊報》也未能逃脫被查封的命運。6月12日的報紙被收回不久，特區開始了政治清查。幾乎每天都有人給我打電話，在表示敬意和支持的同時要我多加小心。有人還告訴我在聲援北京學生的新聞沙龍上有便衣警察，公安局有我的照片和發言錄音。我也注意到在我們的居住區出現了武裝警察，報社也開始內訌，種種跡象顯示大清洗就要到來了。這時正好我報兼管的招商局雜誌輪到我任責任編輯，要到香港招商局採訪。我當時也有離國出走的念頭，但並不堅定。真正讓我義無反顧地走上

流亡之路的，還是另外一個「插曲」。

亞｜這個「插曲」現在可以談嗎？

安｜我想應該可以。現在此事的「主角」都在國外，與此相關的香
港「黃雀行動」也早已在報刊上公開，這個歷史「插曲」算是
「黃雀行動」的又一證明吧！六四之後，我一邊密切關注北京
的情況，一邊與蘭州的朋友保持「熱線」聯繫。一天，朋友告
訴我他那兒有兩個北京來客，他正在設法安排住宿。我馬上明
白這是兩個逃亡者，很為他們擔心。在得到去香港採訪的機會
後，我立刻打電話給蘭州朋友，讓他想法將兩位北京人的情況
介紹給我，我好在香港找人救助。朋友非常激動。一星期後我
在廣州見到了蘭州朋友的委託人，我的一位同學的丈夫，他帶
來了朋友的信，上面寫有那兩位北京客人的名字和他們在八九
民運期間的主要活動，他們就是我後來熟識的張倫和老木。我
把信裡的要緊內容背下，將信燒毀，當晚返回蛇口準備行程。
在我動身之前，同事和朋友給了我很大的心理支持和鼓勵，幫
我策劃了可能發生的種種細節的應對辦法。1989年7月17日，
我僅帶了一只透明的紅色絲綢挎包，裡面裝了極為簡單的洗漱
用品和兩份集中報導聲援北京學生活動的《蛇口通訊報》就上
路了。深圳朋友告訴我這種裝束容易過海關。在同行的七、八
個人中，我通關果然最順利。

亞｜想不到一直與紙和筆打交道的柔弱女子，還有這般俠義心腸。

安｜回想這一段經歷，有時連自己也感到不可思議。這是我平生第

一次到香港，在招待所安頓下來，便找地方打電話。當時香港有八號風球襲擊，行人稀少，商店關門，加上語言不通，站在街頭四顧，可謂寸步難行。想到國內朋友的安危指望於我，內心的激盪如肆虐的風暴。香港一些素昧平生的朋友給了我至關重要的幫助，遠在美國的相識或不相識者也伸出了援手。因為當時很多外電報導老木已經被捕，香港方面十分謹慎，我也因此在香港滯留了一個月。大概由於精神高度緊張，我的記憶出現短期斷裂，很多朋友甚至我家人的電話、地址都記不起來了，直到後來在巴黎才逐漸想起，有時出現在夢中，驚醒後馬上寫下。回顧這一切，我相信在六四的悲壯情懷下，在那樣一種與共產黨專制澈底決裂的決心下，任何人處在我的地位都會毫不猶豫地邁出這一步。事實上，包括我在內的每一個八九流亡者的背後，都有很多人的奉獻，有的人還付出了坐牢的代價。參與此事的羅海星就是在之後救援陳子明、王軍濤時被捕入獄的。六四屠殺使共產黨政權走到了反人類的極端，中華民族在這一刻顯示出空前的團結精神和道德勇氣。十分短暫，但卻永恆。正是這種精神留存，支撐著我的信念，激勵我渡過了流亡中最艱難的歲月。

海外民運——痛苦的民主

亞｜在流亡海外的幾年中，你一直沒有停止過記者活動，海外民運圈是你採訪的主要範圍，你成了許多重大事件的見證者。

安｜在很多人看來，以我流亡記者的身分，對中國海外民運的報導應該「報喜不報憂」，直白地說，應該是海外民運組織的「喉舌」。從社會應有的角色來講，我認為新聞記者既不是共產黨

專制政權的「喉舌」，也不是民運組織的「喉舌」。新聞媒體和記者應該具有獨立立場和輿論監督功能。多年來共產黨以「輿論一律」的原則強制新聞只能有一種聲音，海外民運的一些人則拉民主大旗來拒絕新聞批評和輿論監督。海外民運如果沒有新聞監督，沒有民意表達，沒有權力制衡，有的只是大犧牲換來的少數人的輝煌和捐款堆起來的所謂實力，或者讓幾個吞噬民運資源的人在暗處攻擊在明處的獨立記者，那是駭人聽聞的。如果說這就是所謂的「民主」，那麼我盡畢生精力要做的就是阻止這樣的「暴政民主」在中國實現。我並非要指責什麼具體的人事，而是想重申新聞自由，真誠地希望海外從事中國民運的組織和朋友，有理想、有遠見的民運領導人，儘快地將新聞自由提上民運的議事日程，在反抗共產黨一黨專制的同時，警惕民運隊伍中的「集團專制」和個人獨裁。

亞｜十年前你在採訪民陣成立活動的時候就以《痛苦的民主》為題，提出了諸如「英雄殘廢」、「玩天安門情結」、「程序問題」、「菁英民主」、「派別競爭」、「聯合與內鬥」、「財務透明」等問題。有趣的是，十年來民運存在的問題，竟然基本上沒有超出你當時列出的「令人困惑」的範疇。

安｜民陣之初，我以「痛苦的民主」和「逃亡自我」等為題，寫了一些分析批評文章，出發點很簡單，就是報導客觀真實。要說精神支點的話，那就是不要辱沒八九民運和六四死難者。很多人對於我在國際輿論一邊倒的情況下的「直言」表示了很大的認同和支持，也有人將矛頭對準了我這個毫不設防的記者。從海外民運發生的種種問題中，可以看到共產黨極權對人的精神

的擠壓和扭曲。如果我們以文革作為參照分析海外一些民運人士的手段和行為，就會看到這些手段和行為與文革紅衛兵、造反派有著驚人的相似，包括語言和激情的表達也是同樣的模式。文革中紅衛兵團林立，拉山頭、搞宗派；海外各民運組織林立，也拉圈子、分派別；紅衛兵以革命的名義置人於死地，海外民運也有人假民主之名不擇手段地對待與自己的利益發生衝突、或者意見相左的人；紅衛兵以一種原教旨主義式的瘋狂，從肉體上和精神上摧毀他人的尊嚴，海外民運也有人以辱罵和恐嚇為武器，侵犯個人權利。從這個意義上講，中國實行民主化不僅僅是結束極權專制，更重要的是清理極權政治影響下的病態心理和非正常行為。

心的誠實與筆的真實

亞｜有人把你比作義大利女記者法拉奇（Oriana Fallaci, 1929-2006）式的人物，你是否同意？當年法拉奇對一些大人物的採訪，曾經使得多少中國新聞工作者驚訝不已。

安｜這是一個讓人輕鬆的話題。做一個法拉奇式的女記者，是我20年前的理想。我很高興有人把我比作法拉奇，這種說法至少可以滿足我青年時代的虛榮心（笑）。的確，當年我很崇拜法拉奇。在那個封閉年代，能讀到法拉奇充滿挑戰的問題性訪問，感到非常興奮。在《蘭州青年報》舉辦通訊員學習班時，我的講題就是介紹法拉奇。我認為法拉奇是一個天才記者，思想深邃、問題尖銳，她對一些世界超級敏感人物的訪問非常出色。我的一些訪問模式應該說受了法拉奇的影響。當然，法拉奇是在一個享有充分新聞自由的民主社會裡當記者，可以盡情地發

揮自己的才華，最大限度地選擇她所感興趣的人物和事件，她只要對報導的真實性負責，而不必在乎是否得罪她的採訪對象和她所容身的社會。從這方面來講，你、我、以及許許多多中國記者同行，遠沒有法拉奇幸運。在一個沒有建立起新聞自由機制的地方，任何一個有思想、堅持真實的記者，都是「帶傷作業」的。共產黨控制下的新聞環境自不待言。即使在海外，獨立記者的處境也很不易。很難想像法拉奇會遇到我作為一個女記者所遇到的困擾：因為你批評某男性民運領袖，就會變成「女性的報復」；假如你批評的對象是個女性，也可能被演繹成「女人間的戰爭」。另外，在國外以中文寫作的自由撰稿人最現實的考慮就是得謀生──這可能也是無法與法拉奇相比的。我將記者活動作為一種事業來做，這與將記者作為一種職業來做相比，可以比較自由地選擇訪問對象和問題，而不必違心地服從什麼壓力，這一點倒與法拉奇比較接近。我所關心的是我作為記者心中的誠實與筆下的真實。

亞｜你在法國高等社會科學院的研究課題是新聞學方面的，碩士論文就是〈鄧小平時代的新聞自由〉。你對中國新聞自由的發展前景有什麼見解。

安｜新聞自由問題是我到海外才開始研究的。我在國內曾先後在青年報、黨報、特區報工作，經歷了八〇年代開放與反自由化交替的年代。八〇年代中國新聞從業者試圖按照新聞規律為新聞正名，大批有志之士做了艱難而有益的嘗試。例如關於黨性、人民性的討論，關於新聞自由的討論，新聞立法問題也被提上了議事日程。八〇年代中後期的新聞理論界，是中國共產黨執

政以來最健康、最活躍的時期。這種情況在八九民運中發展到高峰：記者上街遊行，表達新聞自由的訴求，從中央到地方對這場運動的報導，出現了五天的新聞自由。六四以來經歷了近兩年的窒息以後，中國新聞界在市場經濟的衝擊下走上了一條沒有政治自由，其他什麼自由都有的無序的「新聞自由」之路。政治上的嚴控和經濟上的混亂，使新聞的重心向商業化的實用主義方向傾斜，出現了報紙等同於商品，報業等同於企業的現象。出現「有償新聞」和廣告新聞化，新聞成了消費文化的一種，企業出高價為產品做假廣告，記者利用手中職權收紅包，直接後果就是社會輿論標準逐漸消解，嚴重敗壞了新聞的公信力。這種單一的新聞商業化自由，是極權專制、市場專制下的怪胎。只有引進民主政治機制，開放黨禁、報禁，允許民營報業公平競爭，才能形成符合新聞規律的新聞自由。

亞｜許多知識分子和新聞工作者非常希望在中國早日出現一部《新聞法》或《新聞自由法》。在美國，保護公民言論出版自由權利的內容全部涵蓋在作為國家根本大法的憲法修正案中。在中國憲政民主的進程中，我們的關注點在於整個社會言論自由的憲法保障，還是某個《新聞法》的制定？

安｜根據中國的新聞現狀和社會各界對新聞的理解差異來看，中國不僅在政治轉型期需要一部《新聞法》，即使在你所說的實現憲政民主的進程中，仍然需要獨立的《新聞法》。憲法中當然要有保護公民言論、出版自由權利的條例，但僅有這些是不夠的，還要有比較詳盡的專門的《新聞法》。這個法可以訂得很細，包括針對政黨政府方面可能妨礙新聞自由所應採取的抵制

措施，包括輿論監督功能的實施保障細則，也包括對新聞誹謗和有償新聞、廣告新聞的具體約束措施。在這方面，法國的《新聞法》及公民（包括總統和公眾人物）的言論自由權和隱私權的保障，都是值得借鑑的。

中國知識分子應該懺悔

亞｜在〈中國知識分子應該懺悔〉中你對知識分子放棄自己的社會責任作出了強烈批判。可能需要進一步討論的是，50年來中國極權制度下出現的知識分子普遍和深刻的奴性，與這種奴性反過來烘托和支撐的極權制度的關係究竟如何──你對極權制度壓榨下可悲產物的批判似乎超過了對極權制度本身罪惡的申討。

安｜你提到的這篇文章尚未發表，我是從對中國知識分子自身反思的角度談問題的。對極權制度的批判不是本文的重點，所以說在這裡做出對誰的批判更為強烈的比較也許不合適。其實對中國知識分子的反思，本身就是以對極權制度的否定為前提的。對中國極權制度的罪惡必須聲討，而且要將此作為「國恥」納入歷史教科書，讓我們的子孫後代永遠銘記。但是，對極權制度的批判不能取代知識分子應有的反思。首先，共產黨極權制度有一個自身發展和完成的過程。準確地說，共產黨權力的腐敗是在獲得「革命果實」以後開始的。在這個過程中，認同共產黨、參與革命的知識分子同時也參與了與共產黨政權「分享革命果實」的喜悅。包括在共產黨機構擔任某種職務後，或者利用手中的權力黨同伐異，或者為共產黨歌功頌德。中國知識分子的這種傳統依附性和對權力的迷戀所表現出的諂媚和內心

分裂，是對共產黨走向極權的一種間接鼓勵。極權制度本身誘
惑了人性的弱點。為什麼中國歷次政治運動中，很多知識分子
在挨整後又扮演整人的角色？為什麼今天在西方自由的土地
上，一些從事民運的人會喪失基本的誠實？為什麼有的知識分
子輕易地背叛自己的學術立場去迎合有美元包裝的「學術觀
點」？正是在這個意義上，我認為知識分子應該懺悔。

亞｜還想請你介紹在巴黎寓所主持「自由談」沙龍的情景，一定很
　　有意味。

安｜巴黎「自由談」沙龍是1996年4月發起的，主旨是「瞭解世
　　界，交換看法」。我當時的出發點是組織一種思想聚會，使旅
　　居巴黎的中國學人有一個激活思路、自由討論的場所。兩年多
　　來沙龍先後舉行了近三十場專題講座，例如臺海風雲與香港回
　　歸、民族主義與國家認同、中國和蘇聯改革的比較和啟示、中
　　國地下文學和轉型期的文學寫作、文革與「一打三反」、西方
　　宗教與中國家庭、獨立工會與社會發展、大陸反對派和知識分
　　子參政的角色困惑等。主講者包括國內外著名學者、藝術家、
　　作家、記者和民運人士。基本方式是先由主講人介紹，然後大
　　家提問和討論，只談問題不論是非。沙龍大多數專題被與會的
　　《歐洲日報》記者和法國國際廣播電臺記者做了特別報導。法
　　國高等社科院某教授聽說我們有這樣的學術沙龍，羨慕之餘，
　　還生出一種對法國沙龍傳統的懷念之情。

亞｜你說過「成為流亡者純系偶然」。在你即將出版的著作單中
　　《逃亡自我》是其中之一。你一定有對多年流亡生涯的切膚感

受和深刻洞見。

安｜談到感受，我想講一個細節。1994年，我得到法國護照後第一次回國，在北京王府井大街附近叫了一輛人力車，本來要去東單辦事，但是一上車就不由自主地改變了念頭，請師傅沿著1989年軍隊進城的路線走一圈。師傅一愣，二話不說，拉著我就走。一邊走一邊轉過來給我講述當時他親眼看到的情景。在整個過程中，我的眼淚洶湧，不能自已。在那一刻，流亡的所有滄桑都顯得悲涼、淒美。我再次驗證了八九流亡的意義，這就是與製造六四屠殺的法西斯政權的澈底決裂，與極權專制的澈底決裂。《逃亡自我》是我近十年的流亡日記。因為涉及的都是真人真事，出於多種考慮，遲遲沒有出版。我想從人性的角度，從生命的角度去解讀這一段歷史，讓自己盡可能地跳出角色的困惑。所謂「逃亡自我」，是從哲學意義上講的內在的流亡。事實上我們每個人都在逃亡：不敢面對自我的逃亡，對自由本身的逃亡，對苦難與責任的逃避等等。

亞｜在悲壯的流亡生涯中堅持誠實的批判態度，於紛雜的社會角逐裡維繫獨立人格，面對生活的真實，追求新聞自由，這可以是無窮無盡的討論話題。希望以後還有機會繼續與你探討。

安｜我很願意。說到底還是以一個人的本分，知識分子的本分，誠實勇敢地面對生活，真實地感受生活。我的格言是：一個人永遠、也只能面對自己。

亞 | 謝謝你的真實。祝你未來生活愉快。

＊選自亞衣《流亡者訪談錄》，夏菲爾出版社2005年1月出版。

謝辭

　　《天若有情天亦老》是一本在自由的土地上撰寫的那些生活並「被洗腦」於「共產時代」的抗爭者，及其所折射的深刻思想內涵的真實紀錄，為本人《痛苦的民主》文集系列之一。

　　追溯緣起，我剛到法國不久（1990年代初），就在巴黎鳳凰書店蒙塵廉價處理的書堆裡，發現了一本由三聯書店翻譯出版的法國著名思想家、哲學家和歷史學家雷蒙・阿隆（Raymond Aron, 1905-1983）的回憶錄。透過書中所描述的法國長達半個世紀一系列重大歷史事件及其詳實細節，使我對阿隆的思想脈絡和法國的政治面貌有了一個較為客觀的瞭解，對這位清醒理性地批判極權主義、捍衛自由民主的知識分子，心懷敬意，解惑又共鳴。這讓我得以辨識法國社會錯綜複雜的派別迷宮，走出各種思想陷阱，堅守新聞自由理念，成為書寫《痛苦的民主》的底氣與定位。

　　促成這本歷時三十多年的文集的問世，則緣於結識 Janice，並引為摯友。承蒙她的敦促與引薦，才有了推出此書的動力。她的深情俠義讓我感動欣悅，在此向她致以誠摯的謝忱！

　　同此感謝秀威出版社對此書的厚愛。感謝責任編輯尹懷君女士和編輯部年輕團隊令人欽佩的專業精神。

　　　　　　　　　　　　安琪 2024年5月於巴黎三昧聊齋

Do觀點75　PF0347

天若有情天亦老

作　　者／安　琪
責任編輯／尹懷君
圖文排版／黃莉珊
封面設計／張家碩

出版策劃／獨立作家
發　行　人／宋政坤
法律顧問／毛國樑　律師
製作發行／秀威資訊科技股份有限公司
　　　　　地址：114 台北市內湖區瑞光路76巷65號1樓
　　　　　電話：+886-2-2796-3638　傳真：+886-2-2796-1377
　　　　　服務信箱：service@showwe.com.tw
展售門市／國家書店【松江門市】
　　　　　地址：104 台北市中山區松江路209號1樓
　　　　　電話：+886-2-2518-0207　傳真：+886-2-2518-0778
網路訂購／秀威網路書店：https://store.showwe.tw
　　　　　國家網路書店：https://www.govbooks.com.tw

出版日期／2024年6月　BOD一版　定價／550元

獨立作家
Independent Author

寫自己的故事，唱自己的歌

讀者回函卡

天若有情天亦老 / 安琪著. -- 一版. -- 臺北市：獨立
作家, 2024.06
　　面；　公分. -- (Do觀點 ; 75)
　　BOD版
　　ISBN 978-626-97999-2-3(平裝)

　　1.CST: 中國文化 2.CST: 民族精神

541.262　　　　　　　　　　　113004433

國家圖書館出版品預行編目